国家社会科学基金项目资助（项目批准号：15BMZ076）

中国草原
生态补偿法律制度建设研究

刘晓莉 著

人民出版社

目 录

前　言

生态环境的法制保护问题，特别是草原资源的法制保护问题，是笔者关注
与研究的重点问题，笔者在前一部著作的前言中也是这样写的。前一部著作
《中国草原保护法律制度研究》是笔者 2010 年主持的教育部规划项目的结项成
果，本著作则是笔者 2015 年主持的国家社科基金项目的结项成果。两部著作
都是关于草原法制的研究、都是关于草原法制相关课题的结项成果。区别在
于，前一部著作是从宏观的角度总体地分析评价中国草原保护法律制度，论证
具体的完善设想；本著作则是从微观的视角研究特定的草原保护方式的法律制
度，即草原生态补偿法律制度，提出具体的建设构想。这两部著作是笔者相关
草原法制保护研究的系列篇。在此，需要说明四个问题。

一、笔者研究草原法制的缘由

首先，源于草原的重要地位。在我国，草原面积占国土面积的 41.7%，即
我国有 41.7%国土是草原，草原是最大的陆地生态系统。草原不仅像地球的
"皮肤"一样，以其巨大的生态功能维护着国家的生态安全，而且还以其丰富
的动植物资源，为人们提供生产资料和生活来源，以草原为载体的牧区畜牧业
不仅是牧区经济基础，而且已经成为国民经济的重要组成部分。同时，我国草
原还聚集着近四亿人口、分布着五十五个少数民族，并且以丰富多彩的文化传
承着草原文明。此外，草原还蕴藏着巨大的新型能源，坚守着大部分国边境
线。从发展的眼光看，草原资源的开发利用直接影响着国家未来的粮食安全，

草原在我国的地位尤其重要。

其次，源于国家的顶层设计。2007 年党的十七大首次将生态文明写入政府工作报告，首次提出要建立健全资源有偿使用制度和生态环境补偿机制；2012 年党的十八大将生态文明建设直接写入党章；2013 年党的十八届三中全会再次指出，要实行资源有偿使用制度和生态补偿制度；2015 年中共中央国务院印发了《关于加快推进生态文明建设的意见》和《生态文明体制改革总体方案》，提出要建立草原保护制度，包括健全草原生态保护补助奖励机制；2017 年 7 月通过的《建立国家公园体制总体方案》首次将"山水林田湖是一个生命共同体"的提法改为"山水林田湖草是一个生命共同体"；2017 年 10 月党的十九大提出"统筹山水林田湖草系统治理……"。上述表明，党和政府对生态文明的认识步步深化、对生态文明的要求日益迫切，生态文明建设在我国已经凸显出超乎寻常的重大意义。由此，草原资源保护的重要性也获得普遍认同，生态补偿作为更为有效的生态保护方式受到国内外的普遍青睐。从实践层面来看，我国已经启动了两轮草原生态保护补助奖励机制①（简称"草原补奖"），效果明显，问题也比较突出，问题的主要成因除了草原产权不清和补偿标准偏低之外，关键在于草原生态补偿法律制度缺失缺陷，无法应对草原生态补偿实践的需要。如此背景下，笔者果断地决定在研究一般层面的草原法制的基础上，延伸研究草原生态补偿法律制度，申报并获得上述国家社科基金项目，由此便有了本部著作。

最后，源于浓浓的草原情结。笔者生长于著名的科尔沁草原，对草原有着与生俱来的热爱。头顶蓝天白云，脚踩柔柔碧草，在草原的芳香伟岸和大气包容下成长。研习法学之后，常常反思现有法律对生态环境保护的局限，尤其是草原法制保护的局限。笔者认为，保护生态环境，建设生态文明，其根本在于法律制度、在于立法的健全完善和司法执法的不折不扣，其中健全完善立法是第一个环节，是基础。正是在如此观念的影响下，2002 年起，笔者着手生态环境整体的法制保护研究，2007 年，基于适用法律保护和治理草原的强烈愿

---

① 草原生态保护补助奖励机制政策相当于学理层面的草原生态补偿。

望，笔者将草原这一单项资源的法制保护纳入研究视野。在 2010 年和 2015 年分别获得关于草原法制研究的教育部规划项目和国家社科基金项目。

二、本书具有哪些突出的特色

首先，研究对象"草原"亟待保护与治理。在"山水林田湖草"这一"生命共同体"中，草原既是排在最后一位的、也是最晚进入其中的一项生态资源，但是，与山水林田湖其它生态资源相比，草原不仅具有共同的生态价值与经济价值，而且还具有特有的社会文化价值和维护民族团结和边疆稳定的政治价值。同时，由于草原是我国最大的陆地生态系统，草原的面积是森林的 2.5 倍、耕地的 3.2 倍，所以仅从生态价值来看，草原的总量可能会远远超过其它生态资源，如果加上其它价值，草原的价值更会远远超过其它生态资源。然而，因为长期没有得到应有的重视与保护，草原恶化相当严重，已经严重地制约了牧区乃至全国的经济社会发展以及生态文明建设。草原的重要地位与恶化的现实表明，草原更需要保护与治理。

其次，研究内容"草原生态补偿法制"具有突出的原创性。学界关于生态补偿理论与法制的研究主要基于一般层面，对于单项资源的生态补偿问题与单项资源法制保护问题的研究也不少，但是将单项资源的生态补偿与法制相结合的研究却很少见。本书恰恰是将具体的单项资源——草原的生态补偿与法制建设相结合的研究，恰好捕捉到理论研究的空档，瞄准学科前沿。本书的出版，不仅会推动草原法制研究的繁荣与发展，而且也会促进法学理论与生态补偿理论的繁荣与发展。同时，本书的出版将使新中国成立以来相关草原法制的著作由六部①变

---

① 网络查询显示，新中国成立以来至今，关于草原保护的学术著作总共有 23 部，其中与法制有关的只有 6 部：1. 施文正：《. 草原与草业的法制建设研究》，内蒙古大学出版社 1996 年版；2. 卞耀武：《中华人民共和国草原法释义》，法律出版社 2004 年版；3. 布小林：《立法的社会过程——对草原法案例的分析与思考》，中国社会科学出版社 2007 年版；4. 施文正：《中国草原执法概论》，人民出版社 2007 年版；5. 农业部草原监理中心：《草原执法理论与实践》，中国农业出版社 2010 年版；6. 刘晓莉：《中国草原保护法律制度研究，人民出版社 2015 年版。

为七部，但是，就草原生态补偿法制研究的著作而言，本书是第一部，从这一层面上来看，本书具有填补空白的性质，凸显出明显的原创性。

再次，研究方法具有明显的交叉性。本书是将草原生态补偿和法律制度问题相结合的研究，这样的研究需要借助于自然科学成果及其方法针对社会科学问题进行研究，既定性又定量，属于社会科学与自然科学的交叉研究，而且研究方法的交叉性与研究内容的交叉性相伴而生。本研究最大的特点是，在进行大量学理研究的基础上，在人力物力财力可行的范围内开展了充分的实证研究，调研结果成为课题研究的坚实基础。

三、本书具有哪些主要的建树

首先，提出必须加快中国草原生态补偿法制建设这一总命题。在学理层面，反思我国现有草原生态补偿法律制度的缺失缺陷，说明现有法制不能应对草原生态补偿实践的需要，必须加快建设，佐证了总命题；在实践层面，课题组深入五省区、七大草原牧区[①]、涉足近二十个市、县（旗）、乡镇（苏木）、村（嘎查），通过召开座谈会、面对面访谈、深入牧户家庭等方式，投放了近500份问卷进行调研，具体印证了上述总命题。因此，总命题既是学理研究的结果，也是实证调研的结论。

其次，设计了专属于中国草原生态补偿的理论基础。立法作为一种实践活动，离不开理论的指引，然而中国尚未有草原生态补偿的专属理论，实践中总是套用一般的生态补偿理论基础，问题显而易见。在分析一般套用的具体不足的基础上，遵循法学思维，结合草原本身的特性，以肯定人与自然相互认同为

---

① 调研团队实际上调研了六省区八大草原牧区，其中六省区为内蒙古、甘肃、青海、吉林、四川和新疆，八大草原为科尔沁草原、呼伦贝尔草原、祁连山草原、抓喜秀龙草原、甘肃肃北荒漠草原、吉林西部草原、若尔盖草原、新疆那拉提草原，但是由于文字限制，在新疆那拉提草原只是调研访谈没有填写问卷，所以没有把新疆那拉提草原统计在内，谓之"五省区、七大草原牧区"。

前提，以草原生态管理契约关系为基础，以契约关系的正义性为基本指向，以实现契约正义为主要补偿目标，形成了中国草原生态补偿的专属理论基础，以此为最终的法制建设提供理论导引。

再次，构建了中国全方位的草原生态补偿法律制度体系。学理与实证表明，构建草原生态补偿法律制度是源于现实的需要和现有法制的反思。制度的构建是以中国草原生态补偿法律制度现状检讨为基础，以中国草原生态补偿专属理论为导引，以中国草原生态补偿的实践和课题组的实证调研数据为依托，结合域外相关理论、实践及立法经验，最终得以形成。包括立法目的、立法指导思想及立法原则的确立，对草原生态补偿主体、客体、对象、标准、方式等立法关键内容的详细分析论证，将草原生态补偿实践中可能涉嫌的违法犯罪行为逐一分析论证，确定这些行为可能涉及的三大法律责任的种类，尤其论证了草原生态补偿涉罪行为的刑事责任问题。

最后，对于草原生态补偿法制建设的时代价值予以升华。一方面，从草原生态补偿法制是牧区生态文明的法制保障切入，阐明草原生态补偿法制建设对牧区生态文明建设具有重要的促进作用；另一方面，从草原生态补偿法制建设是全面依法治国的重要组成部分切入，阐明草原生态补偿法制建设对于全面依法治国的战略布局具有重要的推进作用。

四、本书具有哪些重要的价值

首先，具有重要的学术价值。由于本书的核心内容是健全完善草原生态补偿法律制度，这是将一种单项资源，即草原的生态补偿与法制问题相结合的研究，这样的研究不同于以往的针对生态补偿本体的理论与法制的研究，也不同于针对草原本体的生态补偿和草原本体的法制的研究。本研究作为一种复合性的研究，不仅丰富了法学理论的研究，而且也丰富了生态补偿理论的研究，更重要的是，本研究在一定程度上填补了草原生态补偿法制研究领域的空白，具有鲜明的原创性。

其次，具有重要的应用价值。由于本书是从学理层面健全完善草原生态补偿法律制度，直接指向我国草原生态补偿的现实需要，其应用价值体现为四个方面：一是为国家层面的草原生态补偿立法与颁布相关的司法解释提供理论支撑；二是为森林和湿地等其它单项生态资源的生态补偿法制建设提供理论参考；三是为草原生态补偿法制实践提供理论指导；四是可以作为草原行政管理与执法部门的培训教材，也可以作为草原专业师生与环保爱好者及法科学生的业余读物，最终使草原生态补偿法制问题引起学界的普遍关注。

最后，具有较强的导向价值。阅读本书将使读者更深刻地认识到草原保护与治理在国家经济社会发展中的特殊重要地位，草原保护与治理是造福于千秋万代的伟大事业，而这项伟大的事业无法以个人的力量来完成，特别需要政府与民众的共同参与。国内外实践证明，草原生态补偿是草原保护与治理有效的途径，而草原生态补偿法制建设是该途径有效落实的必要保障。

综上，撰写本书的主要目的，就在于为草原生态补偿法制建设提供理论支撑，尝试引领草原生态补偿立法的完善，从而促进草原保护和治理，推进牧区生态文明和国家整体生态文明建设，使草原与"山水林田湖草"中的其它要素一样受到更广泛的关注、热爱和保护。笔者坚信，中国共产党对于人与自然关系的认识必将更加理性、中国的发展观必将更加科学、中国草原生态必将得到更有力的保护与治理，草原保护的理论研究，尤其是草原法制保护的理论研究必将繁荣昌盛！

刘晓莉

2020 年 3 月 20 日

于东师净月书斋

第一章　中国草原生态补偿概述

　　将生态补偿作为应对生态环境恶化的主要措施，体现了我国在生态环境治理领域与生态文明建设领域的现代化走向。草原生态补偿是生态补偿的下位概念，是针对草原这一特定生态要素的补偿。在我国，草原是最大的陆地生态系统和绿色生态屏障，像地球的"皮肤"一样紧紧地护卫着地球的生态安全。草原不仅蕴含着巨大的生态价值，而且还拥有着丰富的经济价值，同时也承载着多彩的社会价值。可以说，没有草原的安全，就没有全国的生态安全。由于生态安全是所有安全的"底座安全"，所以草原的安全影响和决定着全国的生态安全，草原安全在国家经济与社会发展中具有重要的战略地位。生态补偿的理论与实践都缘起于国外，我国的生态补偿实践起步较晚，理论相对滞后，实践中的成效与问题并存，但是发展态势良好。就草原生态补偿而言，上述特征更为明显。本章拟从我国草原生态补偿的基本概念与性质入手，评述草原生态补偿实践的成效与不足。

第一节　中国草原生态补偿的基本概念与性质

　　在讨论中国草原生态补偿基本概念与性质之前，有必要回答一下草原的概念，对此，国内外许多专家学者都给出了各自的研究结论，在此不做赘述，但是结合前人的研究成果，我们认为草原的概念无外乎学理概念与法律概念两大类，前者认为，草原是指在温带干旱、半干旱的气候、土壤条件下形成的，以中温、旱生或半旱生密丛禾草为主的植物和相应的动物等构成的地带性生态系统。它是一种重要的可再生自然资源，也是一个具有独特性质的生态系统。后者即指《中华人民共和国草原法》（简称《草原法》）第 2 条规定的草原是指天然草原和人工草地，其中天然草原包括草地、草山和草坡，它是指一种土地类型，是草本和木本饲用植物与其所生长的土地构成的具有多种功能的自然综合体；人工草地是指选择适宜的草种，通过人工措施而建植或改良的草地，还包括退耕还草地，不包括城镇草地。本书所提及的草原是指草原的法律概念。

一、中国草原生态补偿的基本概念

比较而言，生态补偿理论在国外研究得比较多、比较成熟，其中对于生态补偿的称谓与我国也不相同，一般都称之为生态系统服务付费（PES），也有的称之为生态系统效益付费（PEB），因此，讨论我国草原生态补偿的基本概念，需要从国外的生态系统服务付费说起，通过比较借鉴，总结出我国生态补偿与草原生态补偿的基本概念。

（一）国外生态系统服务理论的提出

国外生态系统服务付费制度的建立需要从生态系统服务理论的提出说起，中国当下运行的政策性生态补偿制度的确立与国外生态系统服务付费制度的建立密切相关。

1. 国外生态系统服务付费制度的建立

当经济社会的发展对自然资源的需求不断突破限度时，人类与自然之间的平衡逐渐被打破，人们对自身的重视程度也逐渐超越了对自然的敬仰。人本文化在此背景下盛行于世，人类以自身的主体性视阈机械地看待自然，"将自然万物看作满足人们物质利益需要的工具，强调的是人的目的和价值，承认人对自然的认识和改造是为了实现人自身的目的"①。人类对自然的单方面索取很快便遭遇了挫折，当人们还未来得及细致探讨生态破坏对后代的影响时，来自自然界的"报应"便已经作用于当代的人们。生态环境恶化带来的危害引起人们对自身行为的反思，迫使人们改变对自然单方面索取的发展方式，对生态环境进行补偿的理念应运而生。当然，在生态补偿理念进入人类的思维体系前，首先被认识的乃是生态环境、生态系统的服务属性问题。在美国地理学家马什于1864年出版的《人与自然：人类活动所改变了的自然地理》一书中，将生态系统功能描述为微小生物体的活动，并认为人类的活动干扰了自然原本的安排。② 该著作被认为是现代关注生态系统服务问题的理论起源。1977年，韦斯特曼首次明确提出了"自然的服务"（nature's services）的概念，并对其价值评估问题进行了研究。③ 此后，人们对生态系统服务理论进行了深入的探究。至1997年，斯坦福大学戴利教授对生态系统服务所作的定义被广泛接受，戴利教授认为，"生态系统服务是自然生态系统以及构成生态系统的物种，为维持和满足人类所需而依赖的客观状况和过程，它维持着生物多样性和生态产品的提供"④。学界对生态系统服务理论的讨论使人们对生态系统属性的认识发生了质的改变，生态环境与生态系统已经不是一种单纯的天然存在。自然为人类的活动提供了便利与保障，这种便利与保障对人类来说是一种服务。

生态系统服务理论的提出为生态系统服务付费制度的建立奠定了理论基础，因生态系统具有服务属性，所以当人们享用生态系统提供的服务时，以市

---

① 穆艳杰、李忠友：《从哲学的视角解析生态文化内涵》，《东北师大学报》（哲学社会科学版）2016年第4期。

② See George Perkins Marsh: Man and Nature, or, Physical Geography as Modified by Human Action, New York: Charles Scribner, 1864.p.108. 转引自秦玉才、汪劲主编：《中国生态补偿立法：路在前方》，北京大学出版社2013年版，第14页。

③ 参见徐永田：《生态补偿理论研究进展综述及发展趋势》，《中国水利》2011年第4期。

④ Gretchen C. Daily: Nature's Services: Societal Dependence on Natural Ecosystems, Island Press, 1997, p.3. 转引自秦玉才、汪劲主编：《中国生态补偿立法：路在前方》，北京大学出版社2013年版，第15—16页。

场交易的形式确立付费制度便是合理的。从世界范围来看，"生态补偿"（Eco-compensation）的概念被使用得较少，国外学者更多使用的是"生态系统服务付费"（Payment for Ecological Services，简称"PES"）的概念。细究之下，二者之间存在着细微的差别，但生态系统服务付费概念的提出确是生态补偿概念提出的思维缘起。如果说生态补偿的概念因多个学科的关注点不同而各有侧重，那么生态系统服务付费的概念则基本是由经济学领域所定义的。关于生态系统服务付费的概念，一个被广为接受却也遭到颇多质疑的定义由经济学家伍德于2005年提出，他对生态系统服务付费的概念作出如下定义："一个自愿的、有条件的交易，在至少有一个买方支付给至少一个卖方，为卖方保持可持续土地经营行为，这种行为有利于环境服务的提供。"①可以看出，伍德定义的生态系统服务付费概念更多体现的是生态系统服务的市场交易要素。

2. 当下中国政策性生态补偿制度的确立

以生态系统服务付费制度为思维缘起，一种区别于市场主导的政策性生态补偿制度在中国得以确立。2012年党的十八大报告明确要求："深化资源性产品价格和税费改革，建立反映市场供求和资源稀缺程度、体现生态价值和代际补偿的资源有偿使用制度和生态补偿制度。"为了与国外的实践称谓和理论研究相统一，国内学者通常将生态系统服务付费制度称为"市场主导型"的生态补偿，而将当下我国所确立的政策性生态补偿制度称为"政府主导型"的生态补偿。从市场与政府主导的二分法中可以推演出，在生态补偿的概念界定上，存在一个广义的生态补偿，它同时包含两种类型的补偿制度。将生态补偿的概念进行更为细致的分类无疑有利于理论研究的深入进行，但从目前国内已有的研究成果来看，过度强调市场主导和政府主导的区别难免会在研究立论上产生逻辑的冲突。当下国内对生态补偿制度的研究多是在借鉴国外实践的基础上针对政策性生态补偿制度的研究，尽管部分研究成果增加了"政府主导型"的限

---

① Wuder. S: "Payments of Environmental Services: Some Nuts and Bolts", CIFOR Occasional Paper, 2005, p.24.

定，但在研究方法和研究思维上，仍然会以"市场主导型"的生态补偿制度为理论依据，在诸如补偿标准等问题的研究中，往往将市场需要和受偿者意愿作为计算依据，忽视了政策实施的现实性因素。这样的研究方式产生的结果是，研究的结论无法在现实中得以及时、有效运用。我们认为，将生态补偿制度强行割裂为市场主导型与政府主导型并不具有绝对的合理性，虽然我国目前所实施的生态补偿制度具有浓厚的政策性质，属于政策性生态补偿，但这并不代表今后会一直排斥市场竞争机制的引入。更何况党的十九大已经明确提出建立市场化生态补偿机制的要求。市场导向的缺失仅是目前我国生态补偿制度存在的缺陷，因此，市场导向的有无并不能作为我国生态补偿制度与国外生态系统服务付费制度的区分依据。由此可见，对"生态补偿"和"生态系统服务付费制度"之间的差别，还应进行更加细致的辨析。

（二）国内外生态补偿与生态系统服务付费

事实上，在国外环境治理的实践与理论研究中，不仅存在生态系统服务付费的概念，还存在一个生态系统效益付费（Payment for Ecological Benefits，简称"PEB"）的概念。有学者指出，"PES 倾向于利用市场手段解决生态效益问题，而 PEB 倾向于政府手段解决生态效益问题"①。虽然有如此区分，但也并不能将生态系统效益付费制度简单地等同于生态补偿制度。生态系统服务付费是生态补偿的思维缘起，但二者间还是存在着些许的差别。

在制度运行的现实环境中，因各个国家经济体制和经济政策的不同，使得经济手段的运用会出现不同的特点。我国目前的生态补偿实践虽然还主要以政策的形式存在，但经济手段在制度运行过程中依旧处于核心地位。在现实中，主要利用政府财政补贴和财政转移的方式进行经济利益的调节，而且不能因为政策形式的存在而否定生态补偿是以经济调节手段为制度运行的模式。社会主义市场经济是我国的基本经济体制，经济体制的影响在现实中反映在经济生活

---

① 巩芳、常青：《我国政府主导型草原生态补偿机制的构建与应用研究》，经济科学出版社 2012 年版，第 24 页。

的方方面面，在生态补偿方面自然也不例外。

生态补偿和生态系统服务付费在概念上最实质的差别在于制度存在的地位不同。生态系统服务付费制度是国家环境治理现代化的有力体现，但其存在往往只是单纯用来调节利益关系的，虽然以保护生态环境为目的，但在一定程度上还会强调人类的主体性视阈。而生态补偿制度在我国的确立是以国家生态文明建设的需要为背景的，制度的存在包含了人类对于自然更深层次的关怀，彰显了国家对生态公平和社会公平的不懈追求。① 因此，可以认为，生态系统服务付费制度体现的是一种手段价值，而生态补偿制度体现的则是一种目的价值。同时，生态补偿不单纯以生态系统服务付费为经济调节方法，还包括了其他的调节方法，所以也可以认为，生态补偿在一定程度上包含了生态系统服务付费。

需要强调的是，虽然与国际社会对"生态补偿"的表述和界定在语义、价值定位、制度运行模式方面存在着一定的差异，但我国对生态补偿核心价值与作用的揭示与其具有一致性。国内外在此问题上存在一定的共识：一方面，在国际社会中都认为生态补偿是通过调整自然环境中建设、利用、保护等相关各方关系，将外部效应内部化，惩治过度利用生态环境行为的同时激励生态环境建设者、保护者和改善者，促进人与自然的和谐共处；另一方面，国际社会普遍承认生态补偿是一种制度设计或是调控手段。

（三）中国生态补偿与草原生态补偿的概念界定

虽然国内外在揭示生态补偿核心价值与作用方面具有共识，但有共识并不代表已经形成统一的概念。事实上，国内外学术界对生态补偿迄今没有统一的概念。不同学科因研究视角和重点的不同，对生态补偿概念的界定存在着一定的差异。生态学意义上的生态补偿主要从自然生态系统的整体性出发，认为生态系统具备一定的自我还原、恢复能力，例如《环境科学大辞典》将自然生态补偿定义为"生物有机体、种群、群落或生态系统受到干扰时所表现出来的缓

---

① 本课题以草原生态补偿法律制度建设为研究内容，关于草原生态补偿法律制度建设对牧区生态文明建设的促进作用，以及对全面依法治国战略布局的推进作用将在本书第八章中予以具体阐述。

和干扰、调节自身状态，使生存得以维持的能力，或者可以看作生态负荷的还原能力"①。经济学意义上的生态补偿是指一种对生态环境受益者收费、受损者补偿的经济措施。从环境科学的角度来看，生态补偿是解决环境问题的政策工具，旨在通过将生态系统服务的外部价值转化为对参与者的财政激励而增加生态系统服务供给。② 法学则以公正作为首要的价值目标，体现在生态补偿制度中，以权利义务的平衡与协调为逻辑起点，彰显浓厚的人文关怀。③ 在诸多生态补偿的概念中，李文华院士等对生态补偿的界定得到较为普遍的赞同，即生态补偿"是以保护生态环境，促进人与自然和谐发展为目的，根据生态系统服务价值、生态保护成本、发展机会成本，运用政府和市场手段，调节生态保护利益相关者之间利益关系的公共制度"。④ 本书拟采纳此概念。

草原生态补偿作为生态补偿的下位概念，其特殊性是针对草原这一具体生态要素的补偿。近年来，我国学者对草原生态补偿作了较为深入的研究，但这些研究主要存在于自然科学领域。代表性的观点有：其一，草原生态补偿就是草原使用人或受益人在合法利用草原资源过程中，对草原资源的所有权人或为草原生态环境保护付出代价者支付相应的费用，其目的是支持与鼓励草原地区更多承担保护草原生态环境的责任，而不是过高经济发展的责任。⑤ 其二，草原生态补偿要以科学的区域规划为基础，以准确的对象瞄准为依据，坚持政府主导与市场机制相结合，逐步向以市场机制为主导的方向发展。⑥ 在对生态补偿的概念进行了梳理与定义后，可以套用生态补偿的概念界定草原生态补偿的概念：草原生态补偿是以保护草原生态环境，以促进人与草原和谐发展为目的，根据草原生态系统服务价值、牧民及其他草原保护者的生态保护成本、发展机会成本，运用政府和市场手段，调节草原生态保护利益相关者之间利益关

---

① 环境科学大辞典编委会：《环境科学大辞典》，中国环境科学出版社1991年版，第20页。
② 参见赵雪雁：《生态补偿效率研究综述》，《生态学报》2012年第6期。
③ 参见史玉成：《生态补偿的理论蕴含与制度安排》，《法学家》2008年第4期。
④ 李文华、刘某承：《关于中国生态补偿机制建设的几点思考》，《资源科学》2010年第5期。
⑤ 陈佐忠、汪诗平：《关于建立草原生态补偿机制的探讨》，《草地学报》2006年第1期。
⑥ 侯向阳等：《实施草原生态补偿的意义、趋势和建议》，《中国草地学报》2008年第5期。

系的公共制度。

二、中国草原生态补偿的基本性质

从性质上来看，我国草原生态补偿属于政策或者项目（本书倾向于政策），这是从属性上对我国草原生态补偿给予明确的定位。迄今为止，我国启动了关于草原生态补偿的两大政策，其一是 2003 年开始实施的退牧还草工程；其二是 2011 年开始实施的草原生态保护补助奖励机制政策（简称"草原补奖"）。本部分拟具体梳理与阐述这两项政策的沿革与目标。

（一）退牧还草工程的政策沿革与政策目标

1. 退牧还草工程的政策沿革

我国草原生态补偿政策最早要追溯到 2003 年开始实施的退牧还草工程，该政策形成之前曾经有相关法律文件和法律出台，例如 2002 年 9 月国务院颁布了《关于加强草原保护与建设的若干意见》，正式提出建立基本草原保护制度、实行草畜平衡保护制度以及推行划区轮牧、休牧和禁牧制度。2002 年 12 月全国人大常委会修订的《草原法》对草原的合理利用、草原建设与保护作了新的规定。

退牧还草工程政策正式形成于 2002 年 12 月国务院西部地区开发领导小组召开的第三次全体会议，会议决定启动退牧还草工程，并于 2003 年 3 月 18 日下发了《2003 年退牧还草任务的通知》，要求从 2003—2007 年 5 年时间，在蒙甘宁西部荒漠草原、内蒙古东部退化草原、新疆北部退化草原和青藏高原东部江河源草原，先期集中治理 10 亿亩，约占西部地区严重退化草原的 40%，力争用 5 年时间使工程区内退化的草原得到基本恢复，天然草场得到休养生息，达到草畜平衡，实现草原资源的永续利用，建立起与畜牧业可持续发展相适应的草原生态系统。①

---

① 靳乐山、胡振通：《中国草原生态补偿机制研究》，中国财经出版传媒集团 2017 年版，第 4 页。

根据《2003 年退牧还草任务的通知》退牧还草工程的核心内容是对全年禁牧和季节性休牧的牧民给予饲料粮和草原围栏建设的补助，具体政策措施包括以下五个方面：

第一，进一步完善草原家庭承包责任制。草原承包责任制是党在草原牧区的一项基本政策。要落实草原使用权，把草场划分承包到户，核发草原使用权证，明确农牧民的权利与义务，保护农牧民合法权益，保持承包关系长期稳定。

第二，实行以草定畜，严格控制载畜量。要根据草场资源状况和草场承载量，定期核定项目建设户草原载畜量，控制休牧和划区轮牧草原区内的牲畜放养数量，防止超载过牧，实现草畜平衡。

第三，退牧还草的投入机制，实行国家、地方和农牧户相结合的方式，以中央投入带动地方和个人投入，多渠道保证投入。国家对退牧还草给予必要的草原围栏建设资金补助和饲料粮补助。轮牧不享受饲料粮补助政策。草原围栏建设资金和饲料粮补助数量，根据草原类型和区域范围来确定。饲料粮连续补助 5 年。在国家补助总量范围内，允许省级政府根据实际情况进行合理调整。

第四，退牧还草实行"目标、任务、资金、粮食、责任"五到省，由省级政府对工程负总责。国家将工程建设的目标分解到省，任务下达到省，资金拨付到省，粮食分配到省，责任明确到省。各省、自治区要将目标、任务、责任分别落实到市、县、乡各级人民政府，建立地方各级政府责任制。

第五，做好统筹规划，加强综合治理。要把退牧还草与扶贫开发、农业综合开发、水土保持、畜牧业基础建设等不同渠道的资金，实行统筹规划、综合治理。要把退牧还草与农牧区产业结构调整、农村能源建设、生态移民结合起来，切实抓好生态建设的后续产业开发。要把退牧还草与推进农牧业产业化经营结合起来，增加农牧民收入，巩固退牧还草成果。

为了配合退牧还草工程的落实，国务院相关部门陆续出台一系列法规规章。具体包括：

① 2003 年 7 月国家发展和改革委员会、国家粮食局、国务院西部开发办

颁布的《退牧还草和禁牧舍饲陈化粮供应监管办法》。

②2003年10月农业部颁布的《关于进一步做好退牧还草工程实施工作的通知》。

③2005年4月农业部颁布的《关于进一步加强退牧还草工程实施管理的意见》。

④2008年1月财政部农业司颁布的《关于切实做好退耕还林粮食补助资金和退牧还草、禁牧舍饲饲料粮补助资金管理衔接工作的通知》。

⑤2009年7月农业部办公厅颁布的《关于开展退牧还草工程监督检查的通知》。

在退牧还草工程实施后期，即2011年6月农业部与财政部联合颁布了《关于2011年草原生态保护补助奖励机制政策实施的指导意见》（简称《2011年草原补奖指导意见》），同年8月，国家发展和改革委员会、农业部和财政部经国务院同意，联合颁布《完善退牧还草政策的意见》，将退牧还草做出了调整使之与"草原补奖"政策相适应。2012年4月，农业部办公厅颁布了《关于开展退牧还草工程监督检查的通知》。

2.退牧还草工程的政策目标

众所周知，任何一项政策的出台都是有其目标的，退牧还草工程亦然。那么，退牧还草工程的具体目标是什么？是如何设计的？我们认为，政策目标的设计总是与政策形成的动因密切相关的。根据退牧还草工程政策前期准备的法律文件，即2002年9月国务院颁布的《关于加强草原保护与建设的若干意见》，退牧还草工程形成的动因应当包括两个方面：其一，草原在国民经济和生态环境中具有重要的地位和作用。我国草原面积巨大，主要分布在祖国边疆。草原是少数民族的主要聚居区，是牧民赖以生存的基本生产和生活资料，是西北部干旱地区维护生态平衡的主要植被，草原畜牧业是牧区经济的支柱产业。加强草原保护与建设，对于促进少数民族地区团结、保持边疆安定和社会稳定、维护生态安全、加快牧区经济发展、提高广大牧民生活水平，都具有重大意义。其二，加强草原保护与建设刻不容缓。要按照统筹规划、分类指导、突出重点、保护优先、加强建设、可持续利用的总体要求，采取有效措施遏制草原退化趋势，提高草原生产能力，促进草原可持续利用。经过一个阶段的努力，实现草原生态良性循环，促进经济社会和生态环境的协调发展。根据以上动因和《2003年退牧还草任务的通知》，退牧还草工程的政策目标应当包括三个方面内容：其一，实现草原畜牧业可持续发展；其二，促进牧民增收；其三，保护草原生态安全。

（二）"草原补奖"的政策沿革与政策目标

1."草原补奖"的政策沿革

纵观2003—2010年的退牧还草工程，成效显著。在此期间，党和国家首先在观念层面已经有了很大的转变，具体体现为：党中央对生态文明的认识越来越深刻，对生态文明的要求越来越迫切，对草原生态的保护越来越重视，尤其是对于生态补偿这一生态保护的有效方式形成了明确的认同，2007年党的十七大首次将"生态文明"写入政府工作报告，首次提出要重视资源与环境保护的要求，建立健全资源有偿使用制度和生态环境补偿机制。在此虽然没有直接提及草原生态补偿，但是首次将生态补偿作为推进生态文明建设的手段之一。在生态文明建设被提高到国家顶层设计的大背景下，草原生态保护与建设也随之受到党和国家的高度重视，2010年10月，国务院前总理温家宝主持召开国务院常务会议，作出建立草原生态保护补助奖励机制的决策，即"草原补奖"政策。2010年12月财政部、农业部颁布《关于做好建立草原生态保护补助奖励机制前期工作的通知》，2011年6月1日国务院颁布《国务院关于促进牧区又好又快发展的若干意见》，其中明确指出，从2011年起，在内蒙古、新疆（含新疆生产建设兵团）、西藏、青海、四川、甘肃、宁夏和云南8个主要草原牧区省（区），全面建立草原生态保护补助奖励机制。通过草原生态补偿加强草原生态保护建设，促进牧区经济发展。2011年6月13日，财政部、农业部颁布《2011年草原生态保护补助奖励机制政策实施的指导意见》。从2012年起，"草原补奖"政策的范围又扩大到东北三省及河北和山西两个省。

为了确保"草原补奖"这一重大政策的顺利实施，《2011年草原补奖指导意见》确立了如下主要的政策内容与补偿标准。

第一，禁牧补助。对生存环境非常恶劣、退化严重、不宜放牧以及位于大江大河水源涵养区的草原实行禁牧封育，中央财政按照每年每亩6元的测算标准给予禁牧补助。5年为一个补助周期，禁牧期满后，根据草场生态功能恢复情况，继续实施禁牧或者转入草畜平衡管理，开展合理利用。

第二，草畜平衡奖励。对禁牧区区域以外的可利用草原实施草畜平衡。中央财政对履行超载牲畜减畜计划的牧民按照每年每亩1.5元的测算标准给予草畜平衡奖励。牧民在草畜平衡的基础上实施季节性休牧和划区轮牧，形成草原合理利用的长效机制。

第三，实行畜牧品种改良补贴。在中央财政对肉牛和绵羊进行良种补贴的基础上，进一步扩大覆盖范围，将牦牛和山羊纳入补贴范围。

第四，实行牧草良种补贴。鼓励牧区有条件的地方开展人工种草，增强饲草补充供应能力，中央财政按照每年每亩10元的标准给予牧草良种补贴。

第五，实行牧民生产资料综合补贴。中央财政按照每年每户500元的标准，对牧民给予生产资料综合补助。

第六，中央财政每年安排绩效考核奖励资金。对工作突出、成效显著的省区给予资金奖励，由地方政府统筹用于草原生态保护工作。

自2011年"草原补奖"政策实施开始，国务院及相关部委就"草原补奖"工作还颁布了如下法规规章。

① 2011年12月财政部、农业部颁布的《中央财政草原生态保护补助奖励资金管理暂行办法》。

② 2012年4月农业部办公厅、财政部办公厅颁布的《关于进一步推进草原生态保护补助奖励机制落实工作的通知》。

③ 2012年10月农业部办公厅颁布的《关于建立草原生态保护补助奖励政策实施情况定期报送制度的通知》。

④ 2012年11月财政部、农业部颁布的《中央财政草原生态保护补助奖励资金绩效评价办法》

⑤ 2013 年 5 月农业部办公厅、财政部办公厅颁布的《关于做好 2013 年建立草原生态保护补助奖励机制政策实施工作的通知》。

⑥ 2014 年 5 月农业部办公厅、财政部办公厅颁布的《关于深入推进草原生态保护补助奖励机制政策落实工作的通知》。

⑦ 2014 年 6 月财政部、农业部颁布的《中央财政农业资源及生态保护补助资金管理办法》。

至 2015 年年底，第一轮"草原补奖"政策实施结束，实施效果基本上达到了政策要求。2016 年 3 月农业部、财政部颁布《新一轮草原生态保护补助奖励政策实施指导意见（2016—2020）》（简称《2016 年新一轮草原补奖指导意见》），开启了新一轮"草原补奖"政策（简称 2016"新一轮草原补奖政策"），迄今已经是第四个年头。

2016"新一轮草原补奖政策"实施于"十三五"期间，范围除了"十二五"期间的内蒙古、四川、云南、西藏、甘肃、宁夏、青海、新疆 8 个省（区）和新疆生产建设兵团（以下统称"8 省区"），以及新增的河北、山西、辽宁、吉林、黑龙江 5 省和黑龙江农垦总局（以下统称"5 省"），还有河北省的兴隆、滦平、怀来、涿鹿、赤城 5 个县城也被纳入实施范围，希望构建和强化京津冀一体化发展的生态安全屏障。

2016"新一轮草原补奖政策"规定，在 8 省区实施禁牧补助、草畜平衡奖励和绩效评价奖励；在 5 省实施"一揽子"政策和绩效评价奖励，补奖资金可统筹用于国家牧区半牧区县草原生态保护建设，也可延续第一轮政策的好做法。具体政策如下：

首先，禁牧补助。对生存环境非常恶劣、退化严重、不宜放牧以及位于大江大河水源涵养区的草原实行禁牧封育，中央财政按照每年每亩 7.5 元的测算标准给予禁牧补助。5 年为一个补助周期，禁牧期满后，根据草场生态功能恢复情况，继续实施禁牧或者转入草畜平衡管理，开展合理利用。

其次，草畜平衡奖励。对禁牧区区域以外的可利用草原根据承载能力核定合理载畜量，实施草畜平衡管理。中央财政对履行草畜平衡义务的牧民按照每年每亩 2.5 元的测算标准给予草畜平衡奖励。引导鼓励牧民在草畜平衡的基础上实施季节性休牧和划区轮牧，形成草原合理利用的长效机制。

最后，绩效考核奖励。中央财政每年安排绩效评价奖励资金，对工作突出、成效显著的省区给予资金奖励，由地方政府统筹用于草原生态保护建设和草牧业发展。

2."草原补奖"的政策目标

前已述及，政策目标与政策形成的动因是密切相关的。2011"草原补奖"政策形成的动因与 2016"新一轮草原补奖政策"的形成动因没有本质区别，但也不是完全等同，存在细微差别。2011 年"草原补奖"政策形成的动因，除了退牧还草的两大动因（草原在我国生态安全与经济社会发展中的重要地位以及草原恶化的现状）之外，还包括党和国家对草原生态、牧民、牧业、牧区的进一步深刻认识。必须坚持以人为本、统筹兼顾，加强草原生态保护，转变畜牧业发展方式，促进牧民持续增收，推动城乡和区域协调发展，维护国家生态安全、民族团结和边疆稳定。由此，依托《2011 年草原补奖指导意见》，2011"草原补奖"的政策目标为：其一，草原禁牧休牧轮牧和草畜平衡制度全面推行，全国草原生态总体恶化的趋势得到遏制；其二，牧区畜牧业发展方式加快转变，牧区经济可持续发展能力稳步增强；其三，牧民增收渠道不断拓宽，牧民收入水平稳定提高；其四，草原生态安全屏障初步建立，牧区人与自然和谐发展的局面基本形成。这四个方面的目标概括起来还是三个内容，即草原生态保护、牧区经济可持续发展及人与草和谐、牧民增收。以此类推，依托《2016 年新一轮草原补奖指导意见》，2016"新一轮草原补奖政策"形成的动因应当包括：一是党中央为了统筹我国经济社会发展全局；二是为了深入贯彻"创新、协调、绿色、开放、共享"理念，促进城乡区域协调发展；三是为了加快草原保护，推进生态文明建设。该轮补奖政策的目标实际上就是进一步推进 2011"草原补奖"政策目标的实现，同时扩大补奖范围，提高补偿标准。具体包括：其一，通过实施"草原补奖"，全面推行草原禁牧休牧轮牧和草畜平衡制度，划定和保护基本草原，促进草原生态环境稳步恢复；其二，加快推动草牧业发展方式转变，提高特色畜产品生产供给水平，促进牧区经济可持续发展；其三，不断拓宽牧民增收渠道，稳步提高牧民收入水平，为加快建设生态文明、全面建成小康社会、维护民族团结和边疆稳定作出积极贡献。

（三）退牧还草工程与"草原补奖"的关系

1. 宏观层面

从宏观层面来看，退牧还草工程与"草原补奖"都是草原生态补偿的实践方式或者说草原生态补偿的表现形式（载体），因此两者之间具有很高的相似度。

首先，形成的动因与政策目标相似。具体而言，形成动因都是根基于草原在我国生态文明建设和经济社会发展中的重要地位，以及草原严重恶化的现状；政策目标都包括草原生态保护、促进牧民增收、实现牧区经济可持续发展三个方面的内容。

其次，投入力度都比较大，惠及范围都比较广，效果都比较明显。数据显示，2003—2010年退牧还草工程在内蒙古、新疆、青海、甘肃、四川、西藏、宁夏、云南8省区和新疆生产建设兵团，中央累计投入基本建设投资136亿元，安排草原围栏建设任务7.78亿亩，同时对项目区实施围栏封育的牧民给予饲料粮补贴。工程惠及174个县（旗、团场），90多万农牧户，450多万名农牧民。[①] 还有数据显示，2011年中央财政安排草原生态保护补助奖励资金136亿元；2012年中央财政进一步加大投入力度，安排资金150亿元，并且将政策实施范围扩大到河北、山西与东北三省；2013年中央财政安排草原生态保护补助奖励资金159.75亿元[②]，至2015年，5年中央财政累计投入资金773.6亿元人民币[③]，实施"草原补奖"政策的地域范围除了上述8个省区之外，还有5个省区，涉及草原面积3.2亿公顷，占全国草原面积的80%以上，惠及1645万牧民。[④]2016

---

① 靳乐山、胡振通：《中国草原生态补偿机制研究》，中国财经出版传媒集团2017年版，第5页。

② 靳乐山、胡振通：《中国草原生态补偿机制研究》，中国财经出版传媒集团2017年版，第5页。

③ 李丽辉：《新一轮草原生态补奖政策启动》，《人民日报》2016年2月24日。

④ 杨春等：《草原生态保护补奖政策对我国牛肉供给影响的实证分析》，《中国农业科技导报》2015年第17期。

年启动了"新一轮草原补奖政策",其政策范围除上述 13 个省区之外,还稍有扩大,将河北兴隆等 5 个县城也纳入实施范围,补奖的数额进一步提高,禁牧的每年每亩由 6.0 元增至 7.5 元,草畜平衡的每年每亩由 1.5 元增至 2.5 元,惠及的牧户也随之增加。

2. 微观层面

从微观层面来看,虽然二者都是草原生态补偿政策的实践方式或者说是表现形式,但是,如果仔细探究还会有严格地区别,否则也不会用两种形式体现同一种政策。

首先,尽管形成的动因与政策目标相似,但是相似并不等于相同。一方面,两项政策的形成动因都是基于草原在我国生态文明建设和经济社会发展中的重要地位,以及草原严重恶化的现状;但是,从实施时间来看,退牧还草工程在先,"草原补奖"政策在后,之所以作出"草原补奖"政策这一决策,关键原因在于退牧还草工程实施期间,仍然存在"超载放牧和草原保护投入不足等问题。同时,牧民就业渠道狭窄,收入增长缓慢"的状况。退牧还草工程虽然已经形成明显的效果,但是问题也不少,实施"草原补奖"就是为了进一步推进草原保护、牧民增收以及牧区经济发展,使三者再上一个台阶。另一方面,虽然两者的政策目标都包括了草原保护、牧民增收以及牧区经济发展三个方面的内容,但是在排序上还是有区别的,在退牧还草工程的政策目标中,首先是草原畜牧业可持续发展,其次是促进牧民增收,再次才是保护草原生态安全。而在"草原补奖"的政策目标中,首先是草原生态的保护和恢复,其次是转变经营方式实现牧区经济的持续发展,再次才是促进牧民增收。换言之,"草原补奖"的政策目标是将草原生态保护放在第一位的,是在保护生态的前提下,寻求牧民增收与牧业持续发展,事实上,也只有这样才能实现生态与生产的双赢。"生态优先"这一观念形成于《2011 年草原补奖指导意见》出台之前,是在 2011 年 6 月 1 日颁布的《国务院关于促进牧区又好又快发展的若干意见》中确立的,《2011 年草原补奖指导意见》继续坚持与推进。

其次,虽然投入力度都比较大,涉及地域范围都比较广,实施效果都比较明显。但是"草原补奖"政策投入力度更大，如前所述，2011—2015年第一个5年计划"草原补奖"资金投入773.6亿元人民币，平均每年投入都在100亿元人民币以上，2016年开始启动的新一轮草原补奖政策后每年投入也在100亿元以上；而在2003—2010年8年的退牧还草工程中，总计投入136亿元人民币，也就是说"草原补奖"的资金投入远远大于退牧还草工程的资金投入。从政策实施范围来看，退牧还草工程实施的范围是前述8省区，而"草原补奖"政策实施范围在2011年也是这8省区，2012年就增加了5省区，2016年开始启动的新一轮草原补奖政策后，实施范围除了上述13省区外，又将河北的兴隆等5个县城纳入进来。因此，"草原补奖"政策实施范围要比退牧还草工程广泛得多。同时，正因为"草原补奖"投入力度更大，涉及地域范围更广，所以效果比退牧还草工程更为广泛，具体表现在草原增绿、牧民增收、牧业可持续发展三个方面。

总之，作为我国草原生态补偿的两项政策，退牧还草工程与"草原补奖"并非毫无关联，他们在实施范围和政策目标上都是密切相关的，时间上前后接续，并且有所融合。也可以认为，退牧还草工程是"草原补奖"的前身，"草原补奖"是国家退牧还草工程出台的继续，是对退牧还草工程的进一步更新或提升。他们共同体现着党和国家对生态文明建设的高度重视与具体推进，也体现着对草原这一生态要素的高度重视以及在认识上的不断深化，更令人鼓舞的是，在2017年7月通过的《建立国家公园体制总体方案》中首次将"山水林田湖是一个生命共同体"的提法改为"山水林田湖草是一个生命共同体"。将草纳入"山水林田湖"中，这是对草原生态地位的重要肯定，对推进牧区生态文明建设具有里程碑式的重要意义。

第二节　中国草原生态补偿实践的成效与不足

我国草原生态补偿实践始于2003年启动的退牧还草工程，在该工程后期的2011年又启动了"草原补奖"政策，第一轮"草原补奖"政策实施完毕后，于 2016 年又启动了"新一轮草原补奖政策"。在经历了退牧还草工程和"草原补奖"这两个阶段的草原生态补偿实践之后，我国草原生态和经济建设都取得了明显的成效，但是问题也比较突出。

一、中国草原生态补偿实践的主要成效

（一）草原生态明显改善

草原生态补偿追求草原生态环境保护和牧民经济状况改善的协调与平衡，但在两者之间，草原生态补偿更注重的仍然是保护草原生态环境。因此，草原生态补偿在生态保护方面的成效应当首先得到重视。着眼于我国草原整体上不断恶化的状况，2003 年开始启动退牧还草工程。在退牧还草工程中，对草原生态环境的保护措施主要是实施禁牧、季节性休牧和划区轮牧。之后随着草畜平衡制度的不断完善，及至 2011 年开始实施"草原补奖"政策时，补偿事项主要指向了禁牧和草畜平衡这两项措施，即先期进行的休牧和划区轮牧措施逐步被纳入草畜平衡这个内涵更丰富的制度措施之内。之所以将禁牧和草畜平衡作为草原生态环境保护的主要措施，是因为除了自然因素外，目前我国草原生态环境恶化的主要原因仍然是人为因素，在人为因素中更为主要的是超载过牧，因为目前我国草原的生态状况已经无法承载禁牧和草畜平衡措施之前的放牧饲养牲畜的数量。尽管草原生态系统具备自身的恢复能力，但恢复能力有一定的限度，当破坏草原的程度超过草原自身的恢复能力时，草原在整体上便会呈现退化的趋势。根据草原生态系统的自然恢复能力和放牧饲养牲畜对草原的破坏程度进行计算和比较，部分恢复能力极低、甚至隔绝人为干预后仍然呈现自然退化的草原往往被划定为禁牧区；而部分尚能够放牧饲养牲畜的草原，则会根据草地的生态状况进行适度减畜，此部分草原往往被划定为草畜平衡区。草畜平衡措施在减畜方面除了在单位时间内减少牲畜数量外，还会将部分草原按照不同的时间段和地域实行不同的放牧措施，退牧还草工程中的季节性休牧和划区轮牧便是这种方式的体现。根据课题组调研过程中所获得的信息显示，

许多草畜平衡区在季节上会有冬春草场和夏秋草场的分别。

通过禁牧和减畜的方式来保护草原，可以在一定程度上解决超载过牧的问题。截至第一轮"草原补奖"政策结束的 2015 年，全国重点天然草原的牲畜平均超载率为 13.5%，较 2014 年下降 1.7 个百分点，较第一轮"草原补奖"政策开局的 2011 年下降 14.5 个百分点，较 10 年前下降 20.5 个百分点。① 虽然我国草原仍然存在较高的超载率，可不断下降的数据在客观上反映了草原生态补偿的实施有效缓解了草原超载过牧的问题。

除禁牧和草畜平衡措施外，草原生态补偿在其他辅助措施方面也对草原生态环境起到了保护作用。这些措施包括：其一，围栏建设和舍饲棚圈建设。围栏建设目的在于划定可供放牧的草地范围，将放牧对草原的破坏尽量限定在一个较小的区域内；而舍饲棚圈建设更是促进了将散养散放的畜牧业生产方式转变为现代化生产方式，进一步缩小了对草原的破坏范围。其二，人工饲草地建设。草料是畜牧业必需的生产资料，而在天然草场进行放牧又会对草地资源形成破坏，人工饲草地的建设可以为饲养牲口提供饲草料，保护了天然草场的草地资源。其三，对草地的特殊治理。主要包括对岩溶地区草地的治理、黑土滩治理、毒害草治理、鼠患治理等，这些都对草原生态环境的良性发展起到了有效的推动作用。

以数据来展现草原生态补偿在生态保护方面的整体成效，草原生态补偿对草原生态的保护最直观的成效反映在草原生产力的提高和草原植被状况的好转两个方面。在草原生产力方面，同样以第一轮"草原补奖"政策的起止年份区间为参照，2015 年，全国天然草原鲜草总产量 102805.65 万吨，较 2014 年增加 0.57%，较 2011 年增加 2.55%；在草原植被状况方面，以草原生态工程区和非工程区的比较为参照，2015 年，重大生态工程区草原植被盖度比非工程区平均高出 11 个百分点，高度平均增加 53.1%，草产量平均增加 52.7%，可食鲜草产量平均增加 68.7%，其中，退牧还草工程区草原植被覆盖度较非工程

———————
① 数据来源：农业部草原监理中心发布的《2015 年全国草原监测报告》。

区高出 9 个百分点，高度、鲜草产量分别增加 48.0%、40.2%。[①] 以上数据充分反映了"草原补奖"政策实施后，草原生态保护取得了明显的成效。另外，在课题组对部分调研点的调研过程中了解到一个情况，即在"新一轮草原补奖政策"实施中，部分第一轮被划分为禁牧区的草地在本轮中被重新划分为草畜平衡区，这也从侧面印证了"草原补奖"政策实施后，在草原生态保护方面，特别是在草原植被恢复方面是有所起色的。

（二）牧民增收得到落实

草原生态补偿在发挥草原生态环境保护功效的同时，也在经济建设方面有所建树。经济建设成效的取得离不开国家财政的投入，据统计，2003 年开始启动的退牧还草工程至 2015 年国家累计投入资金 235.7 亿元[②]，2011 年至 2015 年第一轮"草原补奖"政策实施过程中，国家累计投入补偿资金 773.6 亿元[③]。事实上，草原生态补偿中的许多措施都是既能起到生态保护的作用，也能起到经济建设的作用，作为草原生态补偿最主要措施的禁牧补助和草畜平衡补助自然也不例外。但此处还需要厘清禁牧和草畜平衡措施在草原生态补偿中的地位问题。有学者指出，"草原生态保护是多个环境管理手段的结合，有命令控制手段（如禁牧制度、草畜平衡制度）、生态补偿制度（'草原补奖'机制）、保护开发项目（如发展现代畜牧业）等。"[④] 言下之意，禁牧制度和草畜平衡制度是单独的制度，并不包含于草原生态补偿制度中，草原生态补偿的措施是禁牧补助和草畜平衡补助，而非禁牧和草畜平衡本身。严格说来，做如此区分在概念的界定上无疑是正确的，但从草原生态补偿的理论根基上看，将禁牧和草畜平衡脱离于草原生态补偿制度是否合理还是值得商榷的。单纯实施禁牧制度和草畜平衡制度确实可以起到保护草原生态环境的效果，但禁牧制度和草畜平衡制度的单独存在并不符合环境政策的应有价值取向，更何况草原因其特殊性使

① 数据来源：农业部草原监理中心发布的《2015 年全国草原监测报告》。

② 数据来源：农业部草原监理中心发布的《2015 年全国草原监测报告》。

③ 李丽辉：《新一轮草原生态补偿政策启动》，《人民日报》2016 年 2 月 24 日。

④ 靳乐山主编：《中国生态补偿：全领域探索与进展》，经济科学出版社 2016 年版，第 1 页。

其具备了区别于其他生态要素生态补偿的特有理论基础，草原牧民与草原具有更加天然、紧密的联系，只有禁牧制度和草畜平衡制度势必破坏了草原牧民对草原的独特情感以及在草原生活中的资本，因此，在禁牧和草畜平衡之外，还需要通过相应的补偿措施补足二者的缺陷，兼顾生态保护和经济建设的双重目的，这是环境治理现代化的体现，也符合生态文明建设的基本精神。[1] 综上，禁牧和草畜平衡措施应当包含于草原生态补偿制度中，可以认为，在草原生态补偿的整体框架下，禁牧和草畜平衡是禁牧补助和草畜平衡补助实施的前提条件，禁牧补助和草畜平衡补助是禁牧和草畜平衡实施的价值指向。

草原生态补偿在经济建设方面的成效主要是牧区经济得到进一步发展，牧民收入获得提高，在此，具体介绍牧民收入增加的几种情形：

首先，直接增加牧民收入型。这种类型主要是指通过发放禁牧和草畜平衡补助来实现，而第一轮"草原补奖"政策投入的资金绝大多数也是用于禁牧和草畜平衡补助的。虽然部分省（区）对补偿标准进行了内部调整，但在省域范围内整体上仍然坚持国家统一的补偿标准。在2011年所确定的8个省（区）中，各省（区）禁牧和草畜平衡面积及年平均补奖金额如表1—1所示。

表1—1　八省（区）草原生态补偿面积与金额 [2]

省/自治区	草原补奖总面积（万亩）	禁牧面积（万亩）	草畜平衡面积（万亩）	禁牧补奖金额（万元）	草畜平衡补奖金额（万元）
内蒙古	102000	44300	57700	265800	86550
甘肃	24100	10000	14100	60000	21150
宁夏	3556	3556	0	21336	0
新疆	69000	15150	53850	90900	80775
西藏	103645	12938	90707	77628	136060
青海	47400	24500	22900	147000	34350
四川	21200	7000	14200	42000	21300
云南	7300	2300	5000	13800	7500

---

[1]　关于生态补偿的理论基础、草原生态要素的特殊性、草原生态补偿独特的理论设计方面的内容将在第六章中予以具体阐释。

[2]　靳乐山主编：《中国生态补偿：全领域探索与进展》，经济科学出版社2016年版，第173页。

　　大量的资金投入所产生的直接效果便是促进了牧民的增收，部分牧民通过禁牧和减畜获得了补偿，综合计算投入成本和产出效益，部分牧民的实际生活水平得到了明显的提高。在课题组的调研过程中曾经与部分占有草地面积相当大的牧民座谈，通过座谈了解到，这部分牧民每年通过"草原补奖"获得的资金远远多于之前单纯放牧获得的收入。当然，因为各种因素的影响，还有部分牧民的收入并未得到提高，但这并不能否认"草原补奖"本身是有促进牧民增收的效果的。

　　其次，节省牧民开支型。该种类型是指对于保护草原的建设项目，国家给予一定的财政投入，以节省牧民在这些建设项目方面的开支。退牧还草工程中的草原围栏建设补助便是这种类型的措施，在 2003 年开始实施退牧还草工程时，草原围栏建设由中央财政补助 70%，不足部分由地方和个人筹资解决。[1]2011 年实施"草原补奖"政策后，退牧还草工程在政策内容上随之进行了部分调整，其中便包括草原围栏建设中央财政补助由 70% 提高至 80%，并提高了补助标准。[2] 此外，对于草地的特殊治理也在一定程度上节省了牧民开支，但对于主动进行治理保护的牧民尚未形成明确稳定的补偿标准。总之，通过节省牧民开支方式也在实际上增加了牧民的收入。

　　再次，促进牧民转变生产经营方式型。该种类型的具体措施又可细分为几种形式：其一，舍饲棚圈和人工饲草地的建设主要目的是为了保护天然草场的草地资源，但在实施方式上是推进畜牧业由传统的散养散放方式转变为现代化的圈养，使用人工草料的方式；其二，草原生态补奖政策中包含的牧草良种和畜牧良种的补贴可以使牧区畜牧业生产的接续能力得到提高，也使牧草和畜牧产品在品种上得到不断的改良，提高经营效益，以进一步转变生产经营方式；其三，上述两点措施促进了畜牧业内部的生产经营方式转变，而这样的转变还可以发生在牧民由畜牧业转至其他生产经营行业中。在资金投入上，

① 万本太、邹首民主编：《走向实践的生态补偿——案例分析与探索》，中国环境科学出版社 2008 年版，第 143 页。
② 靳乐山主编：《中国生态补偿：全领域探索与进展》，经济科学出版社 2016 年版，第 164 页。

发放禁牧和草畜平衡补助除了可以促进牧民增收外，还可以促进生产方式的转变。因为转变生产方式必然需要前期的成本投入，所以草原生态补偿所给予牧民的补偿资金对于部分牧民来说是获得了转变生产方式的前期成本投入支持。除此之外，目前在实践中处于薄弱环节、但部分地区已经实施并且取得一定成效的技术性支持措施，例如对牧民的培训，也可以促进生产经营方式的转变。

二、中国草原生态补偿实践的主要问题

尽管我国草原生态补偿实践在生态保护和经济建设方面取得了明显的成效，但实践中存在的问题同样不可忽视。[①]

（一）补偿主体少而且方式单一

我国目前的草原生态补偿以政府补贴牧民为主要形式，因此补偿主体仅有政府。从财政制度看，草原生态补偿是由中央划拨专项资金到各个地方，再由地方政府向牧民发放补贴。除针对围栏建设等基础设施建设方面会有地方政府的财政投入外，作为"草原补奖"核心内容的禁牧补助和草畜平衡补助，课题组在调研过程中尚未发现有地方政府设置专门的财政计划，以在本区域内增加相应的补助标准，即便在本区域范围内按照不同草地类别设定不同的补偿标准，较高补偿标准的资金也是由低标准补偿资金转移而来。相对来说，地方政府对草原生态补偿的重视程度尚待进一步加强，而在森林生态补偿中部分地方政府却会有针对森林生态补偿的专门政策和财政计划，例如，北京市从2010年开始，建立山区集体公益林生态效益促进发展资金，按照每年每亩24元的基本补偿和16元的增效补偿的标准进行森林生态效益的补偿。同时，对于区

---

① 本课题主要以中国草原生态补偿的法律制度建设为研究对象，涉及我国草原生态补偿法制现状所存在的问题将在第三章中分析，此处仅就目前草原生态补偿在实践中存在的动态性问题予以阐释。当然需要说明的是，实践中的动态性问题和立法中的静态性问题并非绝对对立，二者也存在一定的相通之处。

域生态补偿，部分省份也在尝试通过不同区域财政转移方式对生态区进行补偿，例如课题组在 G 省 ① 调研时了解到，G 省 D 市的 W 县因地处渭河上游，因此 G 省与 S 省开展了区域生态补偿的实践，每年从 S 省获取一定的生态补偿资金。这样的问题在草原生态补偿中表现得尤为明显，因中央财政投入的资金是固定的，而有些地方政府又对草原生态环境保护不够重视，使地方财政针对草原生态补偿的资金投入自然便会较少。由此可见，补偿主体仅有政府严重制约了草原生态补偿的发展。我国草原生态补偿目前主要缺少的还是企业的补偿，虽然从类别上来说，增加企业为补偿主体仅仅比单一的政府补偿多了一个种类，但在实际运行过程中，因不同的企业会有不同的需求，因此增加企业为一类补偿主体事实上是大大增加了补偿主体的数量和规模。当然，如果再增加其他社会资本和相关单位作为补偿主体，则更易于提高补偿标准，最终提升补偿效果。

在补偿方式上，目前草原生态补偿最主要的方式是现金补偿，显得过于单一。草原生态补偿在促进经济发展的形式上，除了可以采取增加牧民收入和节省牧民开支的形式外，还可以采取促进牧民转变生产经营方式的形式。但是目前在实践中还是更加重视前两种形式，特别是第一种形式，而对转变生产方式却很少有所投入。应当认为，转变牧民的生产经营方式是促进草原牧区经济发展更长远的措施，因此在草原生态补偿过程中，包括培训牧民技能等形式在内的补偿理应成为重要的补偿方式。

（二）补偿标准偏低设置不合理

补偿标准是生态补偿及草原生态补偿最为核心的内容，在我国草原生态补偿实践中，补偿标准的数额与设置不尽合理。

首先，草原生态补偿标准整体偏低。虽然《2016 年新一轮草原补奖指导意见》提高了禁牧与草畜平衡的补偿标准，但从整体上来看，我国目前草原生态补偿标准还是偏低的。补偿标准偏低的直接后果是使牧民得到的补偿款较

---

① 课题组在调研过程中所涉及的地域信息，以大写英文字母代替该地实际名称，特此说明。

少，而对于那些占有草原面积较小的牧民来说，获得的补偿款还不足以支付购买饲草料的费用，于是就面临两种选择：一是减少牲畜饲养量，承受着收入减少、甚至返贫的后果，二是不减少牲畜饲养量，通过"偷牧"解决饲草料问题，造成原本应该受到保护的草原重新遭受破坏。这两种情况的最终结果是使草原生态补偿的效果大打折扣。无论是哪一种情况都背离了草原生态补偿的目标，因为草原生态补偿的第一目标是保护草原生态，其次是促进牧民增收，换言之，草原生态补偿在保护草原的同时必须兼顾牧民增收，否则这一政策就失去了存在的意义与价值。课题组在调研中也证实了该种情况的存在，然而，有数据显示：在"十二五"期间，即第一轮"草原补奖"期间，我国政府累计投入补偿资金773.6亿元人民币，第二轮投入的补偿资金会更多(标准已经提高了)，因此如果再由政府提高补偿标准，已经不太可能，因为政府一家财力有限。因此，要提高补偿标准，必须走市场化道路，增加补偿主体与融资渠道，这也与顶层设计完全契合。

其次，草畜平衡与禁牧补偿标准差距过大。在两轮"草原补奖"政策所确定的补偿标准中，草畜平衡补偿标准与禁牧补偿标准之间都存在着较大的差距，这种差距的存在并不合理。因为在现实中存在这样一种情况，即被划定为草畜平衡区的草原，部分牧民实行减畜措施所遭受的直接经济损失要高于禁牧区内禁牧的经济损失，此时牧民能够得到的补偿款却因草畜平衡与禁牧补偿标准差距过大而远远低于禁牧得到的补偿款。虽然此时草畜平衡区内仍然可以有限度地进行放牧，但放牧收入加上草畜平衡补偿总体上还是有可能低于禁牧补偿。在此种情况下，假设这部分草畜平衡区能够被划定为禁牧区，则牧民的收入会有所增加，并且这样也更好地保护了草原。另外，课题组调研时在与Q省Q县草原监理站工作人员座谈中了解到，因第一轮"草原补奖"政策的实施使部分禁牧草原植被恢复状况较好，监理站考虑在"新一轮草原补奖政策"实施时将这部分禁牧区重新划定为草畜平衡区。如此做法虽与《新一轮草原补奖指导意见》的规定相符合，但难免会遇到上述草畜平衡与禁牧补偿标准差距过大所带来的问题。课题组调研时在与Q县E镇牧民的座谈中，部分牧民也表示了这方面的担忧。

再次，草畜平衡补偿标准未进行差别区分。单纯从草畜平衡角度看，其补偿标准未进行差别化的区分。草畜平衡区内可以进行有限度的放牧，可放牧的数量根据这一区域草原的载畜量而定，这意味着草畜平衡区内草原生态状况和放牧情况较之禁牧区更加复杂。但现实中草畜平衡的补偿标准却没有针对不同草原的不同状况而进行差别化的区分，《新一轮草原补奖指导意见》依旧将草畜平衡的补偿标准设定为统一的标准。

最后，补偿标准动态调整灵活性不足。有学者指出，草原生态补偿标准应当结合国家经济发展状况、支付能力和公众需求进行动态调整，并根据动态调整的原则进一步将草原生态补偿划分为五个发展阶段：第一阶段为直接成本补偿阶段，第二阶段为直接成本加部分机会成本补偿阶段，第三阶段为直接成本加全部机会成本补偿阶段，第四阶段为直接成本加全部机会成本再加部分草原生态服务价值补偿阶段，第五阶段为按需全部补偿阶段。我国目前整体处于第二阶段向第三阶段过渡的时期。[1] 应当肯定，草原生态补偿标准进行动态调整的认识是正确并且有价值的，但动态调整不应当只包含时间维度的调整。我们认为，结合当下我国草原生态补偿的实际状况，草原生态补偿标准的动态调整应包含以下四个方面：一是时间维度的调整，二是空间维度的调整，三是存在介入因素时的调整，四是与占有草原面积对应关系的调整。课题组通过调研发现，上述四个方面的动态调整在草原生态补偿的实际运行中几乎是不存在的，或者是部分存在但动态调整的灵活性明显不足，不能有效保证草原生态补偿实施效果的合理性。同时，部分动态调整的内容在实践中也存在着交叉关系，这导致草原生态补偿动态调整可能出现的问题更加复杂。例如，课题组调研时在与 G 省草原监理局工作人员的座谈中了解到，该省根据草原生态状况的不同，将省内草原生态补偿划分为青藏高原草原区、黄土高原草原区和河西荒漠草原

---

[1]　巩芳、常青：《我国政府主导型草原生态补偿机制的构建与应用研究》，经济科学出版社 2012 年版，第 76 页。

区，每个区域的补偿标准并不相同。这实际上属于空间地域维度的调整，首先应当肯定其合理性。课题组随后又赴 G 省 J 市下辖的 S 蒙古族自治县调研，在调研中了解到，该县被划分至河西荒漠草原区，补偿标准很低。但该县人口数量较少，这使得人均占有草原面积极大。特别是该县的北部地区，全地区面积约 3.8 万平方公里，全地区可补偿禁牧草原面积 270 万亩，可补偿草畜平衡草原面积 3607.37 万亩，而全地区的人口数量仅有一千余人。如此一来，即便补偿标准较低，但因人均占有草原面积相当大，使得肃北县牧民得到的补偿款数量非常之高。相比之下，同处 G 省内的 WT 藏族自治县，人均占有草原面积只有 35 亩左右，虽然 T 县被划分至青藏高原草原区，补偿标准为省内最高，但牧民实际得到的补偿款却较少。

（三）权利义务责任落实不到位

草原生态补偿以保护草原生态为第一目标，兼顾牧民收入水平的提高，基本底线是牧民收入不能降低。牧民为保护草原而使自身经济利益受损时，获得相应的补偿是理所当然的，换言之，牧民在实施了保护草原的行为后，得到足额的补偿是牧民所享有的权利。在草原生态补偿的实践中，牧民这一权利的落实情况如何应当分两个层次进行考察。第一层次是在现有状况下针对草原生态补奖机制中央财政划拨资金发放情况的考察，这一层次的考察以文献资料和课题组的调研为依据。在现有文献资料及官方所公布的数据中，并没有关于中央财政划拨资金明确的落实比例数据，即便现实中存在资金落实不到位的情况，也可能只占极小的比例，因为文献资料在此部分的缺失可以推测在此方面并没有严重的问题出现；同时，课题组在各个调研点调研时也均未获得资金发放出现问题的信息。因此，以现有文献和课题组的调研情况为依据，可以认为目前中央财政划拨资金发放情况大体上是良好的。但是中央财政划拨资金的有效发放并不能认为牧民享有权利的落实情况便是到位的，这仅是实然状况，还需进行应然层面的考察，第二层次的考察主要针对牧民获得补偿的数额是否合理而进行。我国草原生态补偿在经济建设方面取得的成效有目共睹，部分牧民因此获得了经济收入水平的提高，但并不是所有牧民都能增收，在实践中，因为补偿标准整体偏低、补偿主体较少并且补偿方式单一等原因，部分牧民在实施"草原补奖"政策后收入是有所降低的。例如课题组调研时在与 Q 省 Q 县 E 镇镇政府工作人员座谈中了解到，该镇牧民在实行草原生态补奖政策前人均收入在 1.6 万元左右，实施"草原补奖"政策后，因补偿标准过低，使牧民的人均收入降至 1.2 万元左右，①"草原补奖"政策在该镇整体上并没有起到牧民增收的作用。

与权利相对应的是义务，考察"草原补奖"实践中义务的落实情况可以发现，部分牧民并没有积极履行自身应尽的义务，主要表现在两个方面：其一，部分牧民在取得补偿款后并没有禁牧或者减畜，而继续进行偷牧。受补偿标准偏低、人均占有草地面积较小等因素的影响，部分牧民在实施"草原补奖"政策后实际上并未增收。在补偿款较少的情况下，部分牧民可能会选择偷牧以维持自己的生活。"草原补奖"以保护草原生态环境为主要目的，其对超载过牧的关注力度是极强的。国家在事实上已投入资金的情况下，却又存在偷牧的现象，这会使"草原补奖"政策的进行没有取得期望的效果。还有部分牧民虽然自己没有进行偷牧，但却将草地租给他人放牧，这也是没有履行禁牧或减畜的义务。其二，取得较多补偿款的牧民并未利用获得的资金从事生产活动，而是挥霍浪费。在人均占有草地面积较大的情况下，牧民获得的补偿款往往较多，此时牧民应当利用获得的补偿款从事生产活动，或者继续进行保护草原的行动，但现实中部分牧民却利用获得的资金从事娱乐活动，大肆挥霍补偿资金，这相对于补偿款较少、甚至较难维持生计的牧民来说无疑是不公平的，在宏观财政政策视角上看是对补偿资金的巨大浪费。虽然部分牧民未能积极履行义务，但这其中也还是有值得商榷的问题。其一，进行偷牧或者擅自出租草地的牧民往往是补偿款取得较少的这部分牧民，但如果"草原补奖"的开展在事实上造成了这部分牧民收入水平的降低，那便可以认为是牧民未能充分享有权

---

① E 镇牧民在实施"草原补奖"政策前后的年人均收入数据是通过与镇政府工作人员的座谈而获取，因数据是经工作人员估算而得出，所以精确性尚存疑问。将此数据列于此处旨在说明实施"草原补奖"政策后，E 镇牧民年人均收入的变化情况。

利，义务与权利是相对应的，在权利落实不到位的情况下强行要求履行义务并不妥当；其二，牧民获得的补偿款全部用于生产活动似乎也并不现实，应允许牧民可以按照自身的经济状况综合安排补奖资金，只要不进行明显的浪费，那便是应当支持的；其三，"草原补奖"实践中存在的问题都是由制度设计不合理而引起，部分责任在于政府，在政府不做出相应改变的情况下却单方面要求牧民进行改变也是不可取的。因此，最应该责备的行为应当是取得补偿款较为充足、还继续进行偷牧的这种行为。

义务的违反可以引起责任，对于部分牧民不履行义务的行为，应当追究相应的责任。可是考察草原生态补偿责任落实情况可以发现，责任的追究是缺位的。实践中偷牧现象大量存在，有些地区甚至屡禁不止，但目前对于偷牧的现象却没有有效的责任追究措施。对于偷牧的牧民来说，因补偿款获得较少，所以对其偷牧行为进行处罚似乎在心理上会有不忍的情绪。但如果针对偷牧现象没有有效的应对措施，则其他牧民很可能会竞相效仿，对草原的破坏程度便会加剧。而对于那些奉行政策要求，坚持禁牧或减畜的牧民来说，又难免会产生心理上的不平衡。除牧民不履行义务的行为得不到责任追究外，对于其他破坏草原生态环境的行为以及部分草原执法监管不利的行为，其责任追究也暂时处于缺位状态。

此外，课题组在调研过程中还了解到，除了牧民不履行义务造成草原环境的破坏外，还有其他介入因素也可能造成在实施了草原生态补偿政策后依旧破坏了草原生态环境。这种介入因素分为自然因素和人为因素两类。自然因素包括：其一，在实行禁牧的区域内，人工放养牲畜已经不存在，但部分野生动物会入侵草地，同样造成了草地资源的破坏。其二，部分草原地区病虫害及鼠患严重，即便落实了"草原补奖"政策，也难以避免这部分草原地区的自然性退化和资源破坏。其三，草原地区有时会遭遇自然性灾害，如旱灾、洪涝灾害等，这对草地资源破坏的程度是极大的。人为因素包括：其一，在可供旅游的草原地区，部分游客闯入或者开车驶入受保护的草原区域，肆意踩踏、破坏草原。其二，草原地区企业的生产行为会对草原造成污染，也会造成草地资源的破坏与浪费，特别是对草原矿区的开发，"目前多数开采草原矿区的矿产企业都只注重资源的开发、开采，而疏于对草原生态破坏的恢复，这不仅导致了草原生产力的下降，而且还加剧了土壤侵蚀和草地沙漠化的速度。"[1]自然介入因素使草原生态补偿的实际效果受到了削弱，牧民对草原生态环境的保护受到了自然力量的破坏；人为介入因素目前同样缺少相应的责任追究措施。

（四）延展性和延续性尚有局限

草原生态补偿在实践过程中，空间上缺乏延展性，而时间上则缺乏延续性，前者是指草原生态补偿政策的实施仅在部分省（区）开展，未能普及全国；后者是指草原生态补偿政策的实施以一定的时间为单位，并没有长期开展下去的保证。

从空间上来看，在我国草原生态补偿实践的第一阶段——即退牧还草工程中，享受政策待遇的省区仅包括内蒙古、新疆[2]、青海、甘肃、四川、西藏、宁夏、云南。2011年启动的"草原补奖"政策最开始也只是在上述8个省区开展，2012年才又扩充了东北三省与河北、山西5个省份。诚然，上述13个省区占据我国草地面积相当大的比例，全国主要的牧区也都分布在这些省区内，但草原生态补偿实践仅在这些区域开展、未覆盖全国显然是不合理的。草原生态补偿是关乎草原牧区生态文明建设的大计，所以草原生态补偿应当是一个全面性的工程。同时，草原生态补偿也是环境治理的有效手段，政策覆盖全国虽然会造成一定的财政压力，但会收到较好的生态保护效果，因此很有必要在全国进行普及。

从时间上来看，草原生态补偿既可以保护草原生态环境，也可以促进牧民增收，进而可以维护民族团结和边疆稳定，促进牧区经济社会可持续发展，可以认为草原生态补偿不仅仅是国家生态文明建设的举措，同时也可作为经济建设和政治建设的举措，意义重大。因此，草原生态补偿形成一个长效机制是极

---

[1]　于雪婷、刘晓莉：《草原生态刑法保护下的企业刑事责任论》，《政法论丛》2017年第2期。

[2]　新疆生产建设兵团在草原生态补偿实践中是作为独立行政单位开展工作的，但在地理意义上，由于新疆生产建设兵团地处新疆维吾尔自治区内，故此处视为同一省域单位。

有必要的，长效机制的形成可以使草原生态补偿持续发挥作用。

三、中国草原生态补偿实践的问题分析

我国草原生态补偿实践的成效显著，问题突出，而且亟待解决。我们认为，我国草原生态补偿实践存在上述问题的成因主要包括以下几个方面：

（一）起步较晚并且依赖国外

我国开展的具有生态补偿性质的重大生态建设工程最早可追溯到20世纪70年代，但真正标准意义上的生态补偿实践则开始于21世纪初的森林生态补偿，而以"生态保护补偿机制"为明确提法的政策性文件始于2005年党的十六届五中全会制定的"十一五规划"。[①] 大体而言，我国生态补偿实践的起步较晚，因此实践经验相对不足。而我国草原生态补偿实践的起步则更晚，虽然退牧还草工程启动较早，但准确意义上的草原生态补偿实践开始于2011年，较森林生态补偿晚了10年，较重点生态功能区生态补偿晚了3年。实践上的启动晚则难免会使制度的运行未能充分顾及各个细节，问题显得层出不穷，相关工作的进行会遇到种种困难。当然需要强调的是，虽然生态补偿实践起步较晚会在客观上带来诸多问题，但问题的存在并非制度设计之初的主观意愿，完善性措施也在一直推进。在开启及改善我国生态补偿实践的过程中，对国外经验的借鉴是必不可少的。借鉴国外的实践经验可以汲取成功的因素，避免国外所走过的弯路。但是我国目前生态补偿实践又过于依赖国外经验，具体表现为以国外生态系统服务付费的制度设计套用在我国生态补偿的制度完善中。前文曾将生态系统服务付费和生态补偿之间进行了比较，虽然二者具有某种相似性和关联性，但还是存在些许的差别。特别是二者建立的国情背景差异性更大，如果不考虑具体的制度运行环境，以生态系统服务付费框架来确立我国的生态补偿制度则难免会遇到现实运行上的困境。另外，针对草原生态补偿而言，从

---

① 靳乐山主编：《中国生态补偿：全领域探索与进展》，经济科学出版社2016年版，第16—18页。

国外生态补偿的实践来看，涉及的领域多数集中在森林、流域和矿产这三个生态要素上，而国外针对草原生态补偿的实践却较少。这使得依赖国外经验的我国对草原生态补偿在知识方面的掌控上还并不充分，也在客观上造成了草原生态补偿在整体生态补偿实践中受到的重视程度不够。

（二）资源配置的规律性较差

尽管我国生态补偿制度与国外的生态系统服务付费制度之间存在差别，但这并不阻碍我国的生态补偿制度引入市场机制。目前我国草原生态补偿在市场机制引入方面有所欠缺，因是以政策或项目的形式存在，所以资源的配置并不能充分利用市场交易的客观规律，从经济学的视角看，"补偿是保障简单再生产可持续进行的关键"。① 草原生态补偿从其运行的过程来看，其实质是一种经济活动。一个国家经济活动的样态受该国经济体制的影响，我国目前实行的是社会主义市场经济体制，国家经济活动理应在各个方面反映市场经济特点。而目前我国的草原生态补偿其运行过程带有一定的计划经济色彩。

缺少市场机制会造成的影响包括：一是草原生态补偿政策仅能通过政府财政补贴的方式进行，补偿主体便只有政府，补偿过程在实质上并不是一个市场交易的过程，缺乏企业的参与，补偿主体数量明显不足；二是市场机制包含了企业及其他经济主体更加复杂多样的经济诉求，如果缺少市场机制，则草原生态补偿在经济建设方面仅能体现政府的经济诉求，这进而会导致补偿方式的单一，同时企业本身就包含着更多的就业岗位，市场机制的缺失对牧民增收和转变生产经营方式很可能会产生负面的影响；三是政府的财政补贴受政府总体财政规模的限制，补偿标准整体会偏低，更为重要的是，因为是以政策项目的形式而存在，补偿标准的测算缺乏科学合理的依据，未引入市场机制，势必会忽视受偿人的发展机会成本，也无法实现部分学者所主张的按受偿意愿支付补偿款的建议；四是未引入市场机制的草原生态补偿不能形成稳定化和常态化机制，政策延续性就没有了可靠的保证。

---

① 杨润高：《环境剥夺与环境补偿论》，经济科学出版社 2011 年版，第 143 页。

（三）配套措施建设不够完备

草原生态补偿相关配套措施建设不完备也会引发草原生态补偿部分问题的出现，因此配套措施建设的重要性同样不可忽视。配套措施建设的不完备主要指两个方面，第一方面是基础设施建设落后。能够保护草原生态环境的基础设施建设实质也属于草原生态补偿的措施之一，但其受到的重视却远没有达到禁牧补助和草畜平衡补助的程度。在草原生态补偿的制度设计上，仅考虑了较为理想的状况，即通过补偿便可以有效地保护草原，却并没过多考虑可能存在的介入因素。除人为因素外，草原生态环境其实也会遭受来自自然界的破坏，但许多基础设施建设落后，使得草原在没有遭受人为破坏的情况下却造成了自然性的破坏，可以说是浪费了人们先前的努力。例如，在草原生态补偿实践过程中，围栏建设还处于薄弱状态，使草原在免受人为放牧破坏的情况下，却未能幸免野生动物入侵的破坏。第二方面是执法队伍建设不够完备，制约了执法监管力度。我国从中央到地方都设置了专门的草原监理机构，各级草原监理机构是草原生态补偿执法的主要力量。然而目前我国草原执法队伍建设还不尽完备，许多地区人员配备明显无法满足工作的需要。部分草原牧区极为辽阔，执法工作会显得比较艰辛，同时各种工作设施的配备也并不充足，这些都制约着草原生态补偿的正常开展，特别是无法有效追究违反义务的行为人的责任。除草原监理机构中的执法人员外，许多牧区还配备了草原管护员，这也是草原生态补偿执法的一股力量。但在草原管护员的制度设计中也有许多欠缺之处，本课题在调研过程中也了解到，草原管护员的工资较低，这不利于调动草原管护员的积极性，不利于执法工作的开展。

（四）相关法律制度不健全

造成我国草原生态补偿出现诸多问题的原因除上述外，一个更为重要的原因则是我国草原生态补偿的法制不健全，有关草原生态补偿的法制建设尚有许多欠缺之处。事实上，我国草原生态补偿所存在的所有问题，都和草原生态补偿法制不健全密切相关。

首先，草原生态补偿没有高位阶的法律做支撑，延展性和延续性没有保证。目前我国草原生态补偿主要规定于若干个行政法规规章中，没有更高位阶的法律做具体明确的规定，这样草原生态补偿的普适性便没有保证，很难将政策覆盖至全国；同时因为没有法律稳定性做支撑，草原生态补偿能否持续推行下去便是难以预料的。

其次，草原生态补偿没有经过严格程序的立法，规定的内容缺乏规范性的指引。法律在立法程序的严密性要超过行政法规部门规章等其他法律文件，因此其立法过程势必会更加体现立法内容的科学性和合理性，使法律对其中规定的内容起到规范性的指引作用。目前规定草原生态补偿的法律文件位阶较低，这意味着还没有极为严格程序的立法来对草原生态补偿做出更加科学合理的规定，这使草原生态补偿在补偿主体、补偿方式和补偿标准等内容上出现了种种的问题。特别是对补偿标准而言，即便草原生态补偿发展至后来，固定的补偿标准已经无法满足现实的需要，但标准的具体测算方法只有经过法律规定，才能真正达到科学合理的状态。

再次，草原生态补偿法制的不健全使牧民不能有效享有权利。牧民在保护草原而遭受经济损失时获得足额的补偿是牧民享有的一项权利，这项权利在当下我国草原生态补偿实践中却并不能得到有效保障。从法理学的视角看，权利的存在形态可以分为应有权利、习惯权利、法定权利和现实权利。[1] 牧民所享有的获得足额补偿的权利可以视为一种"应有权利"，但实际是否能够享受到这项权利还得看是否有实现权利的条件。法律的存在是对权利的一种保障，某种"应有权利"只有经过法律规定成为一种"法定权利"，其"现实权利"才有可能最大限度地接近"应有权利"。而当下我国草原生态补偿法制不够健全，使得牧民权利不能得到法律的保护，权利的有效实现便得不到强有力的保障。

最后，草原生态补偿法制的不健全使违反义务的人和其他破坏草原人员不能受到有效的责任追究。法律可以规定不同类型的法律责任，具备惩处的功能，针对草原生态补偿中违反义务的人以及其他破坏草原的人员，应当根据具

---

[1] 张文显：《法哲学范畴研究》，中国政法大学出版社 2001 年版，第 311 页。

体情节的轻重追究不同程度的法律责任。但目前因为法律在此方面的欠缺，使应当追究的责任却得不到有效的追究，进而会助长违法行为。

总之，法制不健全会造成草原生态补偿诸多问题的同时出现，另外，草原权属不清所导致的草原生态补偿的困境其实也是法制不健全的体现，因为草原权属规定当然是由法律来完成的，需要综合宪法、物权法和相关草原法律共同构建起完整科学的草原权属规定。综上所述，我们认为，法制的不健全是草原生态补偿实践存在问题的最主要原因，因此，推进草原生态补偿法制建设是十分必要的。

本章小结

作为开篇内容，本章以明确草原在国家生态安全及经济与社会发展中的战略地位为前提，为书稿研究限定在"草原"这一具体生态要素的生态补偿法律制度建设的范畴内提供一个宏观背景。以此为基础，从国外生态系统服务理论的提出开始，阐述了国外生态系统服务付费（PES）制度的建立，辨析了国内外生态补偿与生态系统服务付费制度，通过比较、借鉴，总结界定了我国生态补偿及草原生态补偿的基本概念，形成书稿研究的逻辑起点。随后，具体阐明我国草原生态补偿在实践中主要是以"草原补奖"政策的实施为载体的，政策目标首先是草原生态保护，其次是牧民增收与牧区经济社会可持续发展，特别强调生态优先的理念。还需要明确的是，生态补偿之后，牧民生活水平至少是不低于生态补偿之前，这是一个基本前提。最后评述我国草原生态补偿的实践状况，在肯定取得成效的同时也指出存在的问题，例如，在草原生态补偿的过程中，相关权利与义务及责任难以兑现，分析了问题产生的原因，认为草原生态补偿法制是主要的原因，由此引出书稿研究的内在缘由。

第二章　中国草原生态补偿法制建设的必要性

以退牧还草工程与"草原补奖"政策为载体的我国草原生态补偿实践，成效显著问题也突出。我国草原生态补偿实践存在问题的原因是多元的，包括草原产权不清、草原生态补偿没有建立市场化、多元化机制，还有法制不足等。本部分只讨论法制不足的问题。本章拟从我国草原生态补偿法制建设的基本内涵切入，阐述草原生态补偿法制建设的必要性。

第一节　中国草原生态补偿法制建设的基本内涵

对于我国草原生态补偿法制建设基本内涵的解读将按照"法制—法制建设—草原生态补偿法制建设"的顺序依次展开，以求理清基本内涵问题的逻辑脉络。

一、法制的内涵

"法制"一词具有较为丰富的内涵，并且在不同历史阶段具有不同的表现形式。同时，其与"法治"一词既有一定的联系，也存在一定的差别。

（一）两种意义上的法制

在西方国家，"法制"与"法治"没有严格的区分，尽管在英语中两者被分别表述为"legal system"和"rule of law"，但"legal system"与当下我国所指称的法制并不是完全等同的概念。大体而言，法制具有两种意义上的概念，"legal system"只相当于一种意义上的概念，即法律制度。因此，英语中的"legal system"直接翻译成"法制"其实并不恰当。

事实上，"法制"一词的使用带有明显的中国特色。在中国古代的历史典籍中，便有"法制"一词的存在。例如《礼记》（月令篇）中有记载："命有司修法制，缮囹圄，具桎梏，禁止奸，慎罪邪，务搏执。"①《商君书》（君臣篇）中也有记载："民众而奸邪生，故立法制、为度以禁之……法制明，则民畏刑。法制不明，而求民之行令也，不可得也。"②在新中国成立初期，尽管也有部分法律工作者提出过"法治"的命题，但大体而言，依旧没有"法制"的使用次数多。刘少奇同志在1956年党的八大政治报告中曾指出："为了巩固我们的人民民主专政，为了保卫社会主义建设的秩序和保障人民的民主权利，为了惩治反革命分子和其他犯罪分子，我们目前在国家工作中的迫切任务之一，是着手系统地制定比较完备的法律，健全我们国家的法制。"③可见，当时的官方文件还是较为认同"法制"的提法。出现这样的情况有其历史的原因："一个是在翻译的马列著作和苏联学者的著作中，相关词语都被译为'法制'；另一个原因则是，'法治'一词被许多人视为资产阶级的口号。"④可见，此处的"法制"指的便是法律制度，大体相当于英语中"legal system"的概念。前文提及，法律制度仅是一种意义上的法制概念，而法制其实具有两种意义上的概念，这两种意义的法制有必要进行区分。

第一种意义上的法制是静态意义上的法制，新中国成立初期所使用的法制

---

① 胡平生、张萌译注：《礼记》，中华书局2017年版，第331页。
② 石磊译注：《商君书》，中华书局2016年版，第193页。
③ 《刘少奇选集（下卷）》，中共中央党校出版社1985年版，第253页。
④ 葛洪义主编：《法理学（第三版）》，中国政法大学出版社2017年版，第229页。

概念正是静态意义上的法制。静态意义上的法制可以理解为法律制度的简称，"这是'法制'一词的原本含义，亦是该词在新中国革命背景下逐渐广受重视时被最初赋予的确切含义。"① 从这个意义上理解法制可以认为，只要存在法律制度的国家就都有法制。法律制度一般是指法律法规的体系和具体的条文规定，在国家立法完全缺失的情况下，便不能说该国是存在法律制度的。新中国成立之初，曾将旧中国的"六法全书"全部废除，而在一定的历史阶段内，也几乎没有规范性的法律法规颁布，在相当长的时间内，国家各项活动是依据党的政策文件来处理的，在这样的情形下，法制几乎是不存在的，当然就更无须提及法治的存在。

第二种意义上的法制是动态意义上的法制，"即立法、司法、执法、守法，对法律实施的监督等各个环节的一个系统"。② 事实上，动态意义上的法制是由静态意义上的法制扩展而来的，体现出法制的系统性特征。从此意义上出发，我国有学者将法制进一步称作"法制系统"或"法制系统工程"。这样一来，动态意义上的法制与西方部分法学家对法律的定义有相近之处，如美国法学家庞德便将法律定位为一种"社会工程"。③ 在本书中所称"法制"是指法制的静态含义，即法律制度。

（二）法制与法治的区别

法制与法治的区别问题在法理学领域多有研究，不同的著述虽然在语言表述上有所差别，但在核心内容上却取得了许多共识。本书综合国内部分法理学权威著作，将法制与法治的区别阐述如下：④

首先，从产生时间来看，现代意义上的法治是资产阶级革命的产物，即资本主义社会出现之后才产生了真正意义上的法治。而法制却早已有之，甚至在

---

① 舒国滢主编：《法理学导论》，北京大学出版社 2006 年版，第 306 页。

② 沈宗灵主编：《法理学（第四版）》，北京大学出版社 2009 年版，第 138 页。

③ Roscoe Pound: Interpretation of Legal History, Cambridge: Harvard University Press, 1946, p.157.

④ 早先曾有观点认为，法制是静态的，而法治是动态的。但前文已提及法制是具有双重意义的概念，法制未必只是静态的，同样法治也未必只是动态的。因此，此处不将静态和动态的差别作为法制与法治的区分标准。

奴隶制社会就已出现，因为奴隶制社会也会颁布法令来维持社会秩序，维护统治阶级的统治。同时，虽然社会形态有所不同，但只要有法律存在，任何社会形态之中便都会有法制的存在。所以可以根据社会形态的差别，将法制分为奴隶制社会法制、封建社会法制、资本主义社会法制、社会主义社会法制。而因为法治是资本主义社会出现后才产生的，所以并不存在"奴隶制社会法治"和"封建社会法治"。

其次，法制与法治最实质的差别在于，法治确立了法律在社会生活中的最高权威地位，而法制只是确认了法律的存在，并未体现出法律至高无上的地位。与法治相对立的是人治，在人治社会中，人的思想意识有时会成为社会生活的权威指导，而在人治社会中，也是可能存在法制的。因此一个毋庸置疑的结论是，有法治的社会必然有法制，而有法制的社会却不必然有法治。有学者认为，法制与法治这种实质性的差别体现的是二者与权力之间关系的不同。"法治强调的是法的统治，奉行法律至上，主张一切权力都要受到法律的制约。但法制并不必然包含这样的含义。"[1]另有学者认为，法制属于工具操作范畴，在法制中，法律还只是某个权威所运用的一种工具，一个控制国家和社会的手段；而法治则属于政治理想的范畴，法治关注的焦点是法律的至上权威，公民、团体和政府必须依从公认的法律规则行事。[2]

再次，与前一点相关联的，法治往往与正当性价值观紧密相连，而法制与这些价值观之间并不具有必然联系。法治伴随着资本主义社会的出现而产生，在法治产生的同时，民主、自由、人权等观念也成为社会普遍认同的价值观念。法制与这些价值观念之间具有密不可分的关系，"在现代社会，民主通常是法治的政治基础，自由和人权则是法治所要保障和维护的价值"。[3]而法制既可以为这些价值观念服务，也可以反对这些价值观念，在特定的历史背景下，法制的存在甚至会危害到民主、自由、人权的价值观念，例如德国在纳粹

---

[1]　张文显主编：《法理学（第四版）》，高等教育出版社、北京大学出版社2011年版，第331页。

[2]　付子堂主编：《法理学初阶（第三版）》，法律出版社2009年版，第202页。

[3]　张文显主编：《法理学（第四版）》，高等教育出版社、北京大学出版社2011年版，第332页。

政权时期，利用法制作为统治手段，推行种族暴行政策。法治与正当性价值观的联系也更进一步证明了法律应当作为社会活动的最高准则，"所以说，法治这一概念包含着一种法律价值论，要求法律制度得到高度的尊重，要求法律制度及其运行应当以实现人的自由、安全、获得社会合作好处的权利、社会平等等利益为价值目标"。① 因此，一个较为普遍的看法是，法治之下的法应是良法，但法制之中的法却并不一定具有良法的属性。②

最后，法制是一种社会制度，与政治制度、经济制度、文化制度等其他社会制度并列，是调整社会关系的制度中的一个种类；而法治则彰显了法律在社会生活中的广泛介入性，即任何主体、任何社会关系和社会活动，都应依照法律的规则和原则行事。法治在介入社会生活时除具有广泛性外，还具有深度性，要求社会的法律化，这可以从根本上维护公民的权利和自由。

虽然法制与法治之间存在着一定的差别，但二者也有着很大的关联性。一般认为，法制是法治的基础和前提，没有健全的法制，法治便是无法实现的。

二、法制建设的内涵

尽管"法治"一词在中国也很早便被提出，但正式被官方确立这种提法的还是在中国共产党的第十五次代表大会中。1997 年 9 月党的十五大报告将原来的建设"法制国家"正式修改为"法治国家"，内涵发生了较大的变化，法治建设成为了我国更加重要的建设工程。虽然如此，并不是说法制及法制建设已经被完全抛弃，事实上，法制建设依旧具有重要作用，且其与法治建设之间也存在着相辅相成的关系。

（一）法制建设与法治建设

首先，法制建设和法治建设在目标上存在着差别。法制建设追求国家的法

---

① 公丕祥主编：《法理学（第三版）》，复旦大学出版社 2016 年版，第 133 页。
② 舒国滢主编：《法理学导论》，北京大学出版社 2006 年版，第 310 页。

律体系健全、法律规定合理，其目标主要关注立法内容的完整与合理；而法治建设具有更高的目标，除需要法律内容本身的完整与合理外，还要追求确立法律在社会生活中的绝对权威地位，确保法律能够有效地监督各种权力。

其次，法制建设是法治建设的基础，法治建设是法制建设的导向。一个国家在进行法治建设时，必须确保具备体系完备、内容合理的法律制度，法制建设对于法律制度的健全完善具有重大作用，法制建设是法治建设的前提，并在一定程度上从属于法治建设；法治建设因为有更高的目标追求，因此应当是法制建设的一个导向，法制建设对于法律制度的完善在技术上的处理都应当以如何有效监督权力为指引。

再次，在社会主义条件下，法制建设和法治建设都应当服务于正当性的价值观。在社会主义条件下，法制建设的过程是一个创设良法的过程，任何违背公平正义的法律都不应成为社会主义法制建设的应有内容。

（二）法制建设的原则要求

首先，有法可依。法制建设首先要求国家建立起体系完备、内容合理的法律制度，使国家的各项事业都能够有法律作为管理依据，为国家治理和社会管理提供基本的标准和尺度。有法可依是法制建设最基本的要求，只有存在法律制度，才能进一步完善法律的系统性工程。当前我国已经建成中国特色社会主义法律体系，可以认为基本做到了有法可依，但尚有许多领域的法律还不够完备，或者已有法律在内容上不尽合理，还需要进一步努力，使国家的法律更加符合社会发展规律，更有效地起到社会管理和国家治理的作用。

其次，有法必依。在有法可依的基础上，法制建设要求达到有法必依的状态。一切国家机关、社会团体、社会公民都必须把法律作为活动准则，不允许任何人有超越法律的特权。法律的存在是为了调整社会关系，如果只有法律的创设，却没有实现依法办事，则法律的价值就无法充分发挥出来。有法必依是法制建设的中心环节。

再次，执法必严。司法、执法机关在行使自身职权时应当严格按照法律行事，严格执法，严肃执法，以维护法律的权威和尊严。严格执法是应当根据现实情况进行科学执法和合理执法。

最后，违法必究。法制建设以法治建设为导向，而法治建设追求确立法律在社会生活中的绝对权威地位，法律权威地位的体现主要在于对于任何违法事件都应追究相应的法律责任。法制建设要求公民在法律面前一律平等，对于任何人的违法犯罪行为，都必须毫无例外地予以追究和制裁，任何人都在法律的框架内享受权利、承担义务，任何人都没有超越法律的特权。法制建设要求法律对权力形成有效的制衡与监督，对于一切违法行为都要进行追究，要杜绝有法外权力存在的情形。

总之，有法可依是加强社会主义法制的根本前提，有法必依是加强社会主义法制的中心环节，执法必严是社会主义法制权威性的体现，违法必究是社会主义法制强制力的体现。

（三）法制建设的主要内容

法制建设是国家发展的重要举措。在现代化国家中，以法律作为治国理政的依据符合现代化的政治思维。尽管人们早已清醒地认识到法制建设的重要性，但在现实中，因为种种因素的限制与影响，一个国家在某一事项上的法制建设有可能还处于较为落后的状态。因此，法制建设着眼于法制现状的改善，是推动国家法律发展的基本动力。一个国家的法律发展除了需要进行时间性的法律继承和空间性的法律移植外，还需要在现有制度环境下进行内发性的法制变革。"在当代中国，法律发展和法制现代化是等值的概念。法制现代化意味着法制从传统到现代的转型。这样一个转型没有改革的推动是绝对不可能成功的"。[①] 针对国家某项事业的法制建设，其实质就是针对这项事业法制现代化的转型和法律发展的推动，是一种改革性措施。我们认为，法制建设的基本内涵包括以下三个方面。

首先，在形式上需要有以文字为载体和文本为标志的相关法律条文，这些法律条文的组合不仅有专项法律，最好还有与之配套的上位法与下位法，形成

---

① 张文显：《法哲学范畴研究》，中国政法大学出版社 2001 年版，第 276 页。

完整的法律制度体系，通过这样的法制建设引导规范国家和社会事业步入制度化的轨道。国家社会事业纷繁复杂，在经济高速发展和科技不断进步的今天，管理国家和社会事业更加需要科学合理的手段，这就是法制。面对纷繁复杂的局面，使各项事业步入制度化的轨道是国家与社会发展的必经之路，制度化是事业稳定发展的保障。法制建设可以推进制度化的进行，通过针对某项事业的立法、司法、执法的整个过程，使事业发展进入正规有序状态。

其次，在内容上，无论是法律条文，还是整个法律文本都应当是科学合理的，并且具有可操作性，制定程序也是合理合法的，由此使国家和社会事业规范、科学地运行。规范性是法律的一个显著特点，因为规范性的存在，使法律所规定的内容能够向着科学方向发展。国家和社会事业的发展之所以需要法制建设，不仅因为法制建设使各项事业有了步入制度化轨道的保证，而且法制建设还可以在微观细节上使国家和社会事业更加科学地运行。

再次，在后果上，法律条文的设计都必须要有法律责任规范，解释性条文等除外。如果没有法律责任，那么法律条文就是不完整的，也是无效的。因为法制建设追求法律规定内容的普遍适用和针对违法行为的有效追责，法律所规定的内容具有普遍的适用性，社会全体都应按照法律的规定进行自己的行为活动，法律面前人人平等。当出现违法行为时，因法律自身包含着应对违法犯罪行为的责任追究途径，所以可以及时有效地解决可能出现的种种问题，从而有效地防范违法犯罪行为。法制建设以树立法律的权威地位为追求，法制建设使国家和社会事业的运行有了标准性的适用依据和相应的惩处机制。

三、草原生态补偿法制建设的内涵

草原生态补偿作为当下保护草原生态环境的重要举措，已经在现实中收到明显的成效，但是问题同样突出。健全完善我国草原生态补偿机制需要进行相关法律制度的建设，由于草原生态补偿法制建设是法制建设的下位概念，所以前者应当具备后者的一般特征，同时要体现出草原生态补偿自身的特征，并且需要针对当下我国草原生态补偿法律制度存在的问题，设计草原生态补偿法制建设的内容，具体如下：

（一）制定高位阶的国家层面的法律

草原生态补偿要想取得更大的成效，或者说要释放出全部功效，必须要有相应的法律作支撑，而不能仅有法规规章和政策性文件。事实上，由于我国迄今还没有出台国家层面的专项草原生态补偿法律，也没有出台一般性的生态补偿法律，所以当下我国草原生态补偿的依据就是法规规章和政策性文件，具体就是农业部和财政部联合颁布的《2011年草原生态保护补助奖励机制政策实施指导意见》和《新一轮草原生态保护补助奖励政策实施指导意见（2016—2020)》(以下简称《2011草原生态补奖意见》和《2016草原生态补奖意见》)。这两个指导意见属于部门规章，法律约束力较低，实践也证明了其强制力很有局限。因此制定高位阶的国家层面的草原生态补偿法制势在必行。具体而言，宪法因其性质不能对社会事务做细致的规定，但应当在宪法中明确提出生态补偿的基本内涵与精神。而作为上位法的《环境保护法》应当对生态补偿做出具体规定，对于草原生态补偿要有所提及，草原生态补偿法制具体内容可以规定在专项"草原生态补偿法"（超法规的）中，也可以规定在一般的"生态补偿法"（超法规的）中，还可以规定在《草原法》中。

（二）法律条文的内容合理、可操作

草原生态补偿法制建设不仅需要在高位阶的国家层面的法律中具体规定草原生态补偿的内容，而且内容的设定还需要合理可靠，同时要有可操作性。目前，最为集中规定草原生态补偿法律的国家层面的法律是《草原法》，但是也不过3个条文而已，即《草原法》第35条、39条和48条，而且仍然不是直接规定，其表述方式原则而抽象，基本不具有可操作性，即便是那些最关键的内容：例如草原生态补偿的概念、草原生态补偿过程中的权利、义务与法律责任等也根本没有提及，另外一些重要内容，例如补偿主体与对象、补偿的标准等也没有明确规定。事实上，这三个条文针对的是早期国家实行禁牧、休牧、轮牧时期的调整规范，对于近几年来实践中操作的草原生态补奖政策是没有具体反映的。如此规定实际上只起到了两个方面的作用：一是宣誓草原生态补偿是有法律规定的，需要依法进行；二是草原生态补偿具体操作的法律依据在《草原法》中找不到，需要相关法规规章另行规定。此外，在《防沙治沙法》《农业法》《土地管理法》等法律之中也有草原生态补偿相关立法，一般就是 1 个条文。他们的规定方式主要也是宣誓性的，基本上也没有操作性，有的条文或者就直接规定其具体操作方式由其他法规规章具体规定。由此，本文拟将设计的草原生态补偿法律条文，应当吸取上述已有条文的教训，对草原生态补偿的概念、主体、客体、相关的权利和义务、对应的法律责任等都要有明确规定，确保其可操作性。

（三）法律责任的规范具体、可兑现

在草原生态补偿实践中，对于违反相应义务的行为应当通过设立法律责任的追究途径来

解决，这样才能有效地落实补偿过程中的各项权利与义务。可事实上，当下我国草原生态补偿实践所依据的《2011 年草原生态补奖意见》和《2016 年草原生态补奖意见》都是针对"禁牧""草畜平衡""良种补贴""综合补贴"等做了直接的数额补偿标准规定，同时对工作措施和组织管理予以明确，特别提到"明确发放对象""严格资金管理"等。至于为什么这样规定？规定的理由何在？并没有回答。更为致命的是，这两部指导意见中都没有规定法律责任规范，这就使得其约束力和预防违法犯罪的力度大打折扣，当然也很难将权利、义务贯彻落实到底。为了规定草原生态补偿的法律责任，仅仅针对与草原生态补偿直接关联的内容进行相应立法还不够，还需要通过体系性的立法来完成法律责任追究途径的搭建。民事责任可以通过民法规范来确立，行政责任可以在《环保法》或《草原法》中直接规定，而刑事责任则需要通过司法解释适用何种罪名和增设相关犯罪罪名来确立。同时，对于涉及程序性的特别问题，还需要有针对性地在相关程序法中作出规定。总之，草原生态补偿的立法应当特别重视法律责任的规定，法律责任的规范应当是具体的、可以兑现的。

第二节　中国草原生态补偿法制建设的必要性

草原生态补偿需要通过法制的方式予以保障、草原生态补偿法制建设需要加强，这是一个基本的认识，但此处仍然需要具体阐述草原生态补偿法制建设的必要性。对必要性的阐述本着这样一个逻辑思维进行层级推导：其一，我国草原恶化是一个有目共睹的事实，草原恶化引发一系列问题，因此亟待保护；其二，生态补偿是当下草原保护更为有效的途径，草原生态补偿是必要的；其三，由于草原生态补偿法制是引导、规范和保障草原生态补偿能够有效落实的必要途径，所以草原生态补偿法制建设对于草原生态补偿的有效落实具有重要作用。

一、中国草原亟待保护

总体来看，我国草原面临着牧草资源匮乏、生物多样性减少、杂草入侵、草原生产能力下降等问题。自 20 世纪 60 年代以来，草原出现了一定程度的恶化。据统计，20 世纪 70 年代中期，全国恶化草原面积占草原总面积的 15%。到了 80 年代，我国草原恶化面积达 6792 公顷，恶化率为 28.3%。[①] 一直处于有所恶化、局部改善的状况，可能引发一些生态与社会问题。

（一）个别草原生态有所恶化

首先，草原生态功能减退。草原沙漠化使草原失去了植被的覆盖，一方面导致草原土壤干旱和地下水位下降或水源枯竭，大气降水稀少，气候干燥，流沙借助风力迅速移动，使得草原面积减少和环境恶化；另一方面降低了吸收二氧化碳的能力，加速了大气质量的恶化。草原沙漠化造成的恶性循环使草地调节气候、防风固沙、保持水土、净化空气的生态功能明显衰退。具体表现为：

[①]　李博：《我国草原资源现况、问题及对策》，《中国科学院院刊》1997 年第 1 期。

碳汇能力降低导致的大气质量降低、水土流失严重、调节气候能力下降、草原生产力下降。[1] 草原生态恶化不仅使草的产量降低，同时也使草的质量下降，从而导致畜产品的质量下降。内蒙古牧区几十年精心培育的优良畜种出现了严重退化，被国际上誉为"纤维之王""软黄金"的二狼山、白绒山种山羊生产性能明显下降。在退化草地中，如果按每公顷鲜草损失 750 千克折算，每年总计少养活 5000 只绵羊。家畜个头变小，牧民称之为"小畜山羊化，大畜毛驴化"[2]。

其次，草原上自然灾害较多。草原生态环境恶化是诸多自然灾害的诱因，其直接引发的自然灾害主要有两种：一是沙尘暴日益严重。尽管沙尘暴的成因在学界莫衷一是，但绝大多数专家学者坚持认为，草原生态平衡破坏，土地荒漠化程度加剧，草地生态屏障消失，沙尘暴就会频繁发生。退化草地恶化的生态环境加剧了风蚀与土壤侵蚀过程，从而可能为沙尘暴的发生提供沙源。大面积草原退化提供的大量沙源，稀疏的植被覆盖也与沙尘暴有一定关系。据研究，草原植物群落的总盖度低于 50% 最易引起风蚀。沙尘暴频发不仅给农牧业生产带来极大损失，而且对该地区的农牧民的生存构成了威胁。二是鼠虫害泛滥。草原鼠虫害加重是草原退化的连锁反应。近年来，草原鼠虫害呈严重上升趋势，发生面积大，受害范围广，危害程度高。此外，草原生态环境恶化还会引发草原火灾、旱灾和蝗虫等自然灾害。

再次，草原生物多样性不足。生物多样性是人类社会赖以生存和持续发展的物质基础和必要保证，草原上有多样生物生存，据初步调查，我国北方草原上各种牧草约有 4000 多种，建群种为 45 个种，禾本科居首位，约 33 种，以针草属为主，南方草地上饲用植物达 5000 余种。[3] 地球上已经栽培的大部分优良牧草在我国都有野生种，我国是世界上牧草资源最丰富的国家。由于草原

---

① 许成安等：《西部地区草原沙化的原因及对策》，《青海社会科学》2001 年第 3 期。

② 崔金龙：《牧民草牧场权益被侵占问题的研究——基于内蒙古若干侵权案例分析》，内蒙古农业大学硕士论文，2008 年。

③ 盖志毅、王芳：《我国草原生态环境的多重价值和政府政策调整》，《生态经济》2010 年第 6 期。

退化，造成草原生物多样性不足。近年来，甘草、贝母、锁阳、肉苁蓉及内蒙古黄芪等草原药用植物产量明显下降，许多名贵草原药用植物已濒临消失。

（二）牧区社会问题日益凸显

首先，草原荒漠化缩小了人类生存和发展的空间。据观测，和裸露的沙地相比，草原可以使气流的阻力增加17—26倍，即草原植被能够有效地降低风速。美国在北部干旱草原区建立与风向垂直的高草草障，两草障之间的风速与无草障相比，风速降低19%—84%。中国的沙漠和沙漠化土地主要分布在牧区省，多由过去的草原退化转变而成。

其次，牧民收入增长受阻。在我国牧区，草原是畜牧业发展的载体，而畜牧业是经济发展的基础和主体，也是绝大多数牧民收入的主要来源；草原生态环境的恶化直接导致畜牧业经济不能可持续发展，这样牧民的主要收入就难以可持续地增加，因此牧民收入的增长受到制约。事实上，保护、建设和治理草原的根本目的都是为了保生态、保民生，推进牧区经济社会可持续发展，而保民生的具体内容就是确保牧民收入能够可持续地增长。

再次，影响牧区与边疆的发展。由于草原生态环境恶化，牧民收入受阻，所以直接影响到牧区的，进而也影响到边疆地区的，因为我国草原牧区边境线长达1.2万公里，占全国陆地边境线的54.5%。在全国1.2亿少数民族人口中，有70%以上生活在草原地区。同时，草原生态环境的恶化直接影响到草原文化的传承。

总之，我国草原亟待保护，而草原生态环境的保护还需要更有效的手段。

二、生态补偿更为有效

保护草原生态环境的途径是多种多样的，主要包括自然科学技术、经济投入、道德教育、法制规范以及生态补偿机制等，在我国全面实行草原生态补偿机制以前，普遍而广泛适用的草原生态环境保护途径就是自然科学技术与经济投入，实践证明，这两种方式在草原保护中确实也发挥了重要作用。生态补偿机制引入我国之后，受到普遍青睐，生态补偿对生态环境保护比其他方式更为有效，这已经成为公认的事实。

（一）草原生态保护的主要途径

首先，自然科学技术。这是一种传统的草原保护管理方式，基本上是自然利用和自然管理，由此维持着相对低下的生产力水平。现代草原保护管理是发展草业生产，保障草原资源可持续利用。因此，科学技术是关键。事实上，我国草原的保护建设曾经长期依赖于自然科学技术手段，国家不断加大草原保护的自然科学技术的投入，提高草原的保护、恢复与建设的科技水平与效果。近年来，农业部和各省区不断加大草原保护建设力度，稳定和完善承包制度，落实基本草原保护、禁牧休牧轮牧制度，增强草业科技支撑能力，转变草原畜牧业生产方式，逐步减轻天然草原牲畜放牧压力，草原超载率持续下降，草原科学合理利用水平不断提高。可见，自然科学技术在草原保护建设中发挥着重要作用。

其次，扩大经济投入。这是指在适用自然科学技术手段保护建设草原的同时，政府还持续加大草原保护基本建设的经济投入，以此来支撑草原围栏扩大、人工饲草料基地、牲畜棚圈、牧草加工机械等基础设施建设，为农牧民转变畜牧业生产方式创造条件。通过经济与技术的投入，帮助、指导农民开展家畜品种改良，提高家畜良种覆盖率，优化畜群结构，加快出栏周转，提高畜产品商品率，增加农牧民畜牧业生产收益。据统计，自 2000 年以来，我国对草原保护建设的经济投入大幅增加，先后实施了天然草原植被恢复、牧草种子基地、草原围栏、退牧还草、京津风沙源治理、草原防火、草原治虫灭鼠等建设项目。1978—1999 年，国家每年投入草原建设的资金平均为 0.3 元／公顷，2000 年以来，每年平均超过 5 元／公顷。仅就退牧还草工程而言，自 2003 年开始，国家在内蒙古、四川、云南、甘肃、青海、宁夏、新疆、西藏、贵州、新疆生产建设兵团实施该项工程之后，至 2007 年，中央共投入资金 84.6236 亿元，实施草原围栏 3420 万公顷，围栏面积占该区域可利用草原面积的 12.8%。[1]

---

[1] 刘加文：《我国草业现状及当前的主要任务》，《草业科学》2008 年第 2 期。

再次，生态补偿机制。我国于 2011 年开始启动草原生态保护补助奖励机制政策，也就是理论上所说的草原生态补偿机制，这是我国在草原生态环境保护中的新举措。生态补偿机制脱胎于经济学领域的探索，经济学领域的公共产品理论和外部性理论等内容成为生态补偿重要的理论基础。特别是外部性理论，为生态补偿的运行构建了一个合理的结构，从宏观角度来看，正外部性对主动保护生态环境的主体给予了足够的关注，负外部性又对应当进行付费的主体进行了范围划定；从微观角度来看，外部性理论对生态资源配置的具体要素予以整合，并加以完善，让生态补偿的运行更具有效率。可以看出，在经济学理论的支撑下，生态补偿存在一个科学、合理的运行构造，并且这个运行构造是可以循环的，以消除负外部性为目标，根据条件的改变而适当加以调整，使生态补偿的运行保持在正确的方向上。

客观地讲，草原生态补偿机制的出现并不否认科学技术与经济投入对草原生态保护的有效性，但是相比之下，草原生态补偿机制对草原生态的保护更为有效。因为自然科学技术和经济投入这两种途径很难具备生态补偿的运行构造和结构关系，虽然通过这两种途径同样可以起到保护生态环境的重大效果，但这两种途径在对生态资源进行配置的过程中效率较低，并且不易发现其中存在的不合理之处，难以及时进行有针对性的调整。换言之，草原生态补偿机制不仅是一种草原保护的方法或途径，而且也是一种科学的管理方法，其内部所具有的合理构造和创新的运作方式，能够激励更多的人参与到草原生态保护之中，更大限度地调动更多的人参与生态保护的积极性，更好地践行公众参与生态保护法律制度，在保护的同时还体现着生态公平与生态正义的价值理念。具体而言，当补偿标准确定之后，草原生态补偿机制基本不会受到科学技术水平的局限，而科学技术保护草原则无法逾越技术水平的局限；同时，如果说草原生态补偿机制也会受限于国家财政，那是因为在政策性的补偿机制下补偿主体只有政府一家的情形；当草原生态补偿走向市场化之后，补偿主体已经由单一变为多元，对政府财政的依赖会越来越小，而我国的生态补偿正在走向市场化。很显然，以单方扩大经济投入的方式保护生态环境是无法摆脱对政府财政的依赖的。值得注意的是，如果说草原生态补偿对草原保护的功效主要体现在维护生态平衡、促进牧民增收、维持边疆稳定、推进牧区可持续发展等方面，那么科学技术和扩大经济投入等保护方式同样具备这些功效，只是生态补偿机制作为一种创新的管理方式和经济激励机制，能够避免科学技术与经济投入各自的弊端，因此对草原生态保护的程度更高，效果更明显。

（二）草原生态补偿的主要效果

首先，维护生态平衡。草原是具有生态价值、经济价值与社会价值的战略资源，在我国，草原的地位尤其重要。根据世界粮农组织统计的数据显示，中国是世界第二草原大国，拥有草原面积3.93亿公顷，草原是中国面积最大的陆地生态系统，是主要江河的发源地和水源涵养区。草原在涵养水源、保持水土、防风固沙、调节气候、维护生物多样性等方面具有不可替代的重要作用。具体表现：其一，一个良好的草原生态可以维持大气成分的平衡，充分吸收人类生活中所排放的二氧化碳；其二，草原可以对地区性或全球性气候进行调节，减少气候异常现象的发生频率；其三，草原是巨大的蓄水库和净水库，在调节干湿旱涝的同时，也净化水源；其四，草原植被的覆盖避免了地表土壤的裸露，不仅防止土壤被风蚀水蚀，还提高土壤的肥力，起到了防风固沙的作用，利于改善大气环境；其五，草原生态系统为各种养分的获取和循环提供空间，保障了草原动植物新陈代谢的平衡，有效地防止来自草原内部或外部的污染；其六，维护了生物的多样性。可见，草原的生态价值巨大，草原在生态安全中的地位十分重要。然而，近年来，我国草原恶化严重，草原生态非常脆弱。据农业部发布的《2006年草原监测报告》显示："我国90%的草原存在不同程度的退化、沙化、盐渍化和石漠化，在草原保护建设取得了明显成效的同时，仍然呈现'局部改善，整体恶化'的态势。"四年后，农业部《2010年草原监测报告》再次显示：我国草原生态的总体形势发生了积极变化，全国草原生态环境加速恶化势头得到有效遏制，但全国草原生态仍呈"点上好转、面上退化，局部改善、总体恶化"态势。草原恶化引发了水土流失、沙尘暴、空气混浊乃至雾霾等一系列生态问题，全国有4亿人口常常受到风沙侵害。草原生态补偿就是通过"禁牧""草畜平衡"等工程恢复已经被破坏的草原生态，预防尚未恶化的草原生态再度发生恶化，从而维护草原生态平衡，保护草原生态价值。

其次，促进牧民增收。草原畜牧业是牧区经济发展的基础产业，是牧民收入的主要来源，是全国畜牧业的重要组成部分。2009 年，中国 268 个牧区半牧区县的牧业增加值 775.8 亿元，占第一产业的 42.7%；牧民纯收入的 75%来自畜牧业；牧区牛羊肉产量、奶产量和羊毛羊绒产量分别占全国的 18.5%、19.4%和 48%。[①] 草原是畜牧业的主要载体，草原生态状况直接关系着牧区、牧业和牧民的发展，草原地区还是食品、纺织、制草、制药等产业的重要原料产地，是国民经济发展不可或缺的重要物质资源和环境资源。然而，近年来，中国草原生态严重恶化，已经成为牧区经济社会发展的主要瓶颈。保护草原，加快转变农牧业发展方式，确保农畜产品的有效供给和牧民增收，呈现绿色发展和资源永续利用，是现实必须破解的难题，而草原生态补偿恰好就是当下破解上述难题最为有效的途径。草原生态补偿一方面通过维护草原生态平衡，为畜牧业发展保驾护航，进而促进牧民增收；另一方面，在维护草原生态平衡过程中，通过经济补偿的措施，帮助那些为草原生态保护作出牺牲的牧民扩大就业渠道，确保他们不仅不减少收入，而且要增加收入。

《农业部 2016 年畜牧业工作要点》指出，2016 年是"十三五"的开局之年，畜牧业的发展要深入贯彻十八届五中全会"创新、协调、绿色、开放、共享"的理念，保障肉蛋奶有效供给和质量安全，推动种养结合循环发展，促进养殖增收和草原增绿任务依然繁重而艰巨。草原生态环境的好坏，无疑是发展畜牧业的基石，而食品安全更是涉及整个国家安危的问题。这从另一层面表明，草原生态补偿在经济领域的时代价值。

再次，维护边疆稳定。我国草原面积不仅巨大、生态价值与经济价值显著，而且战略地位突出。我国的草原状况不仅关系着国家生态安全和畜牧业经

---

① 杨振海：《当前我国草原工作面临的形势与任务》，《草业科学》2011 年第 6 期。

济的发展，以及广大牧民的生产生活水平和牧区和谐发展，而且还承担着维护民族团结和边疆稳定的重要任务。由此，实施草原生态补偿，维护草原生态安全，不仅具有生态与经济价值，而且还体现出重要的政治价值。比较而言，森林尽管也是重要的生态资源，但是森林能够与草原媲美的只是生态价值与经济价值，或许经济价值更为突出，但是其政治价值与草原无法比拟，耕地也是如此。更为重要的是，我国农用地、林地在各种土地利用类型中所占比例均低于世界平均水平，但是在草地方面，我国具有明显的占比优势，我国天然草原面积3.93亿公顷，草地面积占比仅次于澳大利亚，居于世界第二位，占我国国土总面积的41.7%，是森林面积的2.5倍，是耕地面积的3.2倍。① 如此广阔的草原足以表明，我国草原的生态价值、经济价值和政治价值是其他资源无法比拟的。遗憾的是，我国对于草原的保护方面，尤其是生态补偿方面，明显滞后于森林和耕地等。

复次，传承草原文化。在广袤无垠的大草原上孕育和发展了独特的草原文学、歌曲、舞蹈、摔跤、木版画等特定的草原文化，草原文化是依附于草原而形成发展的，没有草原便难以存在。因此，实施草原生态补偿、维护草原生态平衡，对于草原文化的延续至关重要。这也是实施草原生态补偿的社会价值。需要明确的是，草原生态补偿机制具备上述有效性必然形成一个结果，即推进牧区经济社会可持续发展。

三、草原生态补偿的必要性

草原生态补偿是草原生态保护更为有效的途径，这就决定了草原生态补偿是必要的，以下拟将基于国家宏观战略的高度审视草原生态补偿的必要性。

（一）生态文明建设的必然要求

生态文明建设与经济建设、政治建设、文化建设、社会建设一同构建起中

---

① 刘青松主编：《生态保护》，中国环境科学出版社2003年版，第69页。

国特色社会主义事业"五位一体"的总体布局，生态文明建设在我国已经被提升至国家战略的高度。"生态文明建设功在当代、利在千秋，关系到中华民族生存发展和伟大复兴。"①"文明"一词原本只存在于人类社会中，世界范围内各式各样的文明是人类历史发展的生动写照。生态系统原本为非属于人类社会的自然存在，将生态系统纳入人类文明的范畴内是将生态系统进行制度化的改造。非人类自然与人类社会虽然处于两个不同的系统之内，但人类社会在自然属性上是存在于非人类自然之中的，同时非人自然又蕴含着人类社会文明产生与发展的客观规律，因此二者之间具有辩证统一的关系。"生态文明"概念的出现是人们对自身与自然关系进行更深层次思考的结果，在人类的物质生产过程中，"人们在自然物质生产的基础上进行社会物质生产，把自然物质纳入社会物质生产；同样，社会物质生产又创造一个新的自然界，两者相互作用、相互渗透、相互转化。"②生态文明建设实质上并不是单纯的针对生态环境的建设，也不是单纯的针对人类文明的建设，而是在追求生态环境建设与人类文明建设的同时，追求人类与自然的和谐，促进人类社会与生态系统的良性互动。从这一角度看，草原生态补偿正是一种协调草原地区经济发展与草原生态环境保护的制度安排，因此草原生态补偿的实施是国家生态文明建设的必然要求。

（二）**环境治理现代化的有效手段**

生态文明建设要求保护草原生态环境，而保护的方法无疑需要有效并且可行，审视草原生态补偿的必要性不仅需要指出其与生态文明建设的精神相契合，还需要进一步论证其在保护草原生态环境中的有效性。国家治理现代化是国家发展的必然趋势，体现在环境治理与保护领域便是环境治理的现代化。环境治理现代化追求以更加科学的方法进行环境治理，以达到或接近环境保护效益的最大化。从传统的环境保护方法来看，以维持与修整现存自然资源的方法和惩治破坏生态环境行为的方法当然都可以收到生态环境保护的效益，然而，

---

① 张高丽：《大力推进生态文明，努力建设美丽中国》，《求是》2013年第24期。

② 余谋昌：《环境哲学：生态文明的理论基础》，中国环境科学出版社2010年版，第108页。

传统的保护方法通常着眼于事后的治理，并且在实施的过程中具有一定的被动性。因此，一种着眼于事前防范、充分调动参与者积极性的新方法便需要引入到环境治理领域中。生态补偿以经济调节为手段，通过激励的方式保护生态环境，在收效上较之传统的环境保护方法更加明显。针对草地资源而言，草原生态补偿通过细致的经济运作，可以较好地处理草原生态环境保护与经济利益维护之间的关系，是环境治理现代化的有效手段，体现了国家在环境治理领域向更加科学的方向发展之趋势。

（三）草原边疆和谐稳定的政治保障

我国草原牧区包括大量的少数民族生活聚居地，同时我国多个草原牧区位于边境地区，在地缘政治关系上处于极为重要的地位。我国少数民族政策的制定要考虑到少数民族地区经济发展、少数民族文化的传承、少数民族生活习惯等多方面因素，政策的出台要谋求多方面因素的有效协调，以实现少数民族地区和少数民族居民的全方位发展。对于草原牧区而言，一种能够协调多方面因素的政策是必需的，而草原生态补偿正是这样的一种政策。草原生态补偿以草原生态环境保护为目的，也兼顾了改善草原牧区牧民们的经济状况，通过经济手段调节利益，满足草原牧区居民的生活需求。在此过程中，草原生态补偿也照顾了草原牧区居民特有的民族习俗，使牧民与草原的天然联系更加密切。同时，"一定的文化是从一定的环境产生的，草原生态环境是草原文化的载体"，[1]草原生态补偿的实施除了可以保护草原生态环境和促进牧民增收外，还可以传承草原文化。少数民族地区的繁荣发展和少数民族文化的不断传承能够维护民族的团结，而民族的团结又进而可以保证祖国边疆地区的安全稳定。因此，草原生态补偿有利于国家其他各项民族政策的施行，维护民族团结与保障边疆稳定，使少数民族边疆地区和谐稳定，这也再次凸显在我国所确立的生态补偿制度相较于国外的生态补偿制度，具有更加宏观和深远的政策意义。

---

① 巩芳、常青：《我国政府主导型草原生态补偿机制的构建与应用研究》，经济科学出版社2012年版，第5页。

四、草原生态补偿法制建设的必要性

从宏观角度来看，加强草原生态补偿的法制建设符合依法治国的精神要求。我国在社会主义建设中秉承依法治国的理念，是坚持和发展中国特色社会主义的本质要求和重要保障，是实现国家治理体系和治理能力现代化的必然要求。依法治国要求适用法律作为社会主义建设的重要保障，做到有法可依，有法必依，执法必严，违法必究。在生态文明建设的过程中，党提出要实行最严格的源头保护制度、损害赔偿制度、责任追究制度，完善环境治理和生态修复制度，用制度保护生态环境。实行资源有偿使用制度和生态补偿制度，完善对重点生态功能区的生态补偿机制，推动地区间建立横向生态补偿制度。党的十八届四中全会明确指出用严格的法律制度保护生态环境，加快建立有效约束开发行为和促进绿色发展、循环发展、低碳发展的生态文明法律制度，强化生产者环境保护的法律责任，大幅度提高违法成本。建立健全自然资源产权法律制度，完善国土空间开发保护方面的法律制度，制定完善生态补偿和土壤、水、大气污染防治及海洋生态环境保护等法律法规，促进生态文明建设。党的十九大又提出了要建立市场化、多元化的生态补偿机制，建设美丽中国。因此，作为生态文明法律制度重要组成部分的草原生态补偿相关立法的完善，是符合党和国家相关政策精神指引的，是相关法律制度体系建立的重要环节之一，更是党和政府治理相关领域生态问题的重要依据。从草原生态补偿法制建设的本身来看，这对草原生态补偿无疑具有重要作用，正因为如此，彰显推进草原生态补偿的法制建设极为必要。

（一）草原生态补偿的具体规范需要立法明确

法律具有规范性，其制定的过程充分彰显了国家治理能力和社会集体智慧。停留在理念层面的生态文明建设可能会让许多工作仅仅为了响应国家号召而进行，甚至可能流为一种喊口号式的行动。政策的颁布虽然在部分细节的处理上也经过了充分的调研和详尽的论证，然而任何政策内容的论证，其严谨性都不及立法活动。当在法律中需要规定草原生态补偿的内容时，具体细节的设计、技术操作的把控无不体现着法律的规范性和立法的严密性。更为关键的是，法律可以创设权利和义务，只有经过法律确认的权利和义务才是真正的权利和义务。草原生态补偿牵涉多方利益关系，仅以政策来调节相关利益者的关系显然不能达到理想的效果。只有通过立法具体规定相关利益者的权利和义务，相关利益者才能在草原生态补偿的全过程中得到切实的利益维护。

（二）草原生态补偿的具体落实需要立法保障

草原生态补偿的具体落实，即执行力是确保草原生态补偿收效的关键，在实践中存在的偷牧现象是草原生态补偿执行力不足的一个表现。因为缺乏针对偷牧现象的有效应对措施，会造成偷牧现象的进一步泛滥。法律具有权威性，经过法律所确认的内容必须得到全社会的认同并坚持执行。法律同时还可以规定违法行为的责任追究方式，在草原生态补偿中，对于偷牧行为可以通过完善立法来确定相对应的责任追究方式，以预防和惩治违法行为者为解决问题的途径。法律具有评价、预测、指引的作用，通过预防和惩治违法犯罪行为，可以引导尚未违法犯罪的行为人按照正确的行为规范来从事合法的活动。所以，草原生态补偿的执行力需要通过立法来保障。另外，在实践中存在草原管护员队伍建设不够完备的问题，更大程度上也是因为针对草原管护员制度的法制建设不够健全，通过完善立法来维护草原管护员的权利可以调动管护员的积极性，从而有利于草原生态补偿执法工作的进行。

（三）草原生态补偿的延续性和普适性需要立法确定

目前，我国草原生态补偿是以政策的形式实施的，草原生态补偿能否延续下去没有根本性的保障。同时，草原生态补偿仅在 13 个省区开展，没有普及全国。草原生态补偿的延续性和普遍适用性只有通过立法才能有所保证。一是因为法律具有稳定性，立法程序是一个极为严密的过程，法律一经颁布，再要进行改动便需要通过严密的程序来进行。将草原生态补偿的内容以立法形式确定下来，草原生态补偿便具有了稳定性，其延续性也有了根本性的保障。二是因为法律具有普适性，一般而言，国家颁布的法律原则上是在全国范围内都能适用的，以立法的方式来保证草原生态补偿的普遍适用，可以解决非政策适用区域无法享受政策照顾的不公正现象。从立法的层级来看，除了中央立法外，还存在地方性立法，中央立法与地方立法等各层级的立法一并构建起一个完整的立法体系，这样可以确保草原生态补偿的法律适用更加合理有效。

本章小结

本章是承上启下的过渡性内容。既然草原生态补偿法制缺失缺陷是导致我国草原生态补偿实践存在诸多问题的主要原因，那么健全完善草原生态补偿法律制度便是必要的。本章从法制的内涵、法制建设的内涵、草原生态补偿法制建设的内涵进行层层推演，按照四个层级的逻辑思维，逐级推导分析出我国草原生态补偿法制建设的必要性：这种必要性源于草原生态补偿本身的必要性，以及生态补偿对生态保护更为有效与中国草原亟待保护这几个方面，从而引出书稿本体部分的五章内容，即第三章至第七章。

第三章　中国草原生态补偿法律制度现状检讨

　　我国草原生态补偿实践要取得突破性的进展，推动草原生态补偿法制建设是必不可少的举措。在理论研究方面，自然科学与经济学等领域关于草原生态补偿的研究都对其法制建设给予了高度的重视，因此，法学领域对草原生态补偿法制建设的研究，可以照应自然科学与经济学等其他学科的研究成果，进而推进草原生态补偿法制理论研究水平的整体提高，推动实践的进步。为此，需要从我国草原生态补偿法律制度现状，尤其是分析其中存在的问题为切入点展开研究。

第一节　中国草原生态补偿法制现状

　　我国草原生态补偿相关法律制度的存在形式零星分散，表述方式是直接与间接兼备，其载体位阶既有高级别的也有低级别的。以下按照立法的位阶体系具体阐释草原生态补偿的法制现状。

一、宪法的规定

　　宪法是一个国家的根本大法，在法律位阶体系中地位最高，其所规定的都是关乎国家和国民最基础、最重要的内容，其他法律法规必须以宪法为指引，不能存在与宪法相抵触的条文，否则便自然无效。我国现行《宪法》是在1982年通过的，经由1988年、1993年、1999年、2004年和2018年五次修正而形成的，共计4章143个条文。目前我国宪法中虽然没有直接的生态补偿规范，但是该法第10条第2款规定："国家为了公共利益的需要，可以依照法律规定对土地实行征收或者征用并给予补偿。"权威解释认为征收耕地的补偿费用包括土地补偿费、安置补助费以及地上附着物和青苗的补偿费。这里关于"地上附着物"便具有生态属性。《宪法》第13条第1款还规定："公民的合法的私有财产不受侵犯。"该条第3款规定："国家为了公共利益的需要，可以依照法律规定对公民的私有财产实行征收或者征用并给予补偿。"宪法的这些规定，第一次突出了公共利益与私人产权利益之间的协调，肯定了补偿机制在法律调整中的地位，不仅强调了对私人合法财产的保护，而且强调了私人财产权利的不可侵犯性。对私人实施宪法保护以及对私人经济利益损失的经济补偿制度，同样适用于自然资源和环境保护领域。此外，《宪法》第9条规定："矿藏、水流、森林、山岭、草原、荒地、滩涂等自然资源，都属于国家所有，即全民所有；由法律规定属于集体所有的山岭、草原、荒地、滩涂除外。"这个所有权制度为草原生态补偿提供了立法依据。《宪法》第26条第1款又规定："国家保护和改善生活环境和生态环境，防止污染和其他公害。"这两个条文意味着《宪法》在一定程度上对生态补偿的认可，标志着我国政府已经在顶层设计上关注生态补偿了。然而直到近期的第五次宪法修正，"生态补偿"的字样仍然没有直接出现在宪法之中。

二、法律的规定

法律的效力仅次于宪法，而在法律内部还区分基本法律和基本法律以外的法律。在草原生态环境与资源保护方面，基本法律为《环境保护法》，基本法律以外的法律为《草原法》，前者为上位法，后者为下位法。

（一）《环境保护法》的规定

我国现行《环境保护法》的前身是 1979 颁布的《环境保护法（试行）》，正式颁布是在 1989 年，并在 2014 年进行了修订，于 2015 年开始实施，共包括 7 章 70 个条文。该法第 31 条分 3 款规定了生态补偿，其中第 1 款规定："国家建立、健全生态保护补偿制度"；第 2 款规定："国家加大对生态保护地区的财政转移支付力度。有关地方人民政府应当落实生态保护补偿资金，确保其用于生态保护补偿"；第 3 款规定："国家指导受益地区和生态保护地区人民政府通过协商或者按照市场规则进行生态保护补偿"。由于《环境保护法》是我国环境与自然资源保护的基本法，在众多单行法律法规中起着统领全局的作用，所以其中生态补偿规范的规定，一方面标志着中国生态补偿已经直接明确地步入了法制化进程，另一方面为草原等单项资源生态补偿法制建设奠定了基础、铺平了道路，具有重大意义。但其对生态补偿的规定属于原则性规定，如果生态补偿立法采用单个生态要素的独立立法，在《环境保护法》中仅仅体现生态补偿的原则性内容这并无问题；如果生态补偿立法采用所有生态要素统一立法的形式，则目前《环境保护法》中对于生态补偿的规定便稍显简单。

（二）《草原法》的规定

我国现行《草原法》于 1985 年颁布、2002 年修订、2003 年开始实施，之后又经过 2009 年和 2013 年两次修正，目前共包括 9 章 75 条。草原生态补偿法制相关规定载于三个条文。其中第 35 条第 1 款规定："国家提倡在农区、半农半牧区和有条件的牧区实行牲畜圈养。草原承包经营者应当按照饲养牲畜的种类和数量，调剂、储备饲草饲料，采用青贮和饲草饲料加工等技术，逐步改变依赖天然草地放牧的生产方式。"该条第 2 款规定："在草原禁牧、休牧、轮牧区，国家对实行舍饲圈养的给予粮食和资金补助，具体办法由国务院或者国务院授权的有关部门规定。"该法第 39 条第 1 款规定："因建设征用集体所有的草原的，应当依照《土地管理法》的规定给予补偿；因建设使用国家所有的草原的，应当依照国务院有关规定对草原承包经营者给予补偿。"该条第 2 款规定："因建设征用或者使用草原的，应当交纳草原植被恢复费。草原植被恢复费专款专用，由草原行政主管部门按照规定用于恢复草原植被，任何单位和个人不得截留、挪用。草原植被恢复费的征收、使用和管理办法，由国务院价格主管部门和国务院财政部门会同国务院草原行政主管部门制定。"该法第48条第1款规定："国家支持依法实行退耕还草和禁牧、休牧。具体办法由国务院或者省、自治区、直辖市人民政府制定。"该条第2款规定："对在国务院批准规划范围内实施退耕还草的农牧民，按照国家规定给予粮食、现金、草种费补助。退耕还草完成后，由县级以上人民政府草原行政主管部门核实登记，依法履行土地用途变更手续，发放草原权属证书。"这是目前最为集中的具体规定草原生态补偿的法律，本文关于草原生态补偿法制建设将以此为基础予以修改完善。

（三）其他单行法律的规定

除了上述法律之外，与《草原法》关联较为密切的《森林法》《防沙治沙法》《农业法》《土地管理法》也有草原生态补偿相关规范。1998年的《森林法（修正案）》是首部规定生态补偿的法律，其中第8条规定："……国家设立森林生态效益补偿基金，用于提供生态效益的防护林和特种用途林的森林资源、林木的营造、抚育、保护和管理。森林生态效益的补偿基金必须专款专用，不得挪作他用。"2002年《防沙治沙法》第25条第2款规定："采取退耕还林还草、植树种草或者封育措施治沙的土地使用权人和承包经营权人，按照国家规定，享受人民政府提供的政策优惠。"该法第36条规定："根据国家防沙治沙的需要，组织设立防沙治沙重点科研项目和示范、推广项目，并对防沙治沙、沙区能源、沙生经济作物、节水灌溉、防止草原退化、沙地旱作农业等方面的科学研究与技术推广给予资金补助、税费减免等政策优惠"；2003年《农业法》第62条规定："禁止毁林毁草开垦、烧山开垦以及开垦国家禁止开垦的陡坡地，已经开垦的应当逐步退耕还林、还草。禁止围湖造田以及围垦国家禁止围垦的湿地。已经围垦的，应当逐步退耕还湖、还湿地。对在国务院批准规划范围内实施退耕的农民，应当按照国家规定予以补助。"2004

年《土地管理法》第 47 条规定："征收土地的，按照被征收土地的原用途给予补偿……"

三、行政法规与部门规章的规定

行政法规与部门规章的效力虽然不及法律，但因法规和规章的立法程序较宪法和法律简单，并且文字表述可以更加细致，因此许多社会管理的细则都是由行政法规或部门规章规定。国务院某些行政法规与部门规章也都有草原生态补偿相关规范，例如，1982 年《国家建设征用土地条例》第 9 条与第 10 条，这是最早提到草原生态补偿的行政法规，其中第 9 条规定："征用土地应当由用地单位支付补偿费。各项补偿费的标准：一、……征用园地、鱼塘、藕塘、苇塘、宅基地、林地、牧场、草原等的补偿标准，由省、自治区、直辖市人民政府制定……"2007 年《国务院关于促进畜牧业持续健康发展的意见》提出"探索建立草原生态补偿机制，维护生态安全。"事实上，最为直接具体规定草原生态补偿的是农业部、财政部《2011 年草原补奖指导意见》，该意见包括四个方面内容，一是"深刻认识建立'草原补奖'的重要意义"；二是"指导思想和基本原则"；三是"政策目标和主要内容"；四是"工作措施和组织管理"。在"政策目标和主要内容"中，禁牧的中央财政按照每年每亩 6 元的测算标准给予补助；"草畜平衡"的按照每年每亩 1.5 元测算标准给予奖励。此外，中央财政按照每年每亩 10 元的标准给予牧草良种补贴；中央财政按照每年每户 500 元的标准，对牧民给予生产资料综合补助。在"工作措施和组织管理"中，规定了具体的工作措施与组织管理，例如合理确定补奖标准、明确发放对象、严格资金管理、加强监督检查等。

第一轮"草原补奖"政策筹备于 2010 年，开展于 2011 年至 2015 年，其间共颁布了 11 部与草原生态补奖政策直接相关的部门规章，见表 3—1。

表 3—1　第一轮草原生态补奖政策相关部门规章 ①

部门规章	颁布机关	颁布时间
国务院常务会决定建立草原生态保护补助奖励机制	国务院办公厅	2010—10—12
关于做好建立草原生态保护补助奖励机制前期工作的通知	财政部、农业部	2010—12—31
国务院关于促进牧区又好又快发展的若干意见		2011—6—1
关于 2011 年草原生态保护补助奖励机制政策实施的指导意见	农业部、财政部	2011—06—13
中央财政草原生态保护补助奖励资金管理暂行办法	财政部、农业部	2011—12—31
关于进一步推进草原生态保护补助奖励机制落实工作的通知	农业部办公厅、财政部办公厅	2012—04—26
关于建立草原生态保护补助奖励政策实施情况定期报送制度的通知	农业部办公厅	2012—10—10
中央财政草原生态保护补助奖励资金绩效评价办法	财政部、农业部	2012—11—14
关于做好 2013 年草原生态保护补助奖励机制政策实施工作的通知	农业部办公厅、财政部办公厅	2013—05—22
关于深入推进草原生态保护补助奖励机制政策落实工作的通知	农业部办公厅、财政部办公厅	2014—05—20
中央财政农业资源及生态保护补助资金管理办法	财政部、农业部	2014—06—09

2016 年开始启动第二轮"草原补奖"政策，农业部、财政部又颁布了"新一轮草原补奖指导意见"，实施期限为 2016—2020 年，将禁牧和草畜平衡补助分别提高至 7.5 元 / 亩和 2.5 元 / 亩。

四、地方性政府规章的规定

地方性立法是指各省（自治区）和各级市等地方根据宪法、法律法规的规

① 靳乐山主编：《中国生态补偿：全领域探索与进展》，经济科学出版社 2016 年版，第 168 页。

定，结合本地实际，对具体事务的细致化规定，地方性立法原则上不应该与上位法相抵触。地方性立法的主体分为制定地方法规的地方人大和制定地方规章的地方政府，前者例如 2004 颁布的《内蒙古自治区草原管理实施细则》第 25条第 1 款规定："国家和自治区为了公共利益的需要，依照法律征收或者征用草原的，应当支付草原补偿费、安置补助费和附着物补偿费。"第 2 款规定："草原补偿费按照该草原被征收或者征用前五年平均饲养牲畜价值和年产经济植物价值之和的十倍支付；安置补助费按照每亩被征收或者征用草原前五年平均饲养牲畜价值和年产经济植物价值之和的十至十五倍支付；附着物补偿费按照实际损失合理支付。"第 3 款规定："依照法律征收、征用或者使用草原的，应当交纳草原植被恢复费。草原植被恢复费专款专用，由草原行政主管部门按照规定用于草原植被恢复，任何单位和个人不得截留、挪用。"再如《黑龙江省草原条例》第 17 条第 1 款规定："矿藏开采和工程建设，确需征用或者使用草原的，应当经省草原行政主管部门审核同意后，按照国家土地管理法律、法规的规定办理用地审批手续，在工程实施前由用地单位依法支付补偿费、植被恢复费、附着物补偿费和当年草原应有收益以及承包者进行草原建设和改良的实际投入。"第 2 款规定："补偿费按照草原年产值的三十倍支付，植被恢复费按照国家规定支付；附着物补偿费和当年草原应有收益以及承包者进行草原建设和改良的实际投入按照实际损失合理支付。"但是目前，与草原生态补偿直接相关的地方性立法基本多以政府规章的形式存在，这些地方性政府规章往往是对草原生态补偿政策的国务院部门规章的细化性规定。见表 3—2。

表 3—2　八省（区）草原生态补奖政策地方性政府规章 ①

地方性政府规章	颁布机关	文件号	颁布时间
内蒙古自治区人民政府办公厅关于印发草原生态保护补助奖励机制实施方案的通知	内蒙古自治区人民政府办公厅	内政办发 [2011] 54 号	2011—05—23

---

① 靳乐山、胡振通：《中国草原生态补偿机制研究》，中国财经出版传媒集团 2017 年版，第 11—12 页。

续表

地方性政府规章	颁布机关	文件号	颁布时间
甘肃省人民政府办公厅关于印发甘肃省落实草原生态补助奖励机制政策实施方案的通知	甘肃省人民政府办公厅	甘政办发〔2011〕232 号	2011—09—27
青海省人民政府办公厅关于印发青海省草原生态保护补助奖励机制实施意见（试行）的通知	青海省人民政府办公厅	青政办发〔2011〕229 号	2011—09—28
宁夏自治区人民政府办公厅转发关于建立和落实草原生态保护补助奖励机制实施方案的通知	宁夏自治区人民政府办公厅	宁政办发〔2011〕143 号	2011—09—13
四川省人民政府办公厅关于印发四川省2011 年草原生态保护补助奖励机制政策实施意见的通知	四川省人民政府办公厅	川办函〔2011〕179 号	2011—08—17
西藏自治区人民政府办公厅关于印发西藏自治区建立草原生态保护补助奖励机制2011 年度实施方案的通知	西藏自治区人民政府办公厅	藏政办发〔2011〕71 号	2011—07—29
新疆落实草原生态保护补助奖励机制实施方案	新疆自治区财政厅、畜牧厅	新草保字〔2011〕03 号	2011—01—10
云南省农业厅关于下发草原生态保护补助奖励机制工作方案的通知	云南省农业厅	云农牧〔2010〕95 号	

地方性政府规章对国家关于草原生态补偿的规定进行了细致化的处理或内容调整，特别是对作为草原生态补偿核心问题的补偿标准的设定，除西藏、四川、云南外，其他 5 个省（区）均实行了差别化的草原生态补偿标准。《内蒙古自治区人民政府办公厅关于印发草原生态保护补助奖励机制实施方案的通知》规定：内蒙古自治区以全区亩平均载畜能力为标准亩，具体以年平均饲养一个羊单位所需 40 亩天然草原为一个标准亩，测算各盟市标准亩系数，自治区按照标准亩系数分配各盟市补偿资金；《甘肃省人民政府办公厅关于印发甘肃省落实草原生态补偿奖励机制政策实施方案的通知》规定：甘肃省将省内的草原生态补偿划分为青藏高原草原区、黄土高原草原区和西部荒漠草原区进行分类补偿；《宁夏自治区人民政府办公厅转发关于建立和落实草原生态保护补助奖励机制实施方案的通知》规定：宁夏自治区全区禁牧，虽然补偿标准未做

区分，但规定每户最大补助面积为 3000 亩，超过的部分要补给草原承包面积小的牧户；《新疆落实草原生态保护补助奖励机制实施方案》规定：新疆自治区的禁牧补助区划分为荒漠类草原、退牧还草工程区、水源涵养区，补偿标准不同；《青海省人民政府办公厅关于印发青海省草原生态保护补助奖励机制实施意见（试行）的通知》规定：青海省以平均饲养一个羊单位所需 26.73 亩天然草原为一个标准亩，测算各州的标准亩系数。可见，地方性政府规章对本区域内的草原生态补偿的实施同样具有重要的作用。

五、政策性文件的规定

党的政策性文件严格说来并不属于法律法规体系，但是其同样对生态补偿及草原生态补偿实践发挥着重要的作用，因此有必要提及。2013 年党的十八届三中全会提出："建设生态文明，必须建立系统完整的生态文明制度体系，用制度保护生态环境；健全自然资源资产产权制度和用途管制制度，划定生态保护红线，实行资源有偿使用制度和生态保护制度。"自 2015 年以来，党中央连续出台两个重要文件，都强调要推进生态文明建设、健全生态文明制度体系，强化生态补偿制度建设问题。例如 2015 年 4 月 25 日出台的《中共中央国务院关于加快推进生态文明建设的意见》之六"健全生态文明制度体系"部分规定："……研究制定节能评估审查、节水、应对气候变化、生态补偿……法律法规"；2015 年 9 月 21 日出台的《生态文明体制改革总体方案》第一部分"总体要求"之（四）"生态文明体制改革的目标"规定："生态文明体制改革的目标。到 2020 年，构建起由自然资源资产产权制度、国土空间开发保护制度、空间规划体系、资源总量管理和全面节约制度、资源有偿使用和生态补偿制度、环境治理体系……八项制度构成的产权清晰、多元参与、激励约束并重、系统完整的生态文明制度体系，推进生态文明领域国家治理体系和治理能力现代化，努力走向社会主义生态文明新时代。"2017 年党的十九大把坚持人与自然和谐共生作为基本方略，进一步明确了建设生态文明、建设美丽中国的总体要求，从四个方面提出了建设美丽中国的重点任务，其中在加大生态系统保护力度任务里明确提出"建立市场化、多元化生态补偿机制"，由此生态补偿制度建设真正成为党和国家的顶层设计。

第二节　中国草原生态补偿法制存在的问题

虽然在我国宪法、法律法规、部门规章和地方政府规章中都有草原生态补偿的精神体现或相关立法，但这并不代表我国草原生态补偿法制就没有任何的，事实上仍然存在着许多问题，这些问题概括起来是：位阶低的立法虽然有可操作性，但约束力较差；位阶高的立法虽然约束力强，但相对缺乏可操作性，而且存在形式零星分散。

一、国家层面的专项法律尚待完善

法律体系包含不同位阶的法律法规，法律位阶的设立绝不是单纯地为一国所有的法律法规做一个简单的体系上的组织，而是具有重要的效力区分价值的。"法律位阶制度是在一国法律体系范围内，确定上、下位规范性法律文件效力等级的制度，其存在，既表明了法律多元背景下何种规范的优先适用，更与'宪法至上'的确立与维护紧密相关。"① 在我国的法律体系下，位阶最高的是宪法，然后是法律法规，再之后则是规章，位阶越高的法律其效力也越高。另外，立法也分为中央立法和地方性立法，中央立法一般都能够在全国得以适用，地方性立法则只能在所在地方适用。同时，位阶越高的法律其立法的程序就越严格，立法相对稳定。从法律位阶制度的特点可以看出，对于国家和社会管理事务的法律调整，以高位阶的法律对相关内容进行规定无疑具有更强的约

---

① 胡玉鸿：《试论法律位阶制度的前提预设》，《浙江学刊》2006 年第 2 期。

束力。但考察现有草原生态补偿法制可以发现，目前我国草原生态补偿国家层面的专项法律尚待完善。

首先，作为母法的宪法，虽然其条文中已经体现出生态补偿的精神，但是这样的体现只是间接的，并没有明确表述出"生态补偿"的字样。宪法作为一个国家的根本大法，其效力最高，约束力最强，它不仅是对国家和国民最基础事项的规定，而且可以代表一个国家的基本情况和发展特色，凝聚了国家的历史积淀和民族的深切情怀。生态补偿作为当下保护生态环境更为有效的途径或方法，较之传统的保护途径或方法更加具有科学性。

其次，作为生态环境和自然资源保护方面的基本法律，例如《环境保护法》只是一般性地规定了生态补偿，这使草原生态补偿法制的上位法支撑不够充分。生态补偿的立法可以采取两种模式，其一，采取单个生态要素的独立立法方式，即在规范单个生态要素的法律和相关法规规章中规定生态补偿的具体内容，例如草原生态补偿的内容就规定在草原法律法规中；其二，采取所有生态要素的统一立法方式，即不区分生态要素差别，对所有涉及生态补偿的内容进行统一性的立法，例如将草原、森林、河流等生态要素的生态补偿的内容统一规定在一部法律中。我国应当采取何种立法模式暂且不论，单就这两种立法模式来看，在每一种立法模式下，目前的《环境保护法》都没有达到合理的状态。一是在独立立法模式下，每个生态要素生态补偿的共性问题都应当在《环境保护法》中有所体现，但《环境保护法》的第 31 条仅仅对生态补偿做了宣示性的规定，并不足以支撑各个下位法的立法。二是在统一立法模式下，也可以采取两种具体方式，一种是将生态补偿的原则性内容统一规定于《环境保护法》之中，另一种是制定专门的"生态补偿法"，作为《环境保护法》的另一个下位法。如果采取第一种方式，则现行《环境保护法》就更不具备规范生态补偿的资格了，而采取第二种方式，则依旧存在独立立法模式下上位法对单行的下位法支撑不够充分的问题。

最后，在独立立法模式下，草原生态补偿的立法内容应当集中于《草原法》及相关法规规章中，此时《草原法》就成为独立立法模式下的上位法。而现有《草原法》对草原生态补偿所规定的 3 个条文,其实仍然不是直接的规定,而是针对早期国家实施禁牧、休牧、轮牧政策的调整规范,与退牧还草工程及"草原补奖"政策没有直接关系,对于近几年出现的"草原补奖"政策更是没有具体反映的。

二、单项法律的内容尚有缺失

事实上,生态补偿无论采用独立立法模式还是统一立法模式,都不影响单个生态要素相关法律对生态补偿进行针对性的规定,即在《环境保护法》或"生态补偿法"(超法规的)已经规定生态补偿原则性内容时,单项法律依旧可以针对所调整的生态要素的生态补偿再进行立法。草原生态补偿因为是调整草原生态要素的生态补偿,所以其原则性内容理应规定于《草原法》之中。但现行《草原法》的 3 个条文太过抽象。《草原法》中关于草原生态补偿的规定内容存在的缺失包括以下几个方面:

首先,草原生态补偿的立法目的没有规定。立法目的是表明立法的意图指向的立法内容,能够为具体条款的规定提供价值目标。草原生态补偿既可以保护草原生态环境,又可以促进牧民增收,同时为牧区生态文明建设和国家的生态安全提供保障。因此,草原生态补偿是具有非常明确的价值目标的,而这样的价值目标却没有在《草原法》中以立法目的的形式表现出来。

其次,草原生态补偿的主体和对象设定模糊。草原生态补偿存在补偿主体和补偿对象这样一对要素,虽然现行《草原法》对草原生态补偿的规定大体上可以看出国家为补偿主体,主动保护草原的人为补偿对象,但其实这样的设定还是比较模糊的。同时,如果在市场化、多元化草原生态补偿模式下,国家就不可能是唯一的补偿主体,因此,对补偿主体和对象的设定不应该是规定"谁是主体或对象"而应该规定"什么样的人或组织是主体或对象",这是目前立法所欠缺的,仅在理论研究中有所涉及。

再次,对于草原生态补偿的标准,《草原法》未提及。补偿标准是生态补偿及草原生态补偿的核心内容，《草原法》应当对其做出至少是原则性的规定，大致的条文应当包含类似这样的内容："草原生态补偿的补偿标准需要依据补偿对象（或受偿主体）的经济投入或经济损失以及发展机会成本确定，并充分考虑补偿对象的意愿和草原生态系统服务价值，具体的测算方法由相关法规（或规章）确定。"

最后，草原生态补偿的方式没有明确规定。实践中草原生态补偿主要是以资金形式进行补偿，补偿方式过于单一，除资金外，还应扩大补偿方式的范围。与补偿标准同样，补偿方式涉及的细致的操作程序可能不适宜在《草原法》中规定，但至少应当在法律层面确立几种适合补偿的方式。

三、行政法规与部门规章相对粗疏

依据《草原法》的规定，草原生态补偿具体操作依据是宪法、法律之外的其他法规规章等政策性文件，实际上主要是上述各部门规章，最为重要的是两轮草原生态补奖政策的"补偿指导意见"，但是 2011 年和 2016 年的两个补偿指导意见只是针对"禁牧""草畜平衡""良种补贴""综合补贴"等做了直接的数额补偿标准规定，同时对工作措施和组织管理予以明确，特别提到"明确发放对象""严格资金管理"等。至于为什么这样规定？规定的理由何在？"补偿指导意见"没有回答。易言之，"补偿指导意见"只是规定应该怎样做，而没说为什么这样做，是规定性的而非说理性的。"补偿指导意见"尽管规范已经较为详备，但是仍然存在着问题。

首先，补偿主体范围过于狭窄，基本都是国家财政出资、补偿资金来源非常有限。如果以建立市场化、多元化的草原生态补偿制度的顶层设计来看，这样的立法现状更是难以应对"市场化、多元化"的要求的。

其次，补偿标准设定依据不够科学。目前草原生态补偿的补偿标准是一个确定的数额，其依据不够科学，甚至可以说，标准设定几乎没有科学的依据。现有补偿标准仅仅做了经济因素的考虑，而且这样的考虑也并不充分，只是照顾到了补偿对象的直接成本（即便如此，也还是没有能够满足部分牧民的需求），没有权衡发展机会成本，同时对于经济因素之外的草原的生态价值也没有考量。在影响补偿标准的因素上首先没有全面兼顾，更无须提及具体的测算方法和程序了，即发展机会成本如何测算、草原生态系统服务价值如何测算、由谁来测算、如何保证测算结果的合理性，这些规定通通没有。另外，对于各地方政府的规章而言，虽然部分省区设置了差别化的补偿标准措施，但是只有省级政府才有权限进行调整，这样仍然无法全面反映区域范围内所有草原的具体生态状况，而且对于补偿标准的动态调整来说，不仅包含地域维度的动态调整，其他维度的动态调整在现有规章中根本没有提及。

再次，补偿方式过于单一。草原生态补偿的相关法规规章应当对草原生态补偿的具体内容做出规定，因此，类似于补偿方式这样的内容应当有详尽的规定。诚然，表3—1中列举了确实存在两个与补偿资金管理相关的规章，但这也从侧面印证了目前补偿方式确实太过于单一。应当具体规定还有哪些方式可用于草原生态补偿，互相之间如何进行换算，补偿对象如何进行选取这样的内容。

复次，作为规章，其效力过低，约束力不强。在上位法没有规定草原生态补偿的原则性内容的情况下，以部门规章和地方政府规章作为主要的依据其约束力势必要大打折扣，执行过程也难免会出现随意性。

最后，两轮"补偿指导意见"虽然都提到了"加强监督检查"和"强化监测监管"等内容，但全程没有相关的法律责任规范。"法律责任作为法律运行的保障机制，是法治不可缺少的环节。"[1]诚然，法律责任规范应当由法律来设立，属于法律的保留事项，法规或规章是没有权限设置法律责任的。但是法规或规章可以通过依附性的立法方式，将涉及草原生态补偿法律责任的情形做类型化的规定，再于其后规定相关的法律责任在什么法律之中追究，但这样的规定目前也是不存在的。当然，目前与草原生态补偿相关的、可以设置法律责任规范的《草原法》《刑法》等法律在此方面也确实存在一定缺失，这是目前草

---

① 张文显：《法哲学范畴研究》，中国政法大学出版社2001年版，第116页。

原生态补偿法律责任规范缺失的一个先导性原因，也是需要先行解决的问题。

四、地方性立法整体参差不齐

在地方性立法层面，整体上存在参差不齐的问题，具体立法内容还存在不够细致的缺陷，地方法规规章约束力差的问题始终也没有得到有效解决。

首先，政策未施行的地区普遍缺失立法。我国目前的草原生态补偿主要是以政策的形式施行的，政策所普及的地区仅包括13个省区，而政策没有普及的地区虽然实际的草原的面积不及政策施行的13个省区，但这并不代表着这些地区就无法开展草原生态补偿实践；并且通过后述第五章域外草原生态补偿实践考察可知，国外在对生态补偿进行分类时，往往很少将草原单独列为一类，而是将其归入牧业生态补偿之中，由此可见，对于非草原地区的畜牧业饲养区，进行牧业生态补偿的实践也是可以考虑的。但反观目前我国的地方性立法，基本只有在草原生态补偿政策的施行地区才有相应的地方性立法，非施行地区的立法缺失，这对于即将开展的市场化、多元化草原生态补偿实践而言是极为不利的。

其次，民族自治地方尚未发挥自身立法权优势。地方性立法因立法主体类别和层级的差异会有各种不同的表现形式，我国的民族区域自治地方是具有自治条例和单行条例立法权的。可目前针对草原生态补偿的地方性立法，民族自治地方并没有充分利用自身的立法权优势，仅有地方政府的规章，并没有地方人大的民族自治条例。出现这样的问题并不能简单地归责于民族自治地方，因为民族自治条例的立法权归属于民族自治地方的人民代表大会，而目前作为国家层面的草原生态补偿立法基本上主要以行政法规和规章的形式而存在，在国家层面法律缺失的情况下，民族自治地方便很难充分行使民族自治条例的立法权。

再次，关键性要素的地方性立法之间差距较大。虽然目前草原生态补偿的地方性立法整体上存在内容不够细致的缺陷，但在部分地方性立法中，对于关键性要素还是做出了具体有针对性的规定，但这样的规定不是在所有的地方性立法中都能看到。在草原生态补偿的关键性要素中，例如，补偿主体与客体以及法律责任，这些内容通常更适宜在中央层级的立法中做出规定，而对于补偿标准而言，因各地方草原状况存在较大差异，因此地方性立法极有必要针对中央立法做出进一步的调整，以求实现草原生态补偿在本区域内的公平合理。但是如前文所述，在目前的地方性立法中，尚有部分省区未在补偿标准方面做出细致性规定。

综上所述，前文依照法律、法规、规章等法律位阶顺序，依次描述了我国草原生态补偿法制的现状，并指出存在的问题，这些问题的存在直接引发的后果是：现有的草原生态补偿法制无法为草原生态补偿实践提供切实有效的法律依据，易言之，现有的草原生态补偿法制难以承担起法律应有的"保驾护航"作用，其负面影响具体表现如下：

首先，草原生态补偿实践的操作依据不足。草原生态补偿的重要性毋庸置疑，草原生态补偿实践在具体操作过程中无疑需要一套完整的、健全的法律制度作指引，只有如此才会更大限度地实现草原生态补偿的功效。但是，目前这样的法律制度在事实上是不存在的，实践中的操作依据只是"两个指导意见"，因此操作依据不足或者说缺乏硬性约束。事实上，法律的可操作性很多时候未必依赖非常细致的立法规定，也未必只有在低层级的法律中才能做出符合可操作性要求的立法规定，对于草原生态补偿而言，例如补偿的主体与客体，在较高层面的法律中对主体与客体的确认做出原则性的规定，其实就已经可以解决"谁来补偿、补偿给谁"的问题，但规定这样的立法内容却需要立法技术进行相应的提升。

其次，牧民的应有权利无法得到有效兑现。现有的草原生态补偿法律法规虽然也规定了牧民所享有的部分权利，然而法定权利只能说明一种实然的状态，并不能代表这样的状态就是一种应然状态。草原生态补偿与其他类别的生态补偿相比，一个最大的特点便是草原地区是有人类居住的地区，且承载着文化因素，即便不赞同自然权利的存在，也应当肯定牧民在草原生态补偿中享有更大的"应有权利"。而法律制度的不健全使牧民的这些应有权利无法得到有效兑现，即应有权利因法制的不足而无法全部转换为法定权利，牧民在享有权利方面的应然状态难以实现。

再次，对于不履行义务的受偿者难以追责。在草原生态补偿过程中，无论是补偿主体还是补偿对象都有不履行义务的可能性，而目前的法律对于不履行义务的受偿者难以进行有效的追责。法律作为社会事业顺利进行的保障，其国家强制力的最主要的表现便是具有法律责任的追究途径和方法，而这样的责任追究也并不是说只有靠刑事责任才能规制不履行义务的行为，部分民事责任、行政责任的追究同样可以起到良好的效果。因此，对草原生态补偿过程中不履行义务的行为应当充分利用各种不同的法律责任进行追究，这也说明，构建草原生态补偿法律制度需要在不同的部门法中共同进行努力。

复次，草原牧区的生态文明建设缺乏保障。加强生态文明和美丽中国建设已经成为我国的宏观战略，同时，重视草原的生态价值，统筹"山水林田湖草"的治理也已经成为国家的一项顶层设计，因此，草原牧区的生态文明建设是一项极为重要的事业。然而，草原牧区生态文明建设不能仅仅停留在观念层面，还需要具体的实践操作，而实践也不能仅仅以政策的形式存在，还需要进行制度化、规范化的改革。由于草原生态补偿是草原牧区生态文明建设的重要举措，而目前草原生态补偿法制的不健全使草原生态补偿的实施得不到应有的保障，进而也使草原牧区的生态文明建设缺乏必要法制的保障。

最后，不利于市场化、多元化生态补偿机制的构建。构建市场化、多元化生态补偿机制是党的十九大提出的要求，市场化、多元化生态补偿较之现阶段政策性生态补偿而言，内容更加复杂，更需要一套健全完善的法律制度。草原生态补偿作为生态补偿的重要一环同样要进行市场化、多元化的构建。

第三节　中国草原生态补偿法制不足的原因

我国草原生态补偿法制存在上述问题的原因是多元的，既包括因为生态价值观的偏差导致相关草原生态补偿理论、实践和立法的发展整体受到阻滞，也包括因为草原生态补偿理论研究滞后不足以引领立法，又包括因为草原生态补偿实践短暂而难以指导立法，还包括因为自然科学的局限使某些立法内容根本无法规范（例如生态系统服务价值）。如果说前三个方面的原因是宏观的，那么最后一个原因则是微观的。

一、生态价值观的偏差阻滞了立法

寻求发展是人类永恒的话题，如何认识人与自然的关系，即如何处理经济发展与生态保护的关系则是一个非常棘手的问题，其中科学的理念是基本前提。在我国，受经济、文化和社会发展的局限，人们曾经长期固守着一个错误观念：即人不是自然界中的普通一员，而是自然界的主宰。在这样的错误观念引导下，改造自然被大力提倡。把自然界当做取之不尽用之不竭、没有自身价值的公共产品，无限制的索取，在处理生态保护与经济发展的关系时，常常是优先选择经济发展，在保护和发展出现冲突时更是选择发展。在人与草原的关系上，这种错误观念表现得更是明显，在传统文化中与草有关的成语中大部分都是贬义的，仅以草字开头的贬义成语就多达近 30 个，例如草包装糠、草草成篇、草草果腹、草草了事、草草收兵、草草收场、草间求活、草菅人命等。这种状况与草原在国家生态安全和经济社会发展中的地位完全不相适应。也正是在这种错误的生态观念的指引下，相关草原生态保护的理论、实践和立法都受到阻滞。庆幸的是，近年来，党和政府已经越来越认识到保护生态环境、建设生态文明的至关重要性，对于山水林田湖草是一个命运共同体的认识日益深刻，并且在一系列政策文件中都有所体现，例如 2007 年党的十七大报告首次将"生态文明"写入政府报告；2012 年党的十八大特别指出："树立尊重自然、顺应自然、保护自然的生态文明理念"等；2013 年习近平总书记在《中共中央关于全面深化改革若干重大问题的决定》中指出："山水林田湖是一个生命共同体，人的命脉在田，田的命脉在水，水的命脉在山，山的命脉在土，土的命脉在树。用途管制和生态修复必须遵循自然规律，如果种树的只管种树、治水的只管治水、护田的单纯护田，很容易顾此失彼，最终造成生态的系统性破坏。由一个部门负责领土范围内所有国土空间用途管制职责，对山水林田湖进行统一保护、统一修复是十分必要的。"①2015年出台的《生态文明体制改革总体方案》作为生态文明领域改革的顶层设计，在充分吸纳上述生态价值观的基础上，提出"要树立发展和保护相统一的理念，绿水青山就是金山银山的理念，自然价值和自然资本的理念，空间均衡的理念，山水林田湖是一个生命共同体的理念……"2017年党的十九大报告指出，"建设生态文明是中华民族永续发展的千年大计""统筹山水林田湖草系统治理，实行最严格的生态环境保护制度，形成绿色发展方式和生活方式，坚定走生产发展、生活富裕、生态良好的文明发展道路"。至此，对于草原的生态价值、生态功能、草原生态补偿的理论、实践和立法等认识都有了飞跃式发展，依法治草、绿色发展的理念逐渐深入人心。近年来实施的"草原补奖"政策不仅与上述观念的科学转变密切相关，而且也是观念转变的结果。

事实上，生态价值观的偏差不仅包含对草原生态价值的忽视，也包含着对生态价值无限制扩大而产生的完全否认人类自身存在价值的问题，这就表现为思想观念在人类中心主义和生态中心主义之间的摇摆不定。人类中心主义和生态中心主义是生态哲学、生态伦理学中在人与自然关系的认识上根本对立的两种价值观念，前者认为"人主宰自然是必然又是必需的"，后者强调"人的存在是与整个自然环境密不可分的"，人类"有义务维护和促进具有内在价值的生态系统的完整和稳定"。②在生态环境日益恶化的当今世界，对人类中心主义的批判呼声越来越高，但是我们依旧要提出质疑，人类中心主义真的不该继续坚持吗？同时，生态中心主义所描绘的人类社会状况又真的能以人们所期望的方式实现吗？我们认为，生态中心主义在现实世界中的实现至少存在两个方面的障碍。其一，生态中心主义的实现受现实政治环境的制约。此种障碍在西

---

①　《习近平谈治国理政》，外文出版社2014年版，第85页。

②　刘晓莉：《生态犯罪立法研究》，吉林大学出版社2006年版，第56—58页。

方国家表现得尤为明显，在西方国家的政党政治中，存在以保护生态环境为宗旨的"绿党"。绿党创建并迅速得以发展于 20 世纪 80 年代的欧洲，仅在 1980 年至 1984 年间，西欧便有 12 个国家创建了绿党。创建后的绿党部分获得了所在国的议会席位，但也有部分国家的绿党却没能在竞选中获得较大的优势地位。同时，已经获得议会席位的国家绿党也有在获得席位仅数年后便失去其席位的。① 从此现象可以看出，环境治理在一个国家现实政治活动中的形势是极为复杂的，生态中心主义所主张的路线在现实政治环境当中并不是能够得以顺利实现的。其二，生态中心主义的主张可能损及人类自身的安全。生态中心主义内部也存在不同的主张，部分主张甚至以牺牲人类的核心利益为代价。在西方国家存在极端的环保组织，在树木内植入钢钉，以伤害甚至是杀害的方式来惩罚滥伐树木者，这显然与人类文明的意旨是背道而驰的。在非人类生态物种和人类之间的价值择取过程中，虽然以人类利益为核心与生态中心主义的精神是不相符合的，但许多情况下也是人类自身的无奈之举。以国内事件为例，2017 年 1 月在浙江省宁波市动物园发生了老虎咬人事件，起因是有游客逃票进入老虎活动区域。对于老虎这一非人类生态物种来说，在自然界中的弱肉强食是其生存法则，而逃票的游客却违背了人类社会所制定的规则，但此时动物园向老虎开枪射击以保护游客却是能够被人们所认可的。由此可见，人类中心主义的主张并非一无是处，而生态中心主义的主张也并不是绝对真理、且难以完全实现。

在草原生态补偿的背景下看待上述两种生态价值观可以发现，现实中常常出现在两种生态价值观之间"摇摆不定"的情形，对于二者的取舍难以做出合理决断。在牧民方面，通过调研发现，绝大多数牧民都具有保护草原的观念，这种观念来源于牧民对草原天然、朴素的情感。但有时迫于生活的压力，部分牧民不得不选择偷牧来维持经济收入，这使得草原生态补偿的效果大打折扣。在政府方面，环境保护的观念也已成为政府机关和政府工作人员普遍认同的观

---

① ［德］斐迪南·穆勒·罗密尔、［英］托马斯·波古特克主编：《欧洲执政绿党》，郇庆治译，山东大学出版社 2012 年版，第 1—5 页。

念，但因社会、经济发展的需要，许多情形下政府却又不得不舍弃生态利益而选择经济利益。

二、理论研究滞后不足以引领立法

为了缓解人类与环境及资源的紧张关系、探索可持续发展的道路，近年来，国内外各领域的专家学者都对生态补偿问题给予了高度的关注。比较而言，西方发达国家起步较早并且成果显著，美国早在 20 世纪 30 年代，曾因过度利用草原而出现了震惊世界的"黑风暴"现象。受此影响，有关生态补偿问题的研究也逐步开展和深入，最终形成了集经济分析、政策推进、法制保障、社会评价为一体的研究成果。我国的生态补偿研究开始于 20 世纪 80年代末 90 年代初期，起步较晚，历史较短，不够成熟。首先，生态补偿研究还不够深入。国内在研究内容上相当一部分是沿袭国外某阶段的研究模式，其研究层面主要集中在生态补偿概念、补偿必要性等宏观层面，微观层面如生态损失的核算、生态补偿模型的构建、生态补偿标准的确定等重要问题的研究还止于浅层，缺少案例支撑的实证分析。其次，研究领域狭窄单一，研究重点不突出。中国学者对森林生态补偿的研究比较集中，对流域、自然保护区、生物多样性等补偿研究次之（且缺乏对生态补偿效果评估研究），对草原生态补偿的研究再次之。就草原生态补偿研究的具体情况而言，研究的学科分布显示：基于自然科学的视角，从生态补偿的科技手段介入较多，从人文社会科学的视角研究草原生态补偿的较少，而且主要是从经济学、民族问题、社会学或哲学的视角研究，直接关注草原资源生态补偿法律制度更为少见。具体研究内容显示，草原生态补偿研究主要针对补偿原则、标准、依据等进行定性描述，定量研究如确定生态补偿标准时，偏重短期外部损益补偿的核算，没有将中长期的综合损益考虑进去，无论草地退化程度如何，补偿标准采用"一刀切"，也没有考虑牧民的发展机会成本和受偿意愿。总之，现有理论研究不足以引领草原生态补偿立法，这是相关草原生态补偿立法的质量待提高的主要原因之一。

三、补偿实践的短暂难以指导立法

我国生态补偿实践较早较多的应用并不是草原而是矿产。早在 1983 年，云南省以昆阳磷矿为试点，每吨矿石征收 0.3 元，用于采矿区植被恢复及其他生态破坏的恢复治理，[①] 这可以视为中国施行生态补偿政策的开始。此后相当长一段时期的生态补偿都是针对森林和水源等资源的，大规模的草原生态补偿只是最近 10 年的事情，历史较短，主要开展于 2007 年中央 1 号文件明确提出要"探索建立草原生态补偿机制"之后，从 2011 年开始启动的，这是国务院创设生态补偿政策的第二年，也是财政部会同农业部出台"补偿指导意见"的当年，仅此一年中央财政就投入补偿资金 136 亿元，与此同时，还在重点省区进行补偿探索实践。实践表明，中国草原生态补偿成效是显著的：一是为有效保护生态环境注入了新的活力，二是促进了欠发达地区转型发展，三是积累了宝贵的工作经验。但是草原生态补偿也暴露出一些问题。总之，已有的补偿实践虽然成效显著，但是总体来看问题也不少，还不足以为立法与理论研究提供成功的案例和有价值的素材，这既是立法不足的因素之一，也是理论不成熟的缘由之一。

此外，当下我国草原生态补偿政策虽由中央制定，但政策的实施则是由各地方政府操作的。虽然各地方也为实施草原生态补偿颁布过地方规章，但是仍然有一些限制性因素的存在，制约着草原生态治理能动性的发挥，进而使草原生态补偿大体上只能以机械的方式进行。而草原生态补偿实践上的不足，自然也就不能有效地支撑立法的变革。以下拟从地方政府的视角分析两个对草原生态治理和草原生态补偿实践能动性的发挥产生限制的因素。

---

① 庄国泰等：《中国生态环境补偿费的理论与实践》，《中国环境科学》1995 年第 6 期。

（一）现有模式的不利

在草原治理方面，我国针对草原进行治理最重要的措施是两个，一是2003 年启动的退牧还草工程，另一是2011 年开始实施的草原生态补奖机制。这两个措施都是以项目的形式来治理草原，具有明显的政策性特点。利用项目进行环境治理本身便有一定的机械性，而到了地方政府层面，对项目的执行往往很难发挥自身的能动性，在草原生态补偿中，政策性文件对补偿措施的各个方面做了规定，地方政府仅能按照文件中的规定执行该政策，很难有更加灵活的发挥。

从国家发展战略高度来看，现有的环境治理模式更多只在指标意义上实践生态文明建设。在草原生态补偿的实践过程中，空间上缺乏延展性，而时间上则缺乏延续性，从空间上看，在我国草原生态补偿实践的第一阶段——即退牧还草工程中，享受政策待遇的省区仅仅包括内蒙古、新疆、青海、甘肃、四川、西藏、宁夏、云南。2011 年启动的第一轮草原生态补奖政策最开始也只是在上述 8 个省区开展，2012 年又扩充了黑龙江、吉林、辽宁、河北、山西5 个省份开展草原生态补偿实践。而政策未普及的省区，地方政府自身又没有主动开展草原生态补偿实践的意愿。从时间上看，目前我国草原生态补偿政策的延续性缺少根本保障。草原生态补奖机制在 2011 年至 2015 年进行了第一个五年计划的实践，虽然在第一轮后紧接着在 2016 年开启了第二个五年计划的实践，但这样的实践是否能够持续下去是任何人都不能保证的。因为政策的制定可能会随着国家和社会的发展状况而有所改变，如果缺少政策延续性的根本保障，政策内容随时都有可能停止。而草原生态补偿牵涉牧民对自己生活的规划，如果政策延续性没有保障，很可能部分牧民会对将来的状况产生担忧，因经济前景的不确定性，会使部分牧民在寻求更好发展的道路上顾虑重重。

此处需要思考的是政策与法律灵活性的差别问题。普遍认为的是政策相较于法律具有更强的灵活性，因为政策的制定程序相对简便。然而，政策的制定与实施有时无法遍及各个区域，也难以有效延续，在国家政策未普及到的区域和时间段内，因资金限制等原因的影响，部分地方政府往往并没有主动实践政策内容的意愿，更无须提及实践能动性的问题。而法律却具有普遍适用性，经法律所确定的内容会得到全社会的认同、遵守、执行。而法律的规定因立法技术的原因又往往是抽象的，这就使地方政府在法律的框架内有发挥能动治理的可能性。从这一角度而言，法律又可以说是更加灵活的。对于草原生态补偿而言，如果相关内容能够被高位阶的法律所确定，那上述提及的空间上缺乏延展性、时间上缺乏延续性的问题便不会存在了，地方政府在草原生态治理过程中也能更加规范地发挥能动作用。

（二）自身利益权衡的干预

"社会关系和社会生活是人们以利益为媒介结成和构成的。"① 地方政府在进行草原生态治理时，会出于自身的利益考虑，进行利益的权衡，这种自身利益的权衡同样也会干预到地方政府草原治理能动性的发挥。

1.经济因素的权衡

前文提及在项目治国的模式下，因法律的缺失而使得政策未能普及所有的地域和时间段，地方政府也会因为资金限制等原因不愿主动去进行项目内容的实践。可以说这种状况只属于一种实然的描述，仅仅是站在宏观角度对地方政府进行审视。除此之外，还需要站在地方政府自身的角度分析出现这种状况的内在原因。事实上，"地方政府"这一主体概念还是较为抽象的，对于环境治理而言，作为一个特定行政级别整体构成的地方政府并不是环境治理的直接主体，而是在区分具体的生态要素后，交由地方政府各不同的职能部门来作为对应的治理主体。草原生态治理在各地方政府内多交由农业、畜牧业、草原监理等部门负责，如此一来，项目治国模式下中央的财权上收、事权下移的形式在地方政府内部也会有所体现。因为作为职能部门而存在的草原生态治理机关其自身的财政能力是有限的，本课题组在调研中了解到，地方政府草原生态治理部门很少有在中央草原生态补偿政策所划拨资金的基础上额外增加资金，或者有所增加但额度极为有限。而作为整体构成的地方政府在偏重于其所重视的生

---

① 王浦劬等：《政治学基础》（第三版），北京大学出版社2014年版，第50页。

态要素的生态补偿措施时，仅会在偏重的生态要素下投入更多的资源，对于不受重视的、诸如草原这类生态要素的生态补偿措施，地方政府在财权统一、不向这类生态要素倾斜的前提下却将具体的生态治理职责交给相应的职能部门。如此一来，草原生态治理部门对经济利益的权衡便是可以理解的，但这种权衡势必也会影响到治理能动性的发挥。

2. 法律因素的权衡

法律因素同样也会成为地方政府进行利益权衡而需要考虑的事项，并且因法律的稳定性所限，许多情况还难以在短时间内有明显改变，问题的解决便显得困难重重。在草原生态补偿实施的过程中，关于补偿主体和补偿对象的设定便会遭遇许多思维上的障碍，我国的各类生态要素（或资源），包括草原在内为国家或集体所有，通过草原资源从事生产而获益的人，理应向国家或集体进行补偿；即便是主动保护草原生态环境的人，也应当将此作为一种义务。现今的情况却是国家通过向使用生态服务的人付费来阻止或避免生态环境的破坏，这在逻辑上恰恰是颠倒的。法律规定所产生的思维障碍难免不影响到地方政府草原治理能动性的发挥。

当然，在我国农村地区，草原所有权归集体所有，而牧民享有草原的承包经营权。对于直接领取草原生态补偿款的牧民而言，并不需要进行法律因素的利益权衡。但在部分拥有草原的城镇地区，① 问题对于地方政府（或行使政府职能的行政事务管理单位）而言显得较为复杂，是需要进行利益权衡的。以本课题组调研过的 J 省 B 市的一个农场为例，该农场中草原的所有权归国家所有，而使用权则归代管企业享有，承包经营权归承包人享有。享有承包经营权的承包人若拥有需要禁牧的草原，则可以领取草原生态补偿中的禁牧补助。而该农场内又有部分草原因不适合放牧而未能承包出去，由此可推断出这部分草原是应该被禁牧的。这部分草原的所有权和使用权依旧由各自的主体所享有，但承包经营权是落空的，而目前草原生态补偿的对象仅及于承包经营权人，作

---

① 此处草原是指可用于放牧的草原，不包括作为绿化功能使用的城镇草地。

为拥有使用权的代管企业则领取不到任何补偿款。与此同时，未承包出去的草原依旧会有周边的部分农牧民进行偷牧，虽然这部分农牧民没有因为这部分草原而取得禁牧补助，似无义务进行禁牧，但这也在事实上造成了对草原生态环境的破坏。代管企业因法律的物权规定而无法取得补偿款，在针对法律因素进行利益权衡后，基本不再顾及对这部分草原的保护，这自然也构成了草原生态治理能动性的丧失。

四、自然科学的局限不能明确立法

生态补偿的内涵与外延非常丰富，迄今也没有统一的概念。但是在生态补偿概念中，普遍认同的关键要素应该是补偿的主体、对象、标准和法律责任这四个方面。其中补偿主体是指谁来补偿，补偿对象是给谁补偿，补偿标准是指补偿的数量（多少），法律责任是指在补偿中由于违法而遭受到的处罚。补偿主体与对象的界定是生态补偿得以存在和展开的前提，实施生态补偿，首要问题就是要确定"谁补偿谁"的问题，它决定着补偿的来源与指向。补偿标准的确定是实现生态补偿公平价值的关键，因为生态补偿的重要目的之一是实现生态公平，平衡经济发展与生态保护的冲突，确保经济社会持续和谐发展。补偿法律责任的落实是生态补偿公平有效兑现的重要保障。在此，最为令人困惑的就是补偿标准的确定，补偿标准之所以难以确定是因为生态损益难以量化。一般而言，确定补偿标准的前提是量化生态损益，而为了量化生态损益，就必须要知道生态环境自身的价值，生态环境自身的价值至少应当包括三个要素：一是生态环境的生态价值、二是生态环境的经济价值、三是生态环境的社会价值（发展机会成本）。在这三个要素中，最难以确定的就是生态环境的生态价值。而生态补偿标准难以确定的关键就在于生态价值难以确定。确切地讲，生态价值问题不是法学领域所能解决的问题，而是作为自然科学领域的生态学与环境科学应当面对的问题，社会科学对生态价值的研究必须借助于自然科学的相关研究成果，草原的生态价值主要包括草原调节气候、涵养水源、防风固沙等功能，在自然科学研究中，这样一些生态价值的测算方法尚未统一，在现有的自然科学技术条件下，生态补偿标准还不能客观确定，这是《草原法》尚无法明确具体规范生态补偿标准的关键因素，也是草原生态补偿相关其他立法存在缺失的关键因素。

本章小结

　　本章体现了书稿撰写的问题性意识。对我国草原生态补偿法制现状按照法律体系位阶从高到低的顺序依次进行审视，具体指出其中存在的问题，概言之，就是位阶低的立法有可操作性，但是约束力差；位阶高的立法虽然约束力强，但缺乏可操作性，而且存在形式零星分散。进一步指出，由于这些问题的存在使现有草原生态补偿立法在实践中引发一系列负面影响，集中表现为现有的草原生态补偿法制无法为实践提供切实有效的法律依据，难以承担起法律应有的"保驾护航"作用，并且翔实地分析了产生这些问题的原因。本章是对于草原生态补偿立法现状的学理反思，最终是从立法层面说明我国草原生态补偿法制建设的必要性，明确了书稿拟要解决的核心问题。

第四章　中国草原生态补偿法律制度实证调研

　　本书是关于我国草原生态补偿法律制度建设的理论问题研究，研究的主要目的是引领立法及指导实践，但是这样的研究离不开实践，需要在实践中寻找"原料"汲取"营养"，因为"真正的理论在世界上只有一种，就是从客观实际抽出来，又在客观实际中得到了证明的理论"。这是本书的内容来源——课题研究回归实践，进行实证调研的缘由和逻辑起点。

　　草原生态补偿法律制度的建设主要关涉相关主体的权利义务与责任，以及补偿什么、怎样补偿，尤其是补偿的标准如何确定等问题，属于草原生态补偿的制度设计。联系到具体的实践，当下我国实施的草原生态补偿主要是政策性的，具体载体是 2003 年启动的退牧还草工程和 2011 年及 2016 年两次启动的"草原补奖"政策。严格地说，我国理论上所说的草原生态补偿与实践中的"草原补奖"政策并非完全等同，但是，在当下我们要研究草原生态补偿法律制度建设问题，其实践依据也只能是"草原补奖"政策的落实情况，草原生态补偿相关的法律权利义务与责任等问题将借由"草原补奖"政策的落实情况具体反映出来。我们需要调研的恰恰就是借由"草原补奖"政策的落实情况而反映出来的草原生态补偿相关法律权利义务与责任问题，以及补偿什么、怎样补偿，尤其是补偿的标准如何确定等问题。

　　调研的目的：一方面通过"草原补奖"政策的实践，了解和掌握草原生态补偿法律制度的现状与存在的问题，印证前述学理分析关于草原生态补偿法制建设的必要性与存在的问题；二是要结合调研中所反映出来的实际问题，寻找有关草原生态补偿法制存在的其他问题。

调研的内容：以发放问卷和面对面走访的方式，深入了解广大农牧民和草原基层工作人员对草原生态补偿相关法律权利义务和责任等问题的意见与建议，还有补偿标准、补偿方式、补偿对象、补偿资金来源等问题的意见与建议。

第一节　中国草原生态补偿法制调研设计概述

本节拟概述我国草原生态补偿法制实证调研的基本设计情况，包括三个方面内容。其一，调研区间的选择，我们选择了内蒙古、甘肃、青海、吉林和四川这五个草原省区；其二，调研对象的锁定，我们锁定了所去草原省区的广大农牧民和草原监管工作人员为调研对象；其三，调研程序的设定，一是设定调研方式，即发放问卷、座谈会和面对面走访；二是设定五个调研阶段，2016 年 6 月赴内蒙古科尔沁草原调研、2016 年 7 月赴内蒙古呼伦贝尔草原调研；2016 年 10 月赴甘肃和青海祁连山草原等调研、2017 年 8 月赴吉林西部草原调研、2017 年 9 月赴四川若尔盖草原调研；三是确定调研分析方法，即利用 Z 分布通过样本估计总体比例、非参数检验方法中的卡方检验、相关性的非参数性测量等方法。

一、草原生态补偿法制调研的区间

资料显示，近年来针对生态补偿法律制度和草原生态补偿的调研虽然有，但是，要么是针对非草原的其他生态要素补偿的法律制度进行的调查，要么是针对"草原补奖"政策具体落实情况的调查，具体涉及其中某一要素，例如补偿目标是否实现、补偿标准是否合理等，而专门针对草原生态补偿法律制度的现状与建设情况的全国性调研几乎没有。因此，课题组的调研是一个全新而复杂的工作，既不能忽视草原生态补偿中的基本问题，又要看到问题背后所反映出的法律制度问题。然而，受人力、物力、财力的限制，课题组没有对全国所有实施"草原补奖"政策的省份进行调研，而是采用了重点调研的方式。由于调研所选取的省份需要具有广泛的代表性，所以课题组在实施"草原补奖"政策的 13 个省区内选择了内蒙古、甘肃、青海、吉林（2012 年开始启动草原补奖政策）、四川等 5 个属于第一轮实施"草原补奖"政策的省区进行了调研。其中，从草原总面积看，内蒙古、青海、四川、甘肃的草原总面积均居于全国草原面积的前 10 位，吉林省的人均天然草原面积也在全国居于前 10 位（见表 4—1）。从第一轮"草原补奖"政策实施效果看，内蒙古、青海、甘肃都是"草原补奖"政策实施的重点省区，其中内蒙古在补奖面积、补奖总金额方面均位列第一，青海省在补奖总金额上位列第三，并且内蒙古、青海、甘肃、四川等省区在 2016"新一轮草原补奖政策"落实中仍然是重点省区（见表 4—2）。从地域范围上看，调研所涉及省份跨越了行政区划上的东北方、西北方、南方，具有区域上的涵盖性。由此可以推定，选择以上几个草原省（区）的"草原补奖"政策落实情况所反映的草原生态补偿法律制度状况予以调研，应当具有较为广泛的代表性。

表 4—1　我国重点草原省（区）面积排序 [①]

天然草原面积排序			可利用天然草原面积排序			人均天然草原面积排序			人均可利用天然草原面积排序		
序号	省份	面积（万公顷）	序号	省份	面积（万公顷）	序号	省份	公顷/人	序号	省份	公顷/人
1	西藏	8205.2	1	西藏	7084.7	1	西藏	27.332	1	西藏	23.600
2	内蒙古	7880.4	2	内蒙古	6359.1	2	青海	6.463	2	青海	5.987
3	新疆	5725.9	3	新疆	4800.7	3	内蒙古	3.190	3	内蒙古	2.574
4	青海	3637.0	4	青海	3153.1	4	新疆	2.625	4	新疆	2.201

[①]　刘晓莉：《中国草原保护法律制度研究》，人民出版社 2015 年版，第 117 页。

续表

天然草原面积排序			可利用天然草原面积排序			人均天然草原面积排序			人均可利用天然草原面积排序		
序号	省份	面积（万公顷）	序号	省份	面积（万公顷）	序号	省份	公顷/人	序号	省份	公顷/人
5	四川	2253.9	5	四川	1962.0	5	甘肃	0.700	5	甘肃	0.628
6	甘肃	1790.4	6	甘肃	1607.2	6	宁夏	0.478	6	宁夏	0.417
7	云南	1530.8	7	云南	1192.6	7	云南	0.333	7	云南	0.259
8	广西	869.8	8	广西	650.0	8	四川	0.280	8	四川	0.244
9	黑龙江	753.1	9	黑龙江	608.2	9	吉林	0.213	9	吉林	0.159
10	湖南	637.3	10	湖南	566.6	10	黑龙江	0.197	10	黑龙江	0.159

表4—2　八省（区）第一轮草原补奖政策实施效果

省/自治区	草原补奖总面积（亿亩）	禁牧（亿亩）	草畜平衡（亿亩）	国家发放草原补奖总金额（亿元）	新一轮计划发放补奖金额（亿元/年）
内蒙古	10.13	5.48	4.65	213.00	52.90
甘肃	2.41	1.00	1.41	57.45	11.02
宁夏	0.36	0.36	0.00	19.40	1.95
新疆	6.90	1.50	5.40	95.35	24.77
西藏	8.93	1.29	7.64	100.49	28.82
青海	4.74	2.45	2.29	97.35	24.13
四川	2.12	0.70	1.42	48.02	8.80
云南	1.78	0.27	1.51	19.50	5.82
总计	37.37	13.05	24.32	650.56	158.21

资料来源：八个主要草原牧区省（区）的《2016年新一轮草原补奖指导意见》和部分省份的《草原生态保护补助奖励机制实施方案》

注：（1）草原补奖总金额中，除了禁牧补助和草畜平衡补助，还包括人工种草补助、畜牧良种补贴、牧户生产资料补贴；（2）草原补助奖励金额仅指国家层面的资金分配，未包括各省份省级层面的补贴金额。

　　具体而言，本调研按行政区划分为八个一级抽样点，十二个二级抽样点，共抽查十个市、县（旗）、乡镇（苏木嘎查）为调查点（表4—3中标＊），行政区域涉及内蒙古赤峰市巴林右旗及其查干沐沦苏木与晒罕乌拉自然保护区、内蒙古赤峰市翁牛特旗及其乌丹镇、内蒙古通辽市扎鲁特旗、内蒙古呼伦贝尔市陈巴尔虎旗、甘肃省兰州市、甘肃省武威市天祝县及其南泥沟村、青海省海北藏族自治州祁连县及其峨堡镇、甘肃省酒泉市肃北蒙古族自治县、吉林省白城市洮北区、白城市镇赉县、四川省阿坝州若尔盖县唐克镇、四川省阿坝州若尔盖县阿西乡等五省区近二十个市、县（旗）、乡镇（苏木嘎查）、村。在自然区域上，调研所覆盖的草原包括科尔沁草原、呼伦贝尔草原、抓喜秀龙草原、祁连山草原、甘肃肃北荒漠草原、吉林西部草原、若尔盖草原等七大草原。共投放479份问卷，回收476份有效问卷（实际共回收479份，其中3份问卷答题率不足20%，视为无效问卷，其余476份问卷中有76份问卷答题率在90%以上，考虑到问题设计的敏感性及问卷的重要程度，课题组均视为有效问卷来统计，并对这类问卷做适当回访）（见表4—3、图4—1）。其中，对草原面积较大、"草原补奖"政策问题较突出的内蒙古自治区进行了侧重调研，适当增加了问卷数量，并区分了蒙汉双语问卷，以增加调研的深入性和全面性。在内蒙古自治区回收的271份问卷中，蒙语问卷57份，占问卷数的21%，汉语问卷214份，占问卷数的79%（见表4—4）。

表4—3　调研地区及问卷数量

省区	市（盟）、县（旗）、乡镇（苏木嘎查）			投放问卷份数	有效问卷份数
	一级抽样点	二级抽样点	三级抽样点		
内蒙古	赤峰市	巴林右旗* 翁牛特旗*	—	48	48
				54	54
	通辽市	扎鲁特旗*	—	111	111
	呼伦贝尔市	陈巴尔虎旗*	—	60	58
四川	阿坝藏族羌族自治州	若尔盖县	阿西乡* 唐克镇*	54	54
青海	海北藏族 自治州	祁连县	峨堡镇*	72	72
甘肃	酒泉市 武威市	肃北蒙古族 自治县* 天祝县*	—	50	50
吉林	白城市	洮北区	镇南种 羊场*	30	29
总计				479	476

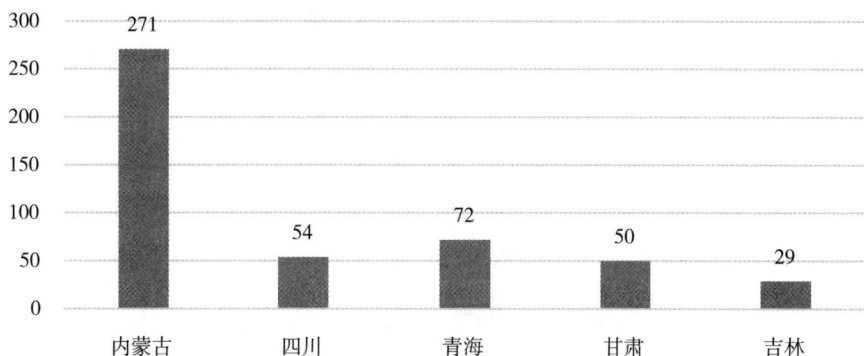

图4—1 调研地区及问卷数量对比

表4—4 内蒙古地区蒙语、汉语问卷数量

地区	蒙语	汉语	总计
巴林右旗	7	41	48
翁牛特旗	10	44	54
扎鲁特旗	40	71	111
陈巴尔虎旗	—	58	58
总计	57	214	271
比例（%）	21	79	—

二、草原生态补偿法制调研的对象

（一）职业

在调查对象职业的选择方面，考虑到与草原生态补偿法律制度建设和草原补奖政策落实相关的主体主要是草原牧区的农牧民和草原基层管理人员，因此主要选取了各省区农牧民、省草监局、县草原监理站工作人员为调查对象。这样既能真实地反映出农牧民以及基层草原管理人员对"草原补奖"政策落实情况的了解、看法、建议、评价，又能全面把握对于草原生态补偿法律制度建设的民意动向。本调研共回收问卷476份，其中回收农牧民问卷共计280份，占58.8%；回收草原管理人员问卷196份，占41.2%（见表4—5）。

表4—5 调查对象职业构成

			牧民	草原管理人员	总计
调研地区	内蒙古	计数	134	137	271
		占本地区的百分比	49.4%	50.6%	100.0%
	甘肃	计数	16	34	50
		占本地区的百分比	32.0%	68.0%	100.0%
	青海	计数	53	19	72
		占本地区的百分比	73.6%	26.4%	100.0%
	吉林	计数	23	6	29
		占本地区的百分比	79.3%	20.7%	100.0%
	四川	计数	54	0	54
		占本地区的百分比	100.0%	0.0%	100.0%
总计		计数	280	196	476
		占总计的百分比	58.8%	41.2%	100.0%

(二)年龄

根据本项内容的统计结果来看，调查对象18岁以下的有16人，占调查对象的3.4%；18—60岁之间的有420人，占调查对象的88.2%；60岁以上有40人，占调查对象的8.4%（见表4—6）。由于18—60岁年龄跨度较大，而且目前直接接触草原补奖政策的农牧民劳动力和草原基层工作人员主要集中在中、青年之间，因此18—60岁这一年龄层段的调查对象居多，60岁以下的调查对象占总比的91.6%，对这部分人的着重调查更能反映草原补奖政策的落实情况和草原生态补偿法制建设的真实情况。

表4—6 调查对象年龄组成

年龄	频数（人）	百分比（%）
18岁以下	16	3.4
18岁以上不满至60岁	420	88.2
60岁以上	40	8.4
总计	476	100.0

（三）受教育程度

根据本项内容的统计结果来看，21.2%的调查对象受教育程度为小学以下；47.5%的调查对象受教育程度为初中或高中（见表4—7）。由于草原地区主要集中在偏远地区，基础教育水平相对较低，又由于牧民年龄集中在18—60岁，出生年份集中于1959—2001年，因此大部分在这一年龄段中的牧民受教育程度主要集中在初中、高中。近些年，草原地区教育水平有所提高，农牧民受教育程度也大幅提升，受教育程度在大学以上的比例也逐渐提高，占调查对象的31.3%。从职业与受教育程度的交叉分布情况来看，58.2%的牧民受教育程度集中在初中至高中水平，而草原管理人员受教育的程度大多集中在大学以上，占本职业中受教育程度的56.6%，这有利于草原地区整体对草原生态补偿法律制度建设认识水平的提高。

表4—7　调查对象受教育程度情况与职业分布交叉表

			小学以下	初中至高中	大学以上	总计
职业	牧民	计数	79	163	38	280
		占本职业的百分比	28.2%	58.2%	13.6%	100.0%
	草原管理人员	计数	22	63	111	196
		占本职业的百分比	11.22%	32.14%	56.64%	100.0%
总计		计数	101	226	149	476
		占本职业的百分比	21.2%	47.5%	31.3%	100.0%

（四）家庭年纯收入

根据回收问卷中统计数据显示，共有476名受访者填写此项，占问卷份数的98.1%。其中，家庭年收入5000元以下的有75人，占15.8%；家庭年收入在5001—10000元之间的有163人，占34.2%；家庭年收入在10001—30000元之间的有125人，占26.3%；家庭年收入在30001元以上的有104人，占21.8%（见表4—8）。由于草原地区主要依靠畜牧业收入为主要生活来源，因此家庭年纯收入多数集中在5001—10000元，又因为家庭年纯收入受地方政策、家庭劳动力数量与能力、饲养牲畜情况等多种因素影响，因此呈现出多个层级人数相差较小的情况，但依据累计百分比可见，草原地区有78.2%的家庭年收入集中于30000元以下。

表4—8　调查对象家庭纯年收入

家庭纯年收入	频数（人）	百分比（%）
未填	9	1.9
5000 元以下	75	15.8
5001 元—10000 元	163	34.2
10001 元—30000 元	125	26.3
30001 元以上	104	21.8
总计	476	100.0

（五）家庭草牧场面积

由于多数省份实施"草原补奖"政策都是依据家庭草牧场面积进行禁牧和草畜平衡补偿的，不同的家庭草牧场面积影响政策落实的具体效果，因此在设计调查问卷时，调研组将各省份的家庭草牧场面积作为一项重要的参考值进行调查。此项调研有113人未填写，占总人数的23.7%。在剩余的363人中，家庭草牧场面积为100亩以下的88人，占18.5%；家庭草牧场面积为101—300亩的92人，占19.3%；家庭草牧场面积为301—500亩的61人，占12.8%；家庭草牧场面积为501亩以上的122人，占25.6%（见表4—9）。由于各省份家庭草牧场面积各有差异，因此综合数据统计出的家庭草牧场面积总体差距较小。基于此种情况，调研组依据不同省份的问卷统计出了各省份调查对象的家庭草牧场面积数据（见图4—2）。其中，内蒙古的家庭草牧场面积多集中在100亩以下（这是因为在内蒙古的调研多集中在内蒙古东部草原，东部地区人口多，草原面积相对较小，人均草原面积小），占本地区家庭草牧场面积的26%，四川省家庭草牧场面积多数在101—300亩之间，占本地区家庭草牧场面积的57%，甘肃省、青海省家庭草牧场面积则多数在501亩以上，分别占本地区家庭草牧场面积的 46% 和 36%。

表4—9　调查对象家庭草牧场面积

家庭草牧场面积	频数（户）	百分比	累积百分比
未填	113	23.72	23.7
100 亩以下	88	18.5	42.2
101 亩至 300 亩	92	19.34	61.6
301 亩至 500 亩	61	12.8	74.4
500 亩以上	122	25.64	100.0
总计	476	100.0	

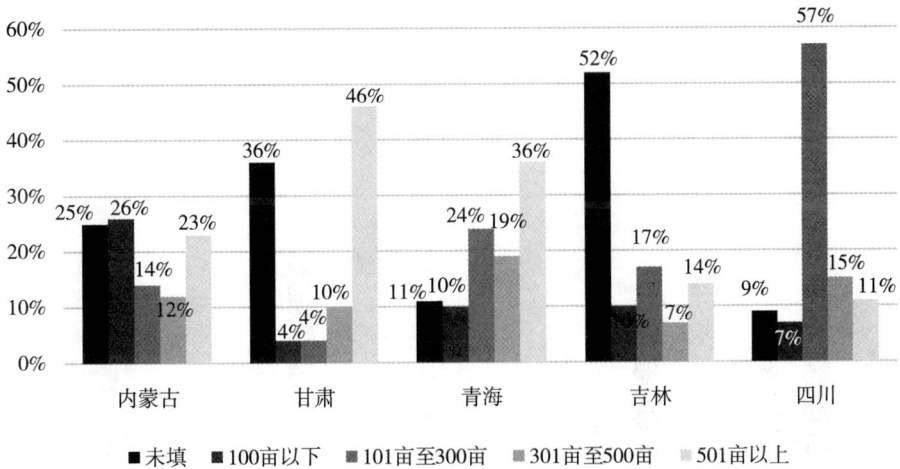

图4—2　各调研地区调查对象家庭草牧场面积对比

（六）家庭草牧场退化程度

根据回收问卷的统计情况看，387 人填写了家庭草牧场退化程度，占总问卷数的 81.3%。仅有 38 人认为家庭草牧场未退化，占 8.0%；另有 146 人认为家庭草牧场轻度退化，占 30.7%，有 145 人认为家庭草牧场中度退化，占 30.5%；有 58 人认为家庭草牧场重度退化，占 12.2%（见表4—10）。总体来看，我国家庭草牧场退化现象较为普遍，多集中在轻度和中度退化的程度，重度退化占一小部分。依据各省份的调查对象家庭草牧场退化程度对比，内蒙古和甘肃省分别有 37% 和 38% 的家庭草牧场主要为中度退化，青海省和四川省的家庭草牧场主要为轻度退化，分别占本地区的 63% 和 69%。（见图 4—3）。

表 4—10　调查对象家庭草牧场退化程度

退化程度	频数（户）	百分比
重度退化	58	12.2
中度退化	145	30.5
轻度退化	146	30.7
未退化	38	8.0
未填	89	18.7
总计	476	100.0

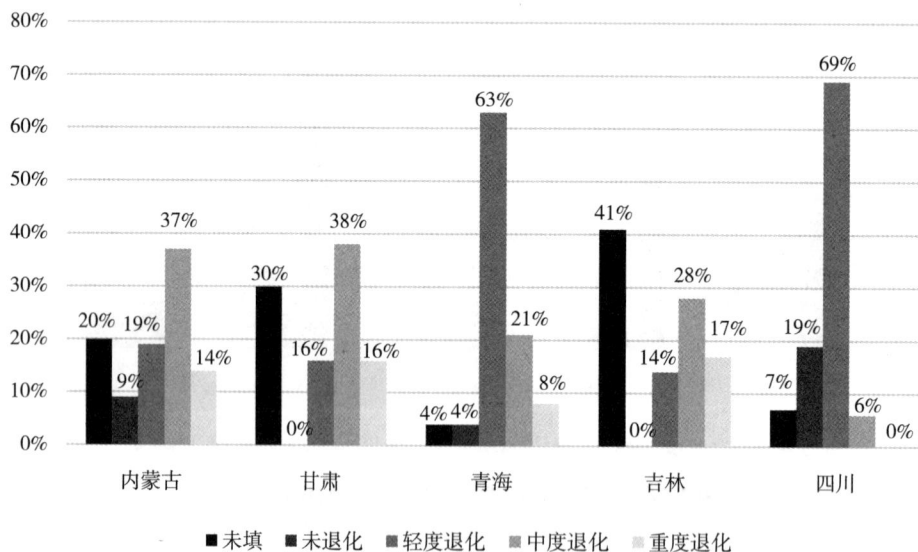

图 4—3　各调研地区调查对象家庭草牧场退化程度对比

三、草原生态补偿法制调研的程序

（一）调研方式

基于客观条件和统计学原理，调研组选用了抽样调查的方式，在抽样调查中主要选择了发放问卷（座谈后）、面对面走访两种方式，调研组同各省区广大牧民（农民）代表、各省区草监局、县草原监理工作人员进行座谈，同时深入部分省份牧民家中进行深度访谈。问卷调查部分，所有调查点均随行发放并回收调查问卷。本次调查问卷均是在座谈中由调查对象直接填写并由调研组带回的，共发放 479 份，共收回 476 份，问卷回收率达 90% 以上。

（二）调研阶段

本次调研分五阶段进行，分别是 2016 年 6 月 26 日至 7 月 1 日到内蒙古科尔沁草原（赤峰市巴林右旗、赤峰市翁牛特旗、通辽市扎鲁特旗）进行实地走访调研；2016 年 7 月 18 日至 7 月 25 日到内蒙古呼伦贝尔草原（呼伦贝尔市陈巴尔虎旗）进行走访调研；2016 年 10 月 8 日至 10 月 15 日分别走访了甘肃抓喜秀龙草原（甘肃省武威市天祝县）、青海祁连山草原（青海省海北藏族自治州祁连县与祁连县峨堡镇）、甘肃肃北荒漠草原（甘肃省酒泉市肃北蒙古族自治县）；2017 年 8 月 11 日到吉林西部草原（吉林省白城市洮北区镇南种羊场与镇赉县）进行实地走访调研；2017 年 9 月 11 日至 9 月 15 日到若尔盖草原（四川省阿坝州若尔盖县唐克镇、阿坝州若尔盖县阿西乡）进行实地走访，总共涉足近 20 个市、县（旗）、乡镇（苏木嘎查）、村，完成 10 个旗县乡镇调查点的问卷调查和走访调查。

（三）问卷设计和分析

考虑到本问卷是随行发放的形式以及调查对象（大部分为牧民）的语言差异和受教育程度，本着尊重民族多样性，先问事实后问态度和意向的原则设计了调查问卷，并针对蒙古族聚居地区翻译了调查问卷的蒙文版。问卷在受访者的基本信息部分，主要调查了受访者的年龄、受教育程度、家庭年均收入、家庭草牧场面积、家庭草牧场退化程度等问题。这些统计的基本信息将和"草原补奖"政策的具体问题结合起来得出调查结论。问卷主体由三部分构成，包括草原生态补偿相关法律权利、草原生态补偿相关法律义务、草原生态补偿相关法律责任。问卷设置了 24 道题，第一部分相关法律权利部分设置了 11 道题，包括 8 道单选题，3 道多选题；第二部分相关法律义务部分设置了 5 道题，包括 4 道单选题，1 道多选题；第三部分相关法律责任部分设置了 8 道题，均为单选题。问卷的设计共经过以下六个过程：向数据用户和潜在的调查对象咨询；参考其他问卷；草拟问题；讨论、修改问卷；预投放及修改问卷；定稿。问卷的分析方法主要有利用 Z 分布通过样本估计总体比例、非参数检验方法中的卡方检验、相关性的非参数性测量等方法。

第二节　中国草原生态补偿法制调研统计分析

本节将调研问卷所设置的问题归结为三类，即草原生态补偿相关法律权利、草原生态补偿相关法律义务、草原生态补偿相关法律责任，运用已经回收问卷中的答案和面对面走访调研记录获得的数据，采用 Z 分布用样本估计总体比例和非参数检验方法中的卡方检验以及相关性的非参数性测量等统计方法，从上述三个方面，以表格和图形的形式分析和展示各种调研数据所反映出来的问题，形成调研结果。

一、草原生态补偿相关法律权利所反映的问题

（一）草原生态补偿是否应当法制化

本部分是针对问卷第一部分的第 1 题和第 4 题进行的统计分析，所运用的统计方法共有两种，分别为 Z 分布用样本估计总体比例和非参数检验方法中的卡方检验。通过 476 个样本估计当该题推广到全体牧民和草原管理人员时，每个选项总体比例的置信区间；运用卡方检验分析职业、受教育程度等因素对于草原生态补偿法制化的支持态度有无影响以及不同职业、不同受教程度的调查对象在草原生态补偿立法的参与意愿上有无差异。

关于草原生态补偿是否应当法制化这一问题，调研结果显示，有 455 人认为草原生态补偿应当法制化，占总人数的 95.6%，只有 4.4% 的人反对草原生态补偿法制化（见表 4—11）。本题依据牧民和草原管理人员选择草原生态补

偿应当法制化的人数，分别对牧民和草原管理人员支持草原生态补偿法制化的比例进行估计，根据公式，计算比例的标准误，公式为：

其中，Sp 为比例的标准误（比例的抽样分布的标准差估计）。P 为不同职业选择应当法制化选项的样本比例，牧民为93.9%，草原管理人员为98.0%（见表4—12）。N 为样本总数，分别为牧民 280 人，草原管理人员 196 人，共476 人。本题分析运用 IBM SPSS Statistics 25 统计软件，对样本进行估计。估计结果如下（见表4—13）。

表4—11 "草原生态补偿是否应当法制化"数据统计

		频数（人）	百分比	累积百分比
有效	应当	455	95.6	95.6
	不应当	21	4.4	100.0
	总计	476	100.0	

表4—12 草原生态补偿是否应当法制化与职业交叉表

			职业		总计
			牧民	草原管理人员	
是否应当法制化	应当	计数	263	192	455
		占职业的百分比	93.9%	98.0%	95.6%
	不应当	计数	17	4	21
		占职业的百分比	6.1%	2.0%	4.4%
总计		计数	280	196	476

表4—13 不同职业选择"草原生态补偿应当法制化"的比率估计

分组	均值	平均值的99%置信区间	
		下限	上限
牧民	.939	.902	.976
草原管理人员	.985	.962	1.008
总体	.958	.934	.982

本题还通过卡方检验分析职业对此有无差别。本题的零假设为：不同职业的调查对象在草原生态补偿法制化的支持态度上没有差异。研究假设为：不同职业的调查对象在草原生态补偿法制化的支持态度上存在差异。本题分析运用 IBM SPSS Statistics 25 统计软件，绘制出草原生态补偿是否应当法制化与职业的 2×2 交叉表（见表4—12），计算出皮尔逊卡方值（见表4—14）。

计算结果如下：皮尔逊卡方值（$x2$）为 4.442，自由度（df）为 1，$\alpha = 0.05$。此时，渐进显著性（双侧）检测值（P值）为 0.035，因为卡方检验在自由度为 1 的情况下在 0.05 显著水平（α）上的临界值为 3.841，我们检验所得的卡方值 4.442 > 3.841，P值 0.035<0.05（α），因此，我们有理由拒绝零假设而接受研究假设，即职业会影响草原生态补偿法制化支持与否的态度。

表4—14　卡方检验

	值	自由度	渐进显著性（双侧）
皮尔逊卡方	4.442a	1	0.035
有效个案数	476		

a.0 个单元格（0.0%）的期望计数小于 5。最小期望计数为 8.65。

综上所述，关于草原生态补偿是否应当法制化这一问题的分析结论为：

根据样本估计总体，我们有 99% 的置信度认为牧民和草原管理人员选择草原生态补偿应当法制化的总体比例分别在 90.2%—97.6% 和 96.2%—100.8% 之间，换言之，在 99% 的置信度下，牧民总体中会有 90.2%—97.6% 的人支持草原生态补偿应当法制化，草原管理人员总体中会有 96.2%—100.8% 的人支持。在不区分职业的情况下，在全体牧民和草原管理人员中将有 93.4%—98.2% 的人支持草原生态补偿应当法制化。由此可见，草原生态补偿法制化在实践中确有必要，加快草原生态补偿法制建设在牧区具有较高的支持率。

根据卡方检验的结果，我们认为不同职业的调查对象在选择是否应当法制化这一问题上不存在明显差异。在职业分布上，草原管理人员比牧民更支持草原生态补偿应当法制化，草原管理人员约有98.5%的人认为草原生态补偿应当法制化，高于牧民的93.9%。

与草原生态补偿是否应当法制化这一问题密切相关的问题，就是民众参与立法的意愿。对此，调查结果显示：草原基层管理者和广大牧民都表现出了较高的参与和配合意愿，因为草原生态补偿政策及其立法相关工作大多关系到农牧民的切身利益。

本题首先通过卡方检验分析调查对象是否愿意参与制定草原生态补偿立法相关工作与职业无关。本题的零假设为：不同职业的调查对象在参与草原生态补偿立法的意愿选择这一问题上没有差异。研究假设为：不同职业的调查对象在参与草原生态补偿立法的意愿选择这一问题上存在差异。本题分析运用IBM SPSS Statistics 25统计软件，绘制出调查对象是否愿意参与立法与职业的2×2交叉表（见表4—15），计算出皮尔逊卡方值（见表4—16）。

计算结果如下：皮尔逊卡方值（×2）为1.570，自由度（df）为1，$\alpha = 0.05$。此时，渐进显著性（双侧）检测值（P值）为0.233，因为卡方检验在自由度为1的情况下在0.05显著水平（α）上的临界值为3.841，我们检验所得的卡方值1.570＜3.841，P值0.233＞α（0.05）。因此，我们有理由保留零假设而拒绝研究假设，即不同职业的调查对象，无论是牧民还是草原管理人员在参与草原生态补偿立法的意愿选择这一问题上没有差异，数据样本显示有差异也仅仅是因为抽样误差或偶然因素所导致的。

表4—15　调查对象是否愿意参与草原生态补偿立法相关工作与职业的交叉表

			职业		总计
			牧民	草原管理人员	
是否愿意参与立法	愿意	计数	254	184	438
		占总计的百分比	53.4%	38.7%	92.0%
	不愿意	计数	26	12	38
		占总计的百分比	5.5%	2.5%	8.0%
总计		计数	280	196	476

表4—16 卡方检验

	值	自由度	渐进显著性（双侧）	精确显著性（双侧）
皮尔逊卡方	1.570a	1	.210	.233
有效个案数	476			

a.0 个单元格（.0%）的期望计数小于 5。最小期望计数为 15.65。

在进行卡方检验后，本题分别对牧民和草原管理人员中愿意参与草原生态补偿立法的意愿比例进行估计，公式已在前文说明，在此不再赘述。本题对样本进行估计，估计结果和结论如下（见表4—17）：

表4—17 不同职业"愿意参与草原生态补偿立法相关工作"的比率估计

分组	均值	平均值的99%置信区间	
		下限	上限
牧民	.907	.862	.952
草原管理人员	.939	.894	.983
总体	.920	.888	.952

依据卡方检验的结果，不同职业的调查对象在参与草原生态补偿立法的意愿选择这一问题上不存在明显差异，即使有差异，也是因为抽样误差或偶然因素所导致的。根据样本数据显示，有92%的调查对象都愿意参与制定草原生态补偿政策与立法相关工作，并且对于立法意愿的选择不会因职业的不同而受到影响。

结合样本估计总体比例（见表4—17），我们有99%的置信度认为牧民和草原管理人员愿意参与草原生态补偿相关立法的意愿总体比例分别在86.2%—95.2%和89.4%—98.3%之间，换言之，在99%的置信度下，牧民总体中会有86.2%—95.2%的人愿意参与草原生态补偿相关立法工作，草原管理人员总体中会有89.4%—98.3%的人愿意参与草原生态补偿相关立法工作。在不区分职业的情况下，在全体牧民和草原管理人员中将有88.8%—95.2%的人愿意参与草原生态补偿相关立法工作。

（二）现有草原权属是否明确

本部分是针对问卷第一部分第 2 题进行的统计分析。关于现有草原权属是否明确这一问题，由表 4—18 可见，有 50.6% 的受访者认为我国草原权属明确，27.1% 的人认为草原权属部分明确，其余 22.3% 的人认为我国现有的草原权属不明确。本题运用的统计学方法主要有：卡方检验（非参数检验）、相关性的非参数测量、通过 Z 分布用样本估计总体。

首先，本题通过卡方检验分析草原权属明确程度与家庭草牧场面积、调研地区的不同有无关系。本题的零假设为：草原权属明确程度不会因家庭草牧场面积、地区等因素的不同而产生差异。研究假设为：草原权属明确程度会因家庭草牧场面积、地区等因素的不同而产生差异。本题分析运用 IBM SPSS Statistics 25 统计软件，绘制出调查对象家庭草牧场面积与草原权属是否明确的 3×5 交叉表（见表 4—18），计算出皮尔逊卡方值（见表 4—19）。

计算结果如下：皮尔逊卡方值（×2）为 35.558，自由度（df）为 8，α=0.05。此时，因为卡方检验在自由度为 8 的情况下在 0.05 显著水平（α）上的临界值为 15.507，我们检验所得的卡方值为 35.558 > 15.507，因此，我们有理由拒绝零假设而接受研究假设，认为不同家庭草牧场面积的调查对象在认为草原权属是否明确的选择上存在差异。经过克莱姆 V 系数测量，从结果可见，克莱姆 V 系数等于 0.193，显示家庭草牧场面积与草原权属是否明确之间呈相关关系，但仅呈现弱相关关系，说明家庭草牧场面积不是影响草原权属是否明确选择的关键因素。

表 4—18　家庭草牧场面积与草原权属是否明确交叉表

| | | 草原权属是否明确 | | | 总计 |
		基本明确	部分明确	不明确	
501 亩以上	计数	58	47	17	122
	占草原权属是否明确的百分比	24.1%	36.4%	16.0%	25.6%
301 亩至 500 亩	计数	39	9	13	61
	占草原权属是否明确的百分比	16.2%	7.0%	12.3%	12.8%

续表

		草原权属是否明确			总计
		基本明确	部分明确	不明确	
101亩至300亩	计数	56	23	13	92
	占草原权属是否明确的百分比	23.2%	17.8%	12.3%	19.3%
100亩以下	计数	45	22	21	88
	占草原权属是否明确的百分比	18.7%	17.1%	19.8%	18.5%
未填	计数	43	28	42	113
	占草原权属是否明确的百分比	17.8%	21.7%	39.6%	23.7%
总计	计数	241	129	106	476
	占总计的百分比	50.6%	27.1%	22.3%	100.0%

表4—19 卡方检验

	值	自由度	渐进显著性（双侧）
皮尔逊卡方	35.558a	8	.000
有效个案数	476		

a.0个单元格（0.0%）的期望计数小于5。最小期望计数为13.58。

			值	渐进显著性
名义到名义	Phi	.273	.000	
	克莱姆V	.193	.000	
有效个案数		476		

同时，本题绘制出不同调研地区与草原权属是否明确的3×5交叉表（见表4—20），计算出皮尔逊卡方值（见表4—21）。计算结果如下：皮尔逊卡方值（×2）为47.111，自由度（df）为8，α=0.05。此时，因为卡方检验在自由度为8的情况下在0.05显著水平（α）上的临界值为15.507，我们检验所得的卡方值为47.111＞15.507，因此，我们有理由拒绝零假设而接受研究假设，认为不同地区在草原权属是否明确上存在差异。经过克莱姆V系数测量，从结果可见，克莱姆V系数等于0.222，显示地区与草原权属是否明确之间呈相关关系，但仅呈现弱相关关系，说明地区不是影响草原权属是否明确选择的关键因素。

表4—21 卡方检验

	值	自由度	渐进显著性（双侧）
皮尔逊卡方	47.111a	8	.000
有效个案数	476		

a.0 个单元格（0.0%）的期望计数小于 5。最小期望计数为 6.46。

		值	渐进显著性
名义到名义	Phi	.315	.000
	克莱姆 V	.222	.000
有效个案数		476	

最后，本题分别对不同地区草原权属基本明确的总体比例进行估计，公式已在前文说明，在此不再赘述，估计结果和结论如下（见表4—22）。

综上所述，关于现有草原权属是否明确这一问题的分析结论为：

首先，根据卡方检验结果可知，家庭草牧场面积会影响草原权属的明确程度。家庭草牧场面积越大的调查对象认为草原权属明确的程度越高，在"基本明确"这一选项中对应家庭草牧场面积占比最高的是 501 亩以上的调查对象，占"基本明确"总比的 24.1%。相比之下，在"不明确"这一选项中对应家庭草牧场面积占比最高的是 100 亩以下的调查对象，占"不明确"总比的19.8%。由此可知，草原权属不明确的问题主要集中于家庭草牧场面积较小的牧民群体中，家庭草牧场面积较大的牧民往往在草原权属上更为明晰。

其次，不同调研地区在草原权属明确程度上有所不同。根据表4—20 可知，除吉林省有 41.4%的比例认为草原权属部分明确外，其他省认为草原权属基本明确的比例占本省大多数。

最后，结合样本估计总体比例，我们有 99%的置信度认为目前我国草原权属基本明确的总体比例在 72.8%—82.7%之间，换言之，在 99%的置信度下，我们估计我国有 72.8%—82.7%的草原权属基本明确。其中，N 自治区认为草原权属基本明确的总体比例在 65.7%—79.7%之间，G 省认为草原权属基本明确的总体比例在 62.1%—93.9%之间，Q 省在 71.6%—95.0%之间，J 省在49.1%—95.8%之间，S省在93.2%—103.1%之间。由此可见，S省和G省在草原权属明确方面较其他省区更好一些。

表4—22　各调研地区选择"草原权属基本明确"的比率估计

分组	均值	平均值的99%置信区间	
		下限	上限
内蒙古	.727	.657	.797
甘肃	.780	.621	.939
青海	.833	.716	.950
吉林	.724	.491	.958
四川	.981	.932	1.031
总体	.777	.728	.827

针对草原权属是否明确这一问题，调研人员在同C市B旗草监局、G省草监局、J省Z种羊场工作人员座谈时进行了深度访谈，部分内容如下：

调研人员问：目前当地草原权属问题是否明确？是否还存在其他问题？

C市B旗草监局工作人员：目前全旗草原权属落实到户，草原权属相对明确。但是除了草原承包确权工作之外，在实践中有时草场边界四至不清。N自治区的禁牧和草畜平衡区的划分，依照文件要求，中东部地区的草原达到重度和极度退化的划分为禁牧区，中度退化、轻度退化和未退化的划分为草畜平衡区。但在实施中，禁牧区和草畜平衡区通常是按照行政界线成片划分，多数牧民分不清自家草场草畜平衡区和禁牧区的界线。

调研人员问：目前当地草原权属问题是否明确？是否还存在其他问题？

G省草监局工作人员：G省草原面积广阔，又分为青藏高原区、西部荒漠区和黄土高原区，每个地区草原的现实情况均有不同，因此草原面积普查和确权工作有些困难，造成部分草原底数不清，权属不明，租用流转较困难。

调研人员问：Z种羊场作为一种特殊的草场，当地的草原权属问题是否明确？

Z种羊场工作人员：种羊场具有较为特殊的草场经营模式，虽然是农场，但土地性质为国家所有，草地使用权归代管企业J省西部现代化农业产业国有有限公司享有，草地承包经营权归草地承包人享有。种羊场拥有草地 1.1 万余公顷，目前承包出去 6000 余公顷，剩下的 5000 公顷禁牧草地由于不适合放牧而未被承包出去。目前，禁牧补助的对象为具有承包经营权的人，而这 5000 公顷由于草场承包经营权落空，使用权虽归代管企业享有，但其领取不到任何补偿款。在这 5000 公顷草场附近依旧有周边部分牧民进行偷牧，这不仅造成了这部分草场生态的破坏，而且造成的代管企业的损失也无法补偿。

从以上访谈内容和调研数据来看，我们可以得出以下结论：目前我国草原权属还有待进一步明晰。具体表现为以下两个方面：第一，草原流转的权利性质不明确。目前我国草原的所有权归国家和集体所有，而牧民拥有草原的承包权，草原生态补偿的对象也是具有承包权的牧户，但是有很多牧户将自家草场进行租赁，这种随草地一同租赁出去的权利是何种性质无很好区分，是仅就草原的使用权进行了出租，还是将经营权进行了出租，这都是在流转草原时亟待解决的问题。第二，草原边界四至不清。虽然大部分草原已经完成了草原确权工作，但是在牧民实际放牧的过程中，由于行政区划界线的人为性和牲畜饲养的移动性造成牧民对草场的实际边界不明晰，草畜平衡和禁牧区未做很好区分。

从整体来看，草原权属不清问题普遍存在于多个省份，其原因是多方面的。第一，不同省份自然条件和社会条件不同。我国草原面积广阔，各地草原历史划分和草原自然情况不同，各省份经济发展状况、草原管理队伍建设、基层执法力量配备等客观条件均有不同，由此造成草原普查、确权工作存在困难。第二，草原立法存在瑕疵。《草原法》第二章规定了草原权属问题，其中第九条："草原属于国家所有，由法律规定属于集体所有的除外。国家所有的草原，由国务院代表国家行使所有权。"第十一条："依法确定给全民所有制单位、集体经济组织等使用的国家所有的草原，由县级以上人民政府登记，核发使用权证，确认草原使用权。"但除所有权、使用权外，对于经营权、收益权等具体权属未做明显划分和规定，致使草原权属流转在实际操作层面出现困难。

（三）草原生态补偿具体要素在实践中的状况

本部分是针对问卷第一部分第 3、5、6、7、8、9、10、11 题等题目进行的统计分析。这些题目分别涉及草原生态补偿的补偿对象、补偿标准、补偿方式、补偿发放、补偿来源、补偿信息公开机制、补偿监督救济机制等涉及相关主体法律权利的问题。所运用的统计学方法主要有卡方检验（非参数检验）、通过 Z 分布用样本估计总体。

1. 草原生态补偿对象的应然指向

图 4—4 可见，对于草原生态补偿对象的应然指向，即谁是被补偿者这一问题是以多项选择的形式设计的。有 58.0% 的调查对象认为草原生态补偿的对象应为草原生态保护的贡献者；有 42.6% 的调查对象认为草原生态补偿的对象应为草原生态产业的建设者；有 38.7% 的调查对象认为草原生态补偿的对象应为草原生态保护的受损者。除这三个选项的比例较高外，有 34.5% 和 12.4% 的调查对象认为草原生态保护的受益者和草原生态的破坏者也应当成为草原生态补偿的对象。但是，在数据统计时发现，选这两个选项的调查对象一般只选择这两个选项或者选择一个选项。由此可知，部分调查对象对草原生态补偿对象的认识理解有误，其混淆了草原生态补偿的对象（受偿者）和草原生态补偿的

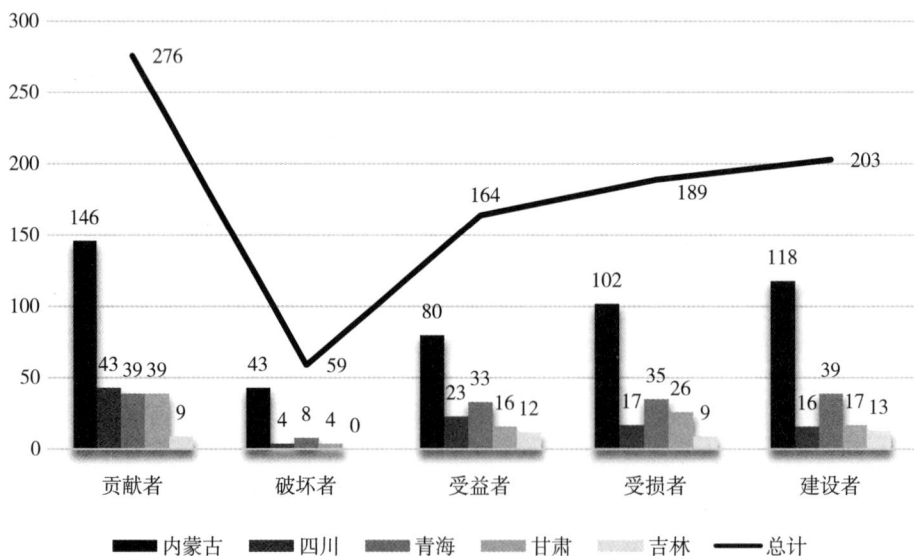

图 4—4　各调研地区"草原生态补偿对象"选择情况数据统计

主体（补偿者）。

具体分析调研数据，可以得出以下几个结论：第一，草原生态保护的贡献者无疑是补偿的主要对象。目前，广大草原牧区的地方政府和农牧民作为草原生态保护的主要贡献者，承担着草原生态保护的重要任务，他们通过禁牧、减畜等措施保护和恢复草原生态环境，为此付出了许多机会成本，因此未来草原生态补偿的重点补偿对象仍然应当是以农牧民和当地政府为主的草原生态保护的贡献者。第二，草原生态保护中的受损者和草原生态产业的建设者也应当适当纳入草原生态补偿的补偿对象中来。草原生态保护中的受损者往往可分为两种：其一是草原治理过程中的受害者，例如那些为了保护草原而不得不进行生态移民、放弃畜牧饲养的牧民；其二是草原破坏过程中的受害者，例如因为在草原上开矿而致使生活环境受到污染的周围的居民。除此之外，草原生态产业的建设者为了草原的生态恢复，往往也起到了促进牧区产业结构转型升级的作用，因此这一部分人群也应当在以后的草原生态补偿中逐渐纳入补偿对象中来。

表4—23 "草原生态补偿的对象"数据统计（人）

选项	内蒙古	四川	青海	甘肃	吉林	总计	比例（%）
草原生态保护的贡献者	146	43	39	39	9	276	58.0
草原生态的破坏者	43	4	8	4	0	59	12.4
草原生态保护的受益者	80	23	33	16	12	164	34.5
草原生态保护中的受损者	102	17	35	26	9	189	38.7
草原生态产业的建设者	118	16	39	17	13	203	42.6

2. 草原生态补偿标准的依据如何

由表4—24和图4—5可见，关于草原生态补偿标准设立依据的要素这一问题采取多项选择的形式。除草原生态保护者的机会成本这一选项外，调查对象选择其他选项的人数相差不大。54.8%的调查对象认为草原生态系统服务价值是草原生态补偿标准设立依据的要素之一；49.3%的调查对象认为草原生态保护者的投入是草原生态补偿标准设立依据的要素之一；分别有37.4%和45.0%的调查对象选择了草原生态保护受益者的收益和草原生态破坏的恢复成本应当是草原生态补偿标准设立依据的要素之一。除以上几个选项外，只有约24.8%（118人次）认为草原生态保护者的机会成本应当是草原生态补偿标准设立依据的要素之一。由于被调研者多为牧民，可能没能很好理解"机会成本"这一词的含义，故造成这一项人数较少。

针对草原生态补偿标准这一问题，调研人员在多省份进行了深度访谈，部分内容如下：

调研人员问：目前牧民对于草原生态的标准反响如何？

C旗牧民代表：目前我们普遍认为补偿标准过低，我们在减畜的同时，也给自己继续维持生产生活增添了成本。现在的补偿标准只给我们补贴禁牧休牧的直接成本，例如围栏、舍饲草料费用等，但对于其他保护草原的费用就补贴不了了。在草场禁牧前，牲畜适当的啃食草场有利于植被的再生长，而禁牧后牲畜不再啃食就会滋生草原鼠害，我们通常还要自己买鼠药，为此付出治理成本，而这部分成本就没有从补偿标准中体现出来。

调研人员问：目前牧民对于草原生态补偿的标准反响如何？

G省S县草监局工作人员：目前我省草原生态补偿款都是依据人均草场面积发放的，在每亩补偿单价不变的情况下，最终的补偿金额就会因各地草原面积不均而出现地区与地区之间、户与户之间极大的不平衡。S草场面积最大，全县人口1万人，共有7700万亩草原，每户约6.6万亩草原，每户补偿款约在6万—7万，而在肃南人均草场35—1000亩左右，补偿款在2000元左右。这种"一刀切"的补偿标准会因为草场面积的大小而造成牧民收入上的不均，这不仅使牧民在心理上产生不公平的想法，同时在一定程度上也强化了当地的贫富分化程度，间接造成补奖地区经济发展的不均衡。

从以上访谈内容和调研数据来看，可以得出以下结论：其一，目前草原生态补偿标准较低且缺乏因地制宜的差异性。这是因为受限于我国经济发展和政府财力，目前我国草原生态补偿标准主要以牧区牧民的经济损失为基础而确定的。这样的草原生态补偿标准未能完全考虑草原旅游、草原生态安全等社会价值转化之后所带来的经济价值；未将牧民保护草原的直接成本、间接成本和减畜机会成本全部纳入补偿标准中；未充分考虑我国不同草原地区复杂的经济、社会、自然情况，没有建立动态的补偿标准调整机制；更主要的是基本没有考虑生态系统服务价值。其二，根据调研数据可知，在未来调整草原生态补偿标准时，应该包含以下几个要素：草原生态保护者的投入和机会成本，如牧民围栏、圈棚方面的投资和因为禁牧所导致的发展权丧失的补偿；草原生态受益者的收益，即草原保护的受益区域和受益者应为其享受的草原生态产品和草原生态服务付费；草原生态破坏的恢复成本，如草原开矿者后续填补草原的恢复成本以及草原生态系统服务的自然和社会价值等。

表4—24　"草原生态补偿标准设立依据的要素"数据统计（人）

选项	内蒙古	四川	青海	甘肃	吉林	总计	比例（%）
草原生态系统服务价值	129	41	47	34	10	261	54.8
草原生态保护者的投入	130	13	45	33	14	235	49.3
草原生态保护者的机会成本	54	4	32	23	5	118	24.8
草原生态保护受益者的收益	102	11	35	21	9	178	37.4
草原生态破坏的恢复成本	115	11	45	27	16	214	45.0

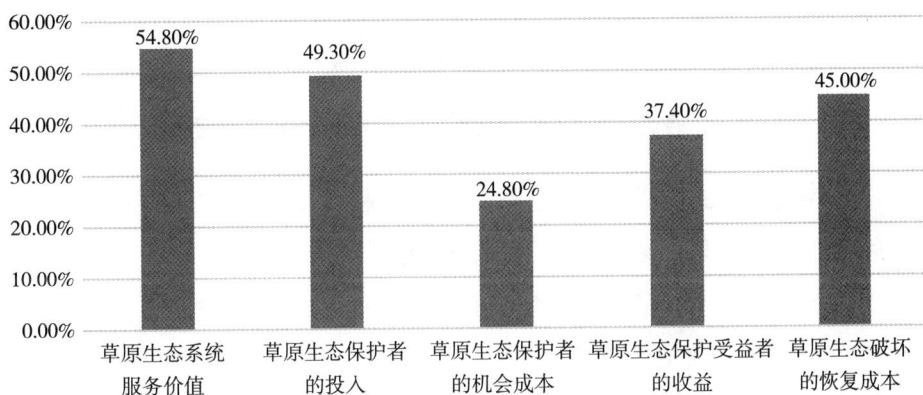

图4—5　草原生态补偿标准设立依据的要素分布

3.草原生态补偿的方式是否合理

由图4—6可见，关于草原生态补偿方式是否合理这一问题，有61%的调查对象认为目前的草原生态补偿方式基本合理；有39%的调查对象认为草原生态补偿方式不太合理，应当多元化。由此可见，大部分牧民对目前草原生态补偿方式基本满意，但仍有部分调查对象对目前的草原生态补偿方式不满意，认为目前以货币补偿为主的补偿方式过于单一，应当多元化。在N自治区，认为目前草原生态补偿方式基本合理和不太合理的各占一半，而其他省份认为基本合理的占大多数。

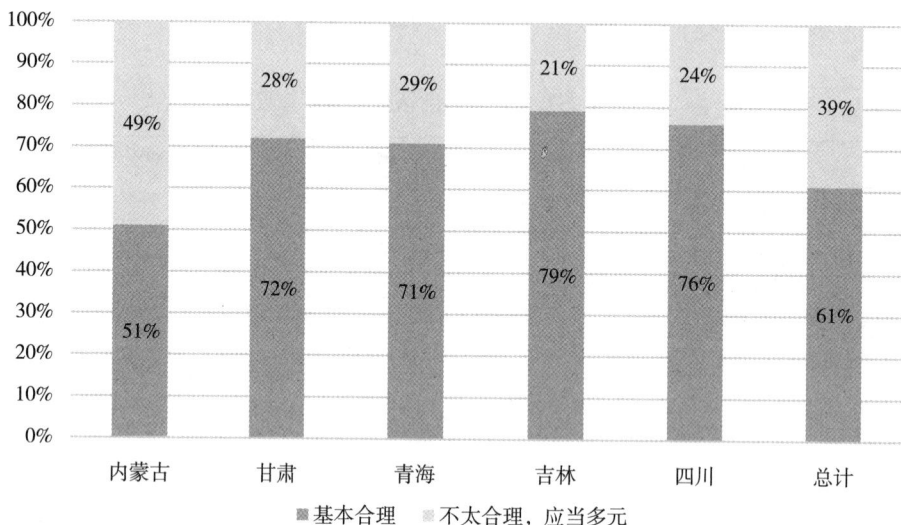

图4—6　各调研地区"草原生态补偿方式是否合理"数据统计

本题对补偿方式选择情况的总体比例进行估计，公式已在前文说明，在此不再赘述，估计结果和结论如下（见表4—25）。

综上对草原生态补偿方式是否合理这一问题的分析结论如下：

结合样本估计总体，我们有99%的置信度认为草原生态补偿方式基本合理的总体比例在54.9%—66.5%之间，换言之，在99%的置信度下，我们估计有54.9%—66.5%的人认为我国目前的草原生态补偿方式基本合理，有33.5%—45.1%的人上，对认为我国目前的草原生态补偿方式不太合理。由此可见，目前我国草原生态补偿方式应当有向多元化改进的空间。

表4—25　"草原生态补偿方式是否合理"的比率估计

分组	均值	平均值的99%置信区间	
		上限	下限
基本合理	.607	.549	.665
不太合理	.393	.335	.451

　　针对草原生态补偿方式哪种更有效这一问题采取了多项选择的形式。由表4—26可见，认为货币补偿更有效的调查对象人数最多，共有357位调查对象选择了此种补偿方式，即75%的调查对象倾向于货币补偿。关于其他补偿方式，选择的人数也超过了30%。

　　根据以上两个问题的调研数据和调研组实际走访的情况来看，得出以下结论：其一，目前单一的货币补贴方式有时不能满足牧民保护草原和实际生产生活的需要。牧区目前最大的问题是实施禁牧措施后牲畜饲养草料缺乏，牧民需要依靠补偿款自行购买草料进行舍饲，但由于补偿款有时不足以弥补购买草料的成本，牧民还需自己出资购买舍饲所需草料，因此牧民希望补偿方式能在货币补偿的基础上增加草料等实物或其他补偿方式。其二，应当积极探索多元化的草原生态补偿方式。除货币补偿外，排名前几位的补偿方式为产业扶持、政策支持、项目支持。在调研人员走访的过程中发现，目前随着牧区人员外出务工、上学，牧民家中劳动力数量大量减少，加上禁牧和减畜的政策要求，导致牧民们转产的需求较为迫切。同时，随着国家惠农惠牧政策的出台，部分牧民更希望通过技术培训、创业项目等途径寻求致富方法，因此在补偿方式的选择上，可以通过扶持牧民从粗放型放牧的生产方式转变为发展旅游、畜牧产品深加工等其他生产方式，通过就人工饲养的技巧和保护草原等问题对牧民进行培训，尝试多元化的草原生态补偿方式，将补偿方式变为"输血式"补偿和"造血型"补偿相结合。其三，不同省份对于草原生态补偿方式有不同需求。由图4—7可见，各省份除了均继续支持货币补偿外，对于本省所需的补偿方式也有所不同。N 自治区、G 省由于畜牧产品肉质好产量大，市场基础较好，因此牧民对产业扶持的需求较大；Q 省由于地缘因素，则是对项目支持的需求量更大一些。因此各省份在进行草原生态补偿时，应当根据各省的不同情况有侧重地选择适合本省的补偿方式。

表 4—26 "草原生态补偿方式哪种更有效"数据统计（人）

选项	内蒙古	四川	青海	甘肃	吉林	总计	比例（%）
货币补偿	180	41	68	43	25	357	75.0
实物补贴	98	9	25	7	6	145	30.5
政策	111	10	23	17	11	172	36.1
项目	103	10	31	18	12	174	36.6
技术支持	97	9	21	12	9	148	31.1
产业扶持	115	8	29	26	10	188	39.5
技术培训	104	6	22	11	7	150	31.5

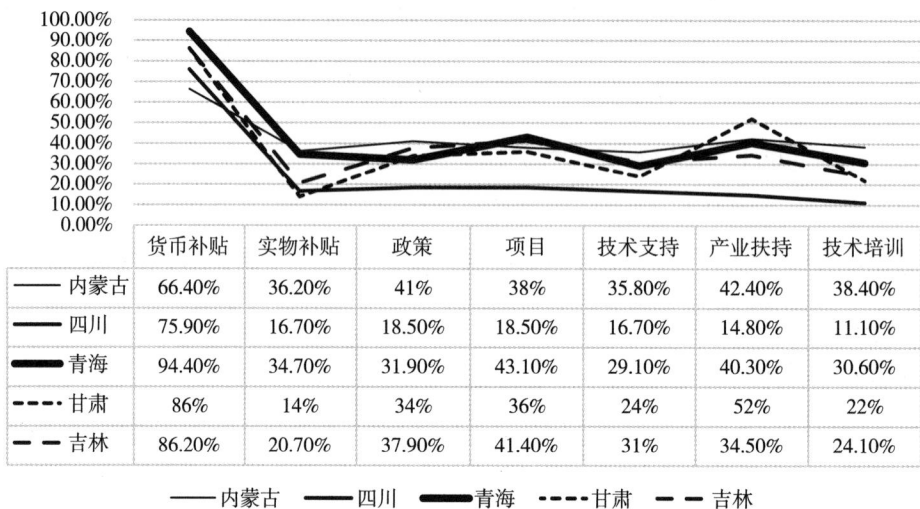

	货币补贴	实物补贴	政策	项目	技术支持	产业扶持	技术培训
内蒙古	66.40%	36.20%	41%	38%	35.80%	42.40%	38.40%
四川	75.90%	16.70%	18.50%	18.50%	16.70%	14.80%	11.10%
青海	94.40%	34.70%	31.90%	43.10%	29.10%	40.30%	30.60%
甘肃	86%	14%	34%	36%	24%	52%	22%
吉林	86.20%	20.70%	37.90%	41.40%	31%	34.50%	24.10%

——内蒙古 ——四川 ——青海 ----甘肃 －－吉林

图 4—7 各调研地区"草原生态补偿方式"选择情况数据统计

4.草原生态补偿的发放应当怎样

关于草原生态补偿资金应当怎样发放这一问题，由表 4—27 可见，调查

对象中支持一次性定额发放方式的人数较多，共计 253 份，占问卷总数的
53.2%，而选择周期性奖惩浮动发放方式的问卷共计 223 份，占问卷总数的
46.8%。

　　本题通过卡方检验分析不同职业的调查对象在选择草原生态补偿资金如何
发放更为合理时有无差别。本题的零假设为：不同职业的调查对象在选择草原
生态补偿资金如何发放更为合理时无差别。研究假设为：不同职业的调查对象
在选择草原生态补偿资金如何发放更为合理时有差别，即牧民和草原管理人
员这两种不同身份会影响草原生态补偿资金发放方式的选择。本题分析运用
IBM SPSS Statistics 25 统计软件，绘制出补偿方式是否合理与职业的 2×2 交
叉表（见表 4—27），计算出皮尔逊卡方值（见表 4—28）。

　　计算结果如下：皮尔逊卡方值（×2）为 36.063，自由度（df）为 1，
α =0.05。此时，渐进显著性（双侧）检测值（P 值）为 0.000，因为卡方检验
在自由度为 1 的情况下在 0.05 显著水平（α）上的临界值为 3.841，我们检验
所得的卡方值为 36.063 > 3.841，P 值为 0.000 < α（0.05）。因此，我们有理
由拒绝零假设而接受研究假设，即牧民和草原管理人员这两种不同身份会影响
草原生态补偿资金发放方式的选择。

表 4—27　职业与草原生态补偿资金如何发放交叉表

			补偿资金如何发放		总计
			一次性定额发放	周期性奖惩浮动发放	
职业	牧民	计数	181	99	280
		占职业的百分比	64.6%	35.4%	100.0%
	草原管理人员	计数	72	124	196
		占职业的百分比	36.7%	63.3%	100.0%
总计		计数	253	223	476
		占总计的百分比	53.2%	46.8%	100.0%

表4—28　卡方检验

	值	自由度	渐进显著性（双侧）
皮尔逊卡方	36.063a	1	.000
有效个案数	476		

a.0 个单元格（.0%）的期望计数小于 5。最小期望计数为 91.82。

　　本题在拒绝了零假设的基础上，分别对不同职业调查对象选择补偿资金发放方式的总体比例进行估计，公式已在前文说明，在此不再赘述，估计结果和结论如下（见表4—29）。

　　卡方检验结果显示，不同职业在选择草原生态补偿资金如何发放更为合理时有差别，即牧民和草原管理人员这两种不同身份会影响草原生态补偿资金发放方式的选择。牧民中支持补偿资金一次性定额发放的比例在64.6%，草原管理人员则占36.7%，牧民中支持周期性奖惩浮动发放的比例在35.4%，而草原管理人员则占63.3%。根据样本估计总体，我们有99%的置信度认为牧民支持周期性发放补偿资金的总体比例在27.9%—42.8%之间，草原管理人员支持周期性发放补偿资金的总体比例在54.3%—72.2%之间。牧民支持一次性发放补偿资金的总体比例在57.2%—72.1%之间，草原管理人员支持一次性发放补偿资金的总体比例在27.8%—45.7%之间。由此可见，草原管理人员更多地支持补偿资金周期性发放，而牧民则更支持补偿资金一次性发放。但由于牧民的总数多于草原管理人员，所以在不区分职业的总体估计下，我们有99%的置信度认为补偿资金周期性发放的支持率在40.9%—52.8%之间，补偿资金一次性发放的支持率在47.2%—59.1%之间。

表4—29　不同职业支持"补偿资金周期性发放"的比率估计

分组	均值	平均值的99%置信区间	
		下限	上限
牧民	.354	.279	.428
草原管理人员	.633	.543	.722
总体	.468	.409	.528

不同职业支持"补偿资金一次性发放"的比率估计

分组	均值	平均值的99%置信区间	
		下限	上限
牧民	.646	.572	.721
草原管理人员	.367	.278	.457
总体	.532	.472	.591

5.草原生态补偿的来源应当何处

关于草原生态补偿的来源应当何处这一问题,由图4—8和表4—30可知,41.8%的调查对象选择由政府独立承担,58.2%的调查对象选择由政府、社会、市场和相关个人共同承担。本题对补偿资金来源方式的总体比例进行估计,公式已在前文说明,在此不再赘述,估计结果和结论如下(见表4—30)。

根据样本估计总体,我们有99%的置信度认为支持政府独立承担补偿资金总体的比例在36.0%—47.7%之间,支持政府、社会、市场和相关个人共同承担补偿资金总体的比例在52.3%—64%之间。这一方面说明单纯地依靠政府财政进行草原生态补偿已不足以满足草原牧区对补奖资金的大量需要,大部分牧民已经具有草原生态补偿来源应当多元化的初步认识。另一方面说明,不同省份由于草原自然情况不同、社会经济发展各异等原因,在选择补偿资金来源时产生了差异。N自治区和Q省更为支持草原生态补偿资金由政府、社会、

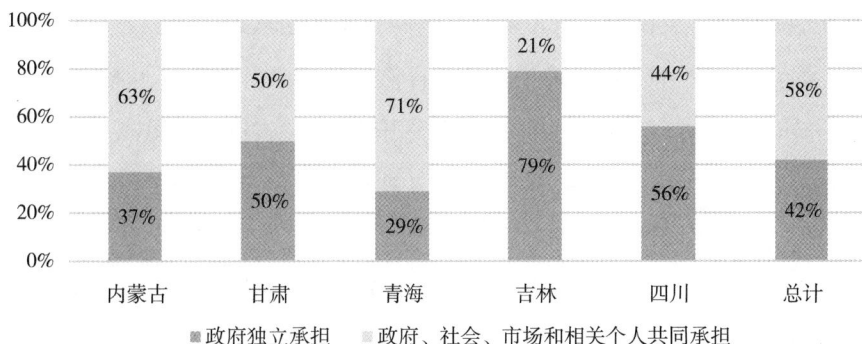

图4—8　各调研地区选择"草原生态补偿资金应当来源何处"数据统计

市场和相关个人共同承担，分别占本地区的63%和71%。这是由于N自治区和Q省人均草牧场面积大，当依靠草原面积发放补奖资金时，仅靠政府出资的资金投入量有限，因此N自治区和Q省的调查对象普遍希望能将补偿主体扩到到政府、社会、市场和相关个人，以此来扩大本省的草原生态补偿资金量。相比之下，G省在这两种来源的选择上差异不大。而J省和S省的调查对象则更为支持补偿资金由政府独立承担，分别占比79%和56%。其中J省由于受访地区特殊的企业经营模式，企业不仅承担着保护草原的任务，在领取补奖款时还因为部分承包权落空而丧失部分补奖款，因此普遍支持由政府独立承担补奖资金。

表4—30 "草原生态补偿资金来源方式"的比率估计

分组	均值	平均值的99%置信区间	
		下限	上限
政府独立承担	.418	.360	.477
政府、社会、市场和相关个人共同承担	.582	.523	.640

6. 草原生态补偿的信息是否公开

由表4—31可见，关于草原生态补偿的信息是否公开这一问题，55.0%的调查对象认为信息公开透明；27.1%的调查对象认为信息相对公开透明，而其余17.9%的调查对象认为信息不够公开透明。这说明从整体看，人们对于草原生态补偿信息公开程度基本满意。从各省份的数据统计来看（见图4—9），N自治区有47%的调查对象认为信息完全公开透明；S省满意度最高，70%的调查对象认为信息做到了完全公开透明；G、J两省份对信息公开程度也基本满意。

本题分别对不同地区调查对象选择草原生态补偿信息完全公开透明的总体比例进行估计，公式已在前文说明，在此不再赘述，估计结果和结论如下（见表4—32）。

表4—31　"草原生态补偿信息公开程度"数据统计

	频数（人）	百分比	累积百分比
不够公开透明	85	17.9	17.9
相对公开透明	129	27.1	45.0
完全公开透明	262	55.0	100.0
总计	476	100.0	

表4—32　各调研地区"草原生态补偿信息完全公开透明"的比率估计

分组	均值	平均值的99%置信区间	
		下限	上限
内蒙古	.760	.693	.828
甘肃	.980	.926	1.034
青海	.917	.830	1.003
吉林	.724	.491	.958
四川	.907	.801	1.014
总体	.821	.776	.867

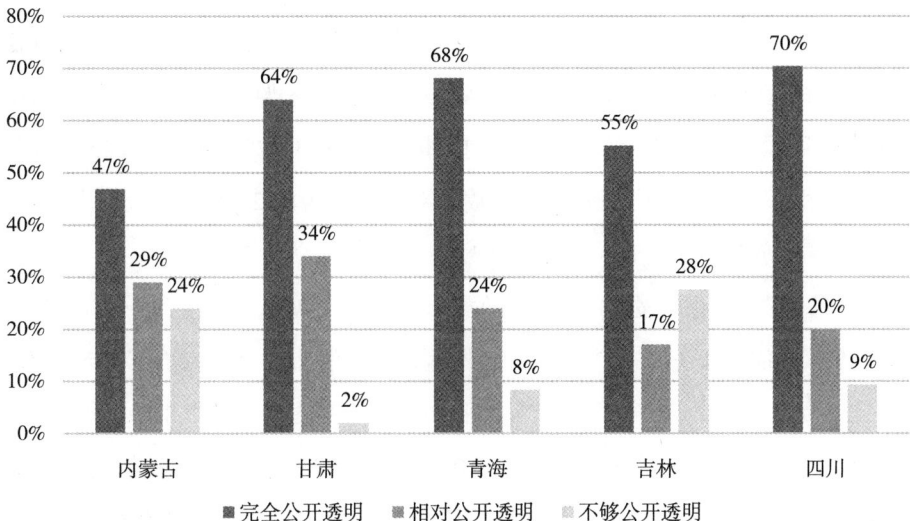

图4—9　各调研地区"草原生态补偿信息公开程度"数据统计

综上所述，关于草原生态补偿的信息是否公开这一问题的分析结论如下：

结合样本估计总体比例，我们有99%的置信度认为草原生态补偿信息完全公开透明的总体比例在77.6%—86.7%之间，换言之，在99%的置信度下，估计我国草原生态补偿信息完全公开透明的比例在77.6%—86.7%之间。其中，N自治区认为信息完全公开透明总体比例在69.3%—82.8%之间，G省在92.6%—103.4%之间，Q省在83.0%—100.3%之间，J省在49.1%—95.8%之间，S省在80.1%—101.4%之间。由此可见，S省、G省和Q省的调查对象对本地区的草原生态补偿信息公开程度满意度较高。

7. 草原生态补偿的救济是否需要专门机构

关于是否应当设立一个专门的机构约束监督草原生态补偿救济这一问题，由表4—33可见，有55位调查对象（占11.6%）认为不应当，其他421位调查对象（88.4%）都选择了应当建立专门机构约束监督草原生态补偿救济问题。

本题通过卡方检验分析职业对于是否应当设立专门的机构约束监督草原生态补偿救济问题有无影响。本题的零假设为：不同职业的调查对象在是否应当设立专门的机构约束监督草原生态补偿救济问题的态度上无差别。研究假设为：不同职业的调查对象在是否应当设立专门的机构约束监督草原生态补偿救济问题的态度上有差别，即是否需要专门机构约束监督草原生态补偿救济问题会受到职业不同立场的影响。本题分析运用 IBM SPSS Statistics 25 统计软件，绘制出职业与是否应当有专门的救济部门交叉表的2×2交叉表（见表4—33），计算出皮尔逊卡方值（见表4—34）。

计算结果如下：皮尔逊卡方值（×2）为2.706，自由度（df）为1，$\alpha=0.05$。此时，渐进显著性（双侧）检测值（P值）为0.100，因为卡方检验在自由度为1的情况下在0.05显著水平（α）上的临界值为3.841，我们检验所得的卡方值2.706 < 3.841，P值0.100 > α（0.05）。因此，我们有理由保留零假设而拒绝研究假设，即是否应当设立专门的机构约束监督草原生态补偿救济问题的选择不会受到调查对象职业立场的影响。

表4—33　职业与草原生态补偿是否应当有专门的救济部门交叉表

			是否应当有专门的救济部门		总计
			应当	不应当	
职业	牧民	计数	242	38	280
		占职业的百分比	86.4%	13.6%	100.0%
	草原管理人员	计数	179	17	196
		占职业的百分比	91.3%	8.7%	100.0%
总计		计数	421	55	476
		占总计的百分比	88.4%	11.6%	100.0%

表4—34　卡方检验

	值	自由度	渐进显著性（双侧）
皮尔逊卡方	2.706a	1	.100
有效个案数	476		

a.0 个单元格（.0%）的期望计数小于 5。最小期望计数为 22.65。

本题对草原生态补偿是否应当有专门的救济部门总体比例进行估计，公式已在前文说明，在此不再赘述，估计结果和结论如下（见表4—35）。

表4—35　"草原生态补偿是否应当有专门的救济部门"的比率估计

分组	均值	平均值的99%置信区间	
		下限	上限
应当	.884	.847	.922
不应当	.086	.053	.119

卡方检验的结果显示，不同职业在选择是否应当设立专门的机构约束监督草原生态补偿救济问题时无差别，不会因为职业的不同而产生影响。结合样本估计总体，我们有99%的置信度认为应当设立专门的机构约束监督草原生态补偿救济问题的总体比例在84.7%—92.2%之间。这一方面说明草原生态补偿权利

救济缺位，目前缺乏一个专门机构对草原生态补偿权利救济问题进行约束；另一方面也说明目前对草原生态补偿中权利救济问题的关注迫在眉睫，急需建立一套草原生态补偿法律制度来约束监督草原生态补偿中的权利救济问题。

二、草原生态补偿相关法律义务所反映的问题

（一）草原生态补偿主体的应然指向

本部分是针对问卷第二部分第1题进行的统计。由表4—36可见，对于"谁应当成为草原生态补偿主体"这一问题，单一选择政府部门应当成为草原生态补偿主体的人数最多，共计206人，占43.3%。而25.4%的调查对象选择应将草原生态保护的受益者作为补偿主体，21.8%的调查对象认为政府部门、草原生态保护的受益者、草原生态破坏者都应当是草原生态补偿的主体。而单一选择草原生态破坏者作为补偿主体的人数最少，只有9.5%。

本题通过卡方检验分析不同职业的调查对象在选择草原生态补偿主体时有无差别。本题的零假设为：不同职业的调查对象在选择草原生态补偿主体时无差别。研究假设为：不同职业在选择草原生态补偿主体时有差别，即对于草原生态补偿主体的选择会受到职业不同立场的影响。本题分析运用 IBM SPSS Statistics 25 统计软件，绘制出谁应当是草原生态补偿主体与职业的 2×4 交叉表（见表4—37），计算出各个单元格的期望计数和皮尔逊卡方值（见表4—38）。

计算结果如下：皮尔逊卡方值（×2）为 12.656，自由度（df）为 3，$\alpha = 0.05$。此时，渐进显著性（双侧）检测值（P 值）为 0.005，因为卡方检验在自由度为 2 的情况下在 0.05 显著水平（α）上的临界值为 7.815，我们检验所得的卡方值 12.656 > 7.815，P 值 0.005 < α（0.05）。因此，我们有理由拒绝零假设而接受研究假设，即不同职业在选择草原生态补偿主体时有差别，草原生态补偿主体的选择会受到职业不同立场的影响。

表4—36 "草原生态补偿主体"选择情况统计

		频数（人）	百分比	累积百分比
有效	政府部门	206	43.3	43.3
	草原生态保护的受益者	121	25.4	68.7
	草原生态破坏者	45	9.5	78.2
	以上都是	104	21.8	100.0
	总计	476	100.0	

表4—37 草原生态补偿主体选择与职业交叉表

		职业		总计
		牧民	草原管理人员	
政府部门	计数	118	88	206
	占谁应当是草原生态补偿主体的百分比	57.3%	42.7%	100.0%
草原生态保护的受益者	计数	80	41	121
	占谁应当是草原生态补偿主体的百分比	66.1%	33.9%	100.0%
草原生态破坏者	计数	33	12	45
	占谁应当是草原生态补偿主体的百分比	73.3%	26.7%	100.0%
以上都是	计数	49	55	104
	占谁应当是草原生态补偿主体的百分比	47.1%	52.9%	100.0%
总计	计数	280	196	476

表4—38 卡方检验

	值	自由度	渐进显著性（双侧）
皮尔逊卡方	12.656a	3	.005
有效个案数	476		

a.0 个单元格（0.0%）的期望计数小于 5。最小期望计数为 18.53。

本题对谁应当是草原生态补偿主体总体比例进行估计，公式已在前文说明，在此不再赘述，估计结果和结论如下（见表4—39）。

卡方检验结果显示，不同职业在选择草原生态补偿主体时有差别，即牧民和草原管理人员这两种不同身份会影响草原生态补偿主体的选择。在支持政府应当成为补偿主体的比例中，牧民占 57.3%，草原管理人员占 42.7%；在支持政府、草原生态保护的受益者、草原生态破坏者都应当是草原生态补偿主体的比例中，牧民占 47.1%，草原管理人员占 52.9%。根据样本估计总体，在不区分职业的总体估计下，我们有 99% 的置信度认为政府应当是草原生态补偿主体的支持率在 37.4%—49.2% 之间，认为以上主体都应当是草原生态补偿主体的支持率在 16.9%—26.8% 之间。在区分职业的情况下，我们有 99% 的置信度认为牧民支持政府、草原生态保护的受益者、草原生态破坏者都应当是草原生态补偿主体的总体比例在 11.6%—23.4% 之间，草原管理人员支持以上主体都是补偿主体的总体比例在 19.7%—36.4% 之间。这一数据说明草原管理人员更为支持除政府之外的草原生态保护的受益者、草原生态破坏者都应当是草原生态补偿的主体，但就目前的调研数据估计，大部分牧民仍是支持政府作为草原生态补偿的主体。

通过调研组数据分析和实地走访得出三点结论：其一，我国草原生态补偿主体单一。补偿主体限于中央和地方政府，没有充分调动全社会各界对草原的关注和重视的积极性，一些草原生态保护的受益者和草原生态的破坏者没有对草原做出应有的补偿和赔偿。其二，政府在一段时期内仍是草原生态补偿的主要主体。目前由于政府的职能要求和草原特殊的公共物品的属性，造成草原生态补偿的主体在一段时间内仍是以政府为主，但广大牧民对于草原生态补偿主体已经有了多元化的需求和认识，因此应将草原生态保护的受益者和草原生态的破坏者逐渐纳入补偿主体中来。其三，依据数据，选择草原生态破坏者作为补偿主体的人数较少，说明部分牧民还没有意识到草原生态的破坏者应当为破坏草原的行为支付费用，付出代价，对于破坏草原的法律责任意识仍有待加强。

表4—39　不同职业选择"政府部门应当是草原生态补偿主体"的比率估计

分组	均值	平均值的99%置信区间	
		下限	上限
牧民	.421	.345	.498
草原管理人员	.449	.356	.542
总体	.433	.374	.492

不同职业选择"政府部门、草原生态保护受益者、草原生态破坏者都应当是草原生态补偿主体"的比率估计

分组	均值	平均值的99%置信区间	
		下限	上限
牧民	.175	.116	.234
草原管理人员	.281	.197	.364
总体	.218	.169	.268

（二）草原生态补偿主体的义务规定及其履行情况

本部分是针对调查问卷第二部分第2、3题进行的统计分析。关于草原生态补偿主体的义务规定这一问题，由图4—10可见，认为补偿主体义务规定基

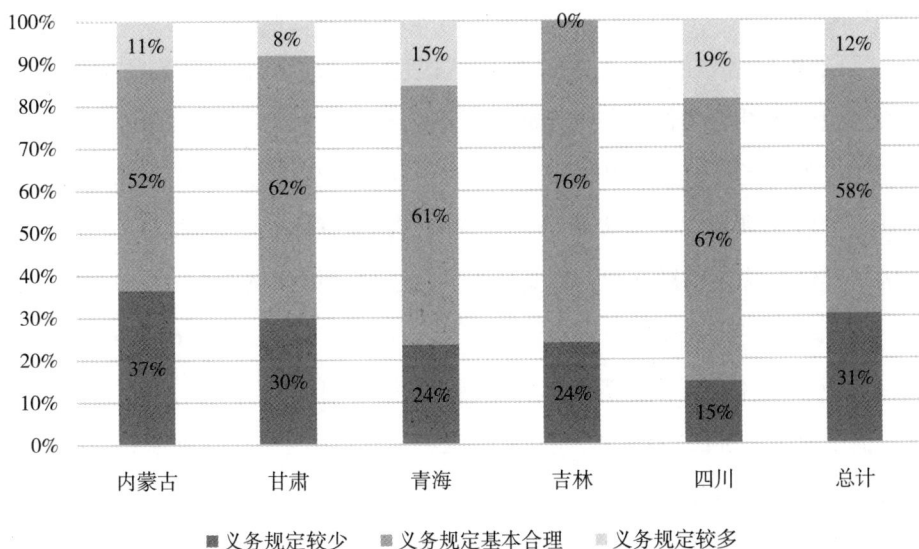

图4—10　各调研地区"草原生态补偿主体义务规定情况"数据统计

本合理的比例占 58%；认为义务较少的比例占 31%；认为补偿主体义务规定较多的占比 12%。本题对不同职业对于草原生态补偿主体义务规定的选择情况是否有影响做了卡方检验，检验的结果卡方值为 2.383，因此保留了零假设，即对于草原生态补偿主体义务规定情况的选择不受牧民和草原管理人员不同职业的影响（检验过程略）。与此同时，本题分别对补偿主体义务规定程度的总体比例进行估计，公式已在前文说明，在此不再赘述，估计结果和结论如下（见表 4—40）。

表 4—40 "草原生态补偿主体义务规定情况"的比率估计

分组	均值	平均值的 99% 置信区间	
		下限	上限
义务较少	.307	.252	.361
基本合理	.578	.519	.636
义务较多	.116	.078	.153

综上所述，关于草原生态补偿主体的义务规定及其履行情况这一问题的分析结论为：

不同调研地区在补偿主体义务规定程度上有所不同，N 自治区有 37% 的调查对象认为补偿主体义务规定较少，而 S 省则只有 15% 的调查对象认为补偿主体义务规定较少。在职业分布上，对于草原生态补偿主体义务规定情况的选择不受牧民和草原管理人员身份的影响。结合样本估计总体比例，我们有 99% 的置信度认为选择补偿主体义务规定较少的总体比例在 25.2%—36.1% 之间，选择补偿主体义务规定基本合理的总体比例在 51.9%—63.6% 之间，选择补偿主体义务规定义务较多的总体比例在 7.8%—15.3% 之间。由此可见，对于目前草原生态补偿中补偿主体的义务规定，有大部分人仍倾向于补偿主体义务规定较少或基本合理。

关于草原生态补偿主体义务履行的情况这一问题，由图 4—11 可见，除了 7% 的调查对象填写不履行外，其余调查对象都选择了基本履行和选择性履行，

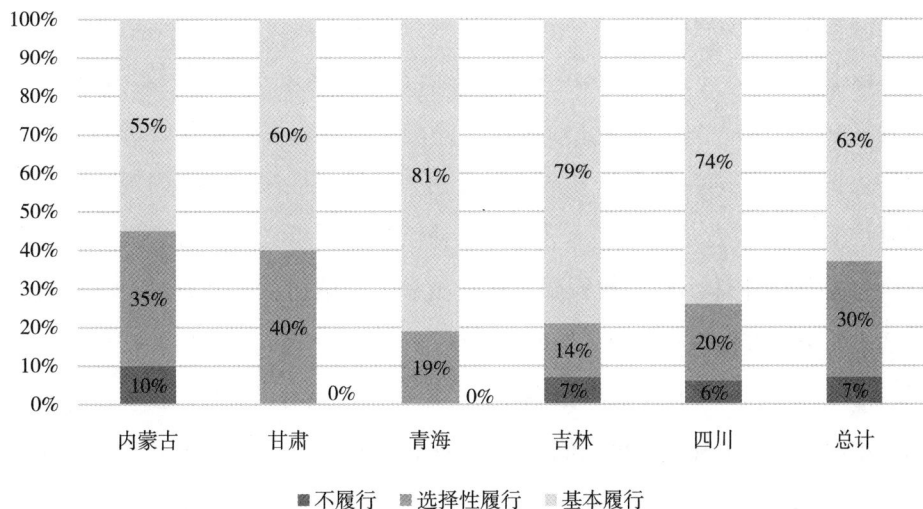

图 4—11　各调研地区"草原生态补偿主体义务履行情况"数据统计

总共占 93%。选择基本履行的人数达 63%,选择性履行的人数达到 30%。本题针对补偿主体义务履行程度的总体比例进行了估计,估计结果和结论如下(见表 4—41)。

表 4—41　"草原生态补偿主体义务履行情况"的比率估计

分组	均值	平均值的 99%置信区间	
		下限	上限
不履行	.069	.039	.099
选择性履行	.300	.246	.355
基本履行	.630	.573	.688

结合样本估计总体比例,我们有 99%的置信度认为在不区分地区的情况下,选择"不履行"补偿主体义务的总体比例在 3.9%—9.9%之间,选择"选择性履行"补偿主体义务的总体比例在 24.6%—35.5%之间,选择"基本履行"补偿主体义务的总体比例在 57.3%—68.8%之间。J 省和 Q 省草原生态补偿主体的义务履行程度更高,分别占本省的 79%和 81%。对于目前草原生态补偿

中补偿主体义务的履行情况，大部分补偿主体能做到选择性履行或基本履行。

以上结论说明：其一，我国对草原生态补偿主体义务规定得较少，草原生态补偿立法不足。对于草原生态补偿主体的义务，主要依靠各省份的《草原生态保护补助奖励政策实施方案》以及相关的地方性法规、部门规章，缺乏国家层面的法律法规。其二，草原生态补偿主体履行义务具有选择性。当草原生态补偿的主体不认真履行限期恢复植被、缴纳罚款等义务时，没有与之相适应的法律责任进行约束，造成草原生态补偿主体履行义务时存在选择性履行的情况。其三，草原生态补偿主体义务履行情况具有区域性。例如，Q省在调研数据中反映出补偿主体都能基本履行相应义务，这说明不同省份的草原立法不尽相同，对补偿主体义务的规定和履行义务情况的监督力度也各有差异。

（三）草原生态补偿对象的义务规定及其履行情况

本部分是针对调查问卷第二部分第 4、5 题进行的统计分析。对于"草原生态补偿对象的义务规定"这一问题，由表 4—42 可见，65.5% 的调查对象选择了基本合理；只有 17.6% 和 16.8% 的调查对象认为义务较少或较多。由此可见，草原地区牧民对于草原生态补偿对象的义务规定基本满意。

本题通过卡方检验分析不同职业的调查对象在选择补偿对象义务规定情况时有无差别。本题的零假设为：不同职业的调查对象在选择补偿对象义务规定情况时无差别。研究假设为：不同职业的调查对象在选择补偿对象义务规定情况时有差别，即职业会影响补偿对象义务规定程度问题的选择。本题分析运用 IBM SPSS Statistics 25 统计软件，绘制出补偿对象义务规定程度与职业的 2×3 交叉表（见表 4—42），计算出各个单元格的期望计数和皮尔逊卡方值（见表 4—43）。

计算结果如下：补偿对象义务规定程度与调研地区关系的皮尔逊卡方值（×2）为 12.392，自由度（df）为 2，α =0.05。此时，渐进显著性（双侧）检测值（P 值）为 0.002，因为卡方检验在自由度为 2 的情况下在 0.05 显著水平（α）上的临界值为 5.991，我们检验所得的卡方值 12.392 > 5.991，P 值 0.002 < α（0.05），因此，在补偿对象义务规定程度与职业关系上我们有理由拒绝零假设而接受研究假设，即职业对补偿对象义务规定程度的选择有影响。

表4—42　职业与草原生态补偿对象义务规定情况交叉表

			补偿对象义务规定			总计
			义务较少	基本合理	义务较多	
职业	牧民	计数	41	179	60	280
		占职业的百分比	14.6%	63.9%	21.4%	100.0%
	草原管理人员	计数	43	133	20	196
		占职业的百分比	21.9%	67.9%	10.2%	100.0%
总计		计数	84	312	80	476
		占总计的百分比	17.6%	65.5%	16.8%	100.0%

表4—43　卡方检验

	值	自由度	渐进显著性（双侧）
皮尔逊卡方	12.392a	2	.002
有效个案数	476		

a.0 个单元格（.0%）的期望计数小于 5。最小期望计数为 32.94。

　　由于卡方检验拒绝了零假设，故本题分别对不同职业补偿对象义务规定程度的总体比例进行估计，公式已在前文说明，在此不再赘述，估计结果和结论如下（见表4—44）。

　　卡方检验的结果显示，不同职业对于草原生态补偿对象义务规定程度的选择有所不同。也就是说，对于补偿对象义务规定程度的选择会受到职业倾向的影响，此题的检验结果与检验补偿主体义务规定程度会不会受职业因素影响的结果不同，补偿主体义务规定程度没有受到职业因素的影响。而由于补偿对象主要为牧民，因此补偿对象义务规定情况在统计结果上受到了职业立场因素的影响。我们分别就不同职业结合样本估计总体比例，我们有99%的置信度认为牧民在选择补偿对象义务规定程度上，认为"义务较少"的总体比例在9.2%—20.1%之间，认为"义务基本合理"的总体比例在56.5%—71.4%之间，认为"义务较多"的总体比例在15.1%—27.8%之间。而草原管理人员在选择补偿对象义务规定程度上，认为"义务较少"的总体比例在14.2%—29.6%之间，认为"义务基本合理"的总体比例在59.2%—76.6之间，认为"义务较多"的总体比例在 4.6%—15.8%之间。由此可见，牧民认为补偿对象义务规定较多的比例大于草原管理人员，而草原管理人员认为补偿对象义务规定较少的比例大于牧民，在补偿对象义务规定程度这一问题上由于职业的不同而产生了差异。根据图 4—12 可知，G 省、Q 省、J 省认为草原生态补偿对象的义务规定程度在"基本合理"上的人数均超过了 70%，而 S 省在选择草原生态补偿对象义务规定较多上占一定比例，N 自治区则有部分人选择草原生态补偿对象义务规定较少。

表 4—44　"牧民选择草原生态补偿对象义务规定情况"的比率估计

分组	均值	平均值的 99%置信区间	
		下限	上限
义务较少	.146	.092	.201
基本合理	.639	.565	.714
义务较多	.214	.151	.278

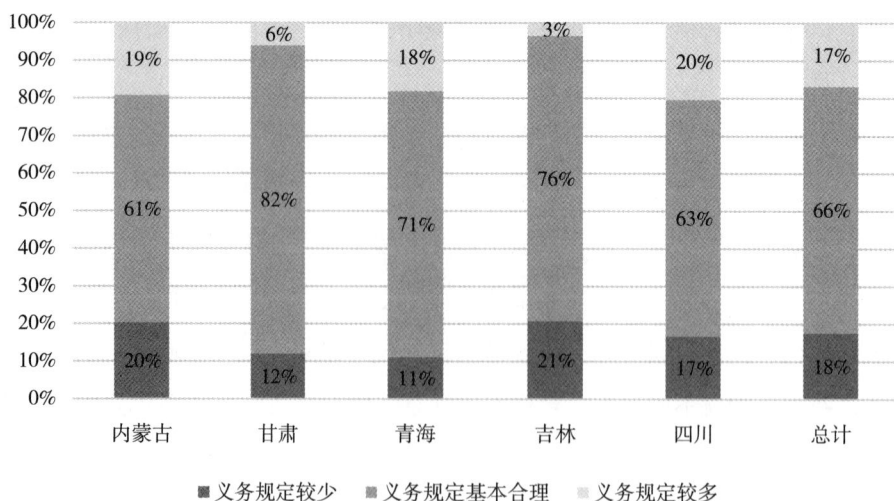

图 4—12　各调研地区"草原生态补偿对象义务规定情况"数据统计

"草原管理人员选择草原生态补偿对象义务规定情况"的比率估计

分组	均值	平均值的99%置信区间	
		下限	上限
义务较少	.219	.142	.296
基本合理	.679	.592	.766
义务较多	.102	.046	.158

对于"草原生态补偿对象义务履行的情况"这一问题，由图4—13可见，共有95%的调查对象选择了基本履行和选择性履行。其中，选择基本履行的人数达65%，选择性履行的人数达到30%。本题针对补偿对象义务履行程度的总体比例进行了估计，公式已在前文说明，在此不再赘述，估计结果和结论如下（见表4—45）。

表4—45　"草原生态补偿对象的义务履行情况"的比率估计

分组	均值	平均值的99%置信区间	
		下限	上限
不履行	.048	.023	.074
选择性履行	.298	.244	.353
基本履行	.653	.597	.710

结合样本估计总体比例，我们有99%的置信度认为在不区分地区的情况下，选择"不履行"补偿对象义务的总体比例在2.3%—7.4%之间，选择"选择性履行"补偿对象义务的总体比例在24.4%—35.3%之间，选择"基本履行"补偿对象义务的总体比例在59.7%—71.0%之间。除N自治区选择基本履行的比例略低之外，大部分省份认为补偿对象义务履行都能达到基本履行的水平，J省和Q省草原生态补偿对象的义务履行程度更高。对于目前草原生态补偿中补偿对象义务的履行情况，大部分补偿对象能做到基本履行，但选择性履行和不履行的情况依然存在。

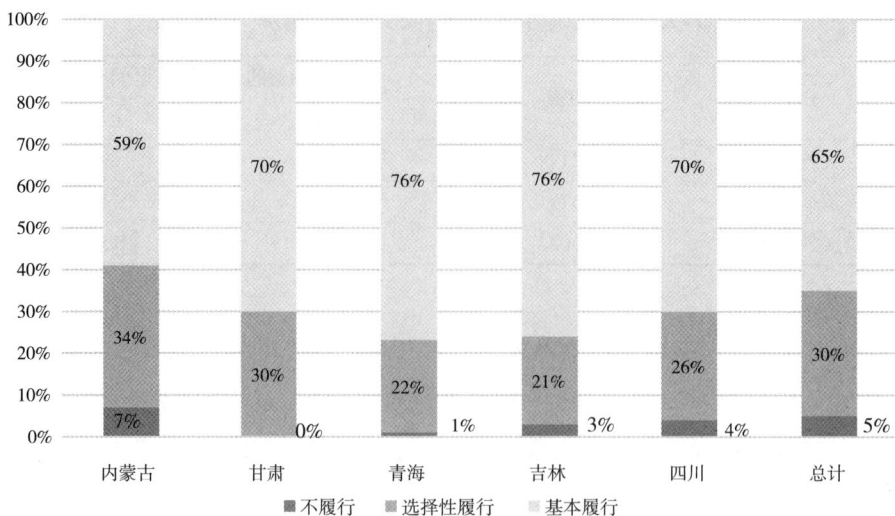

图4—13　各调研地区"草原生态补偿对象义务履行情况"数据统计

三、草原生态补偿相关法律责任所反映的问题

(一)以下行为是否应当追究法律责任

本部分是针对调查问卷第三部分第1、4、5题进行的统计分析。分别从地方政府、草原生态保护的受益者和破坏者、受偿者的角度调查草原生态补偿中的法律责任问题。

1.滞留或没有足额发放草原生态补偿资金的行为

对于滞留或没有足额发放草原生态补偿金的行为,69%的调查对象认为应当追究法律责任,28%的调查对象选择"视情节分别追究民事、刑事责任或给予行政处分"的选项,只有3%的调查对象认为没有必要追究。该题涉及的责任主体是地方政府,说明大部分牧民认为地方政府滞留或没有足额发放草原生态补偿金的行为应当追究法律责任,同时部分牧民对于"法律责任"还有更深刻的理解和认识,选择了"视情节分别追究民事、行政或刑事责任或给予行政处分",表明其法律责任意识更强。

2.草原生态保护的受益者／破坏者没有支付补偿资金的行为

对于草原生态保护的受益者／破坏者给付相应补偿资金是否应当追究法律责任这一问题，60%的调查对象认为应当追究法律责任；37%的调查对象认为应当"视其情节分别追究民事、刑事责任或给予行政处分"，而"没有必要追究"的占比3%。该题涉及的责任主体是应当作为补偿者之一的草原生态保护的受益者和破坏者。

3.拿到草原生态补偿款后不履行或不正确履行义务的行为

对于拿到草原生态补偿款项的受偿者不履行或不正确履行相关禁牧和草畜平衡等义务是否应当追究法律责任这一问题,53%的调查对象选择"应当追究"；39%的调查对象选择"视其情节分别追民事、刑事责任或给予行政处分"；8%认为"没有必要追究"。该题涉及的责任主体是草原生态补偿的受偿者，尽管支持应当追究法律责任的仍占多数，但是调研数据较责任主体是草原生态保护的受益者和破坏者或地方政府时，仍出现了一些微小变化。因为调查对象大多数都是牧民，具有受偿者的身份，少数调研对象是草原管理人员，这其中也有部分属于受偿者，因此出于自身立场，该题与上一道题比较，选择应当追究法律责任的人数比例有所下降，选择没有必要追究法律责任的比例上升，选择视情节追究不同责任的人数比例也大幅度上升。印证了前文所述受偿者不履行或不正确履行保护草原的义务有时是出于无奈。

依据这三道题的调研数据，得出以下结论：第一，调查对象对不同责任主体承担法律责任的容忍度有差异。从高到低依次是地方政府、草原生态保护的受益者和破坏者、受偿者，认为其行为应追究法律责任的比例分别为69%、60%、53%。也就是说，相比于受偿者未正常履行保护草原义务的行为，调查对象普遍认为政府滞留或未足额发放补偿金的行为和草原生态保护的受益者或破坏者不出资的行为更应该追究法律责任。第二，在这三种行为中，认为"草原生态补偿的受偿者不履行或不正确履行禁牧和草畜平衡等保护草原义务"没有必要追究法律责任的比例最大，占8%，这说明在政策落实中补偿对象确实存在这种行为，因此在选择是否应追究责任时选择"没有必要追究"的人数比例才有所上升。

（二）以下行为是否构成犯罪

本部分是针对调查问卷第三部分第2、3题进行的统计分析。主要从国家工作人员在进行草原生态补偿时的行为是否构成犯罪的角度进行法律责任分析。

1.侵吞、窃取草原生态补偿资金的行为

由图4—14可见，针对私自侵吞、窃取草原生态补偿资金是否构成犯罪这一问题，63%的调查对象认为"应当构成犯罪"，另33%的调查对象认为应当分析具体情形，认为达到一定的数额才能构成犯罪，因而选择"数额较大构成犯罪，数额较小的应当追究民事或给予行政处分"的选项。其余4%的调查对象认为该行为不应当构成犯罪。

2.截留、挪用草原生态补偿资金的行为

由图4—15可见，针对"截留、挪用草原生态补偿资金是否构成犯罪"这一问题，在数据统计上与上一道题相差不多。有61%的调查对象认为"应当构成犯罪"；另35%的调查对象认为"数额较大构成犯罪，数额较小的应当追究民事或给予行政处分"；其余4%的调查对象认为该行为不应当构成犯罪。

通过以上两道题的调研数据，我们可以得到以下结论：第一，对于私自侵吞、窃取、截留、挪用草原生态补偿资金的行为，63%的调查对象认为应当视为犯罪。目前《刑法》中仅规定了"挪用特定款物罪"，该罪的客体要件是否包括草原生态补偿金还有待进一步研究；在《草原法》中也仅有第六十二条规定了"截留、挪用草原改良、人工种草和草种生产资金或者草原植被恢复费，构成犯罪的，依法追究刑事责任"。因此，私自侵吞、窃取、截留、挪用草原生态补偿金行为的法律责任亟待明确。第二，两道题各有4%的调查对象选择了"不应当构成犯罪"，说明这两种行为确实存在于草原补奖政策落实的过程中。第三，无论是选择"应当构成犯罪"，还是选择"数额较大构成犯罪，数额较小的应当追究民事或给予行政处分"，这两种选择均代表着草原牧区的牧民和草原基层管理人员普遍具有较强的法律意识和责任意识，这对草原补奖政策的执行和监督工作十分有利。

（三）以下行为是否应追究刑事责任

本部分是针对调查问卷第三部分中的第6、7题进行的统计分析。分别从发放补偿资金的国家工作人员和其他普通大众的角度调查草原生态补偿的法律责任问题。

1.以虚报、冒领等手段骗取草原生态补偿资金的行为

针对以虚报、冒领等手段骗取草原生态补偿资金是否追究刑事责任这一问题，65%的调查对象认为应当追究刑事责任；33%的调查对象认为该行为应当"视其情节分别追究民事、刑事责任或给予行政处分"；其余3%的调查对象选择"没有必要追究"。

2.发放草原生态补偿资金时玩忽职守、滥用职权、徇私舞弊的行为

由图4—20可见，针对发放草原生态补偿资金的工作人员玩忽职守、滥用职权、徇私舞弊是否应当追究刑事责任这一问题,63%的调查对象选择应当"追

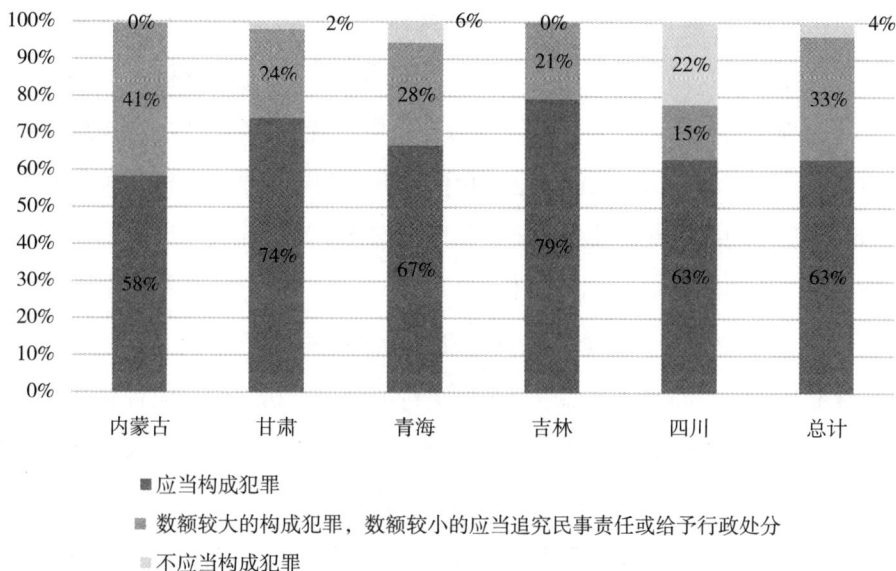

图4—14　各地区针对"私自侵吞、窃取草原生态补偿资金的行为应否构成犯罪"数据统计

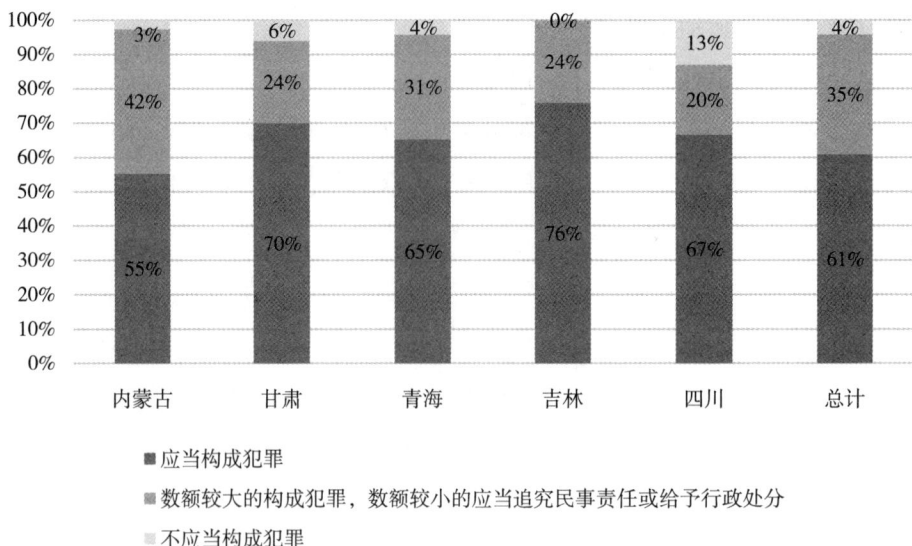

图4—15　各调研地区针对"截留、挪用草原生态补偿资金的行为应否构成犯罪"数据统计

究刑事责任";34%的调查对象选择应当"视其情节分别追究民事、刑事责任或给予行政处分"。其余3%的调查对象选择"没有必要追究"。通过以上两道题的调研数据，我们可以得到以下结论：无论行为主体是国家机关工作人员还是无特殊身份的行为人，对于草原生态补偿中出现的冒领、虚报或徇私舞弊、滥用职权等行为均应追究法律责任，但同前几个问题的结论一样，对于这些行为的法律责任问题目前还缺乏明确的草原生态补偿法律制度予以规定，因此草原生态补偿法律制度建设迫在眉睫。

（四）应否制定草原生态补偿资金发放程序相关法律

本部分是针对问卷第三部分第8题进行的统计分析。对于应否制定草原生态补偿资金发放程序的相关法律这一问题，参与本次调查的476人中有458人认为应当制定相关法律，比例达到96.2%。这说明目前草原生态补偿资金发放程序缺乏统一的规定，均由各省份自行设定，草原生态补偿资金发放程序急需以明确的法律制度的形式确定下来，因此，制定与之相关的法律具有十分重要的意义。

　　根据样本估计总体，我们有99%的置信度认为应当制定草原生态补偿资金发放程序的相关法律的总体比例分别在94.0%—98.5%之间，换言之，在99%的置信度下，在全体牧民和草原管理人员中将有94.0%—98.5%的人支持应当制定规范草原生态补偿资金发放程序的相关法律（见表4—47）。

表4—46　"应否制定规范草原生态补偿资金发放程序的相关法律"数据统计

		频数（人）	百分比	累积百分比
有效	应当	458	96.2	96.2
	不应当	9	1.9	98.1
	无所谓	9	1.9	100.0
	总计	476	100.0	

表4—47　"应否制定规范草原生态补偿资金发放程序的相关法律"的比率估计

分组	均值	平均值的99%置信区间	
		下限	上限
应当	.962	.940	.985
不应当	.019	.003	.035
无所谓	.019	.003	.035

第三节　中国草原生态补偿法制调研结论归纳

　　本节以前述第二节草原生态补偿法制调研统计分析为依据，将其中以调研数据为支撑而形成的表格和图形所反映出来的拟调研问题的结果，即草原生态补偿相关法律权利、草原生态补偿相关法律义务和草原生态补偿相关法律责任三个方面反映的问题，予以进一步梳理归纳形成最终的调研结论。总体来看，调研结论与前述第三章草原生态补偿法律制度现状检讨中的问题分析与检讨具有实质的一致性，印证了前文的学理分析。同时具体调研结论归纳如下。

一、在草原生态补偿相关法律权利方面的调研结论

（一）草原生态补偿应当法制化获得普遍认同

通过学理分析，我们得出我国草原生态补偿问题的根源主要在于法制不足、草原生态补偿法制建设亟须加强的结论。调研结论也印证了草原生态补偿应当加快法制建设的观点。

调研数据统计结果显示，在99%的置信度下，在全体牧民和草原管理人员中将有93.4%—98.2%的人支持草原生态补偿应当法制化。在职业分布上，草原管理人员比牧民更支持草原生态补偿法制化。同时，调研数据还可得出另一结论：不同职业的调查对象在参与草原生态补偿立法的意愿上不存在明显差异，参与立法的意愿不会因牧民和草原管理人员身份的不同而受到影响，在全体牧民和草原管理人员中将有88.8%—95.2%的人愿意参与草原生态补偿相关立法工作。

这两个问题的数据统计不仅说明本课题具有较高的理论价值和实践意义，以及学术研究的必要性，同时还说明草原生态补偿应当法制化的问题在草原牧区得到了广大牧民和草原管理人员的普遍认同和支持，而且牧民和草原管理人员普遍愿意参与到草原生态补偿的立法工作中来，说明草原生态补偿法制化问题具有广泛的社会基础，草原生态补偿已经不是立不立法的问题，而是必须加快立法的问题。

（二）部分草原存在权属不清边界不明的问题

通过学理分析，我们得出我国草原权属基本明确，但是部分草原权属不清边界不明，调研结论也证实了这一学理分析。调研数据统计结果和访谈内容显示，在99%的置信度下，我国草原权属基本明确的总体比例在72.8%—82.7%之间。

目前我国草原权属总体基本明确，但部分草原权属有待进一步明确。具体表现为以下四个方面：其一，就调研的五省份来看，不同省份之间草原权属明确程度存在差异。四川省和甘肃省在草原权属明确方面较其他省区更好一些。

其二，草原权属不明确的问题主要集中于家庭草牧场面积较小（100亩以下）的调查对象中，家庭草牧场面积越大（500亩以上）的调查对象认为草原权属明确的程度越高。其三，由于草原产权中多种权利性质不明晰，导致草原生态补偿的权利人范围较小，部分草原未得到较合理的生态补偿。目前我国草原生态补偿的对象是具有承包经营权的牧民，而部分未被承包出去的草原实际上也有代管人或者使用人，但其因没有承包权而领取不到任何补偿款，在这草场附近依旧有部分牧民进行偷牧，这不仅造成了这部分草场生态的破坏，而且造成的代管企业的损失也无法补偿。其四，部分草原边界有待进一步明确。虽然大部分草原已经完成了草原确权工作，但是在牧民实际放牧的过程中，由于行政区划界线的人为性和牲畜饲养的移动性，造成牧民对自家草场的实际边界不明晰，草畜平衡区和禁牧区未做很好区分，影响了草原保护的效果。

（三）草原生态补偿对象、标准、方式、发放及来源等具体要素的调研结论与学理分析同样具有较高的吻合度，同时在补偿信息与权利救济方面发现新问题

草原生态补偿相关法律权利、相关法律义务、相关法律责任是草原生态补偿法律制度建设的核心内容，草原生态补偿中的几个基本要素，即草原生态补偿对象、标准、方式、发放及来源等内容都关乎草原生态补偿相关主体的权利问题，与法律权利问题密切相关，因此，将上述内容归并在草原生态补偿相关权利方面，同时把补偿信息与权利救济方面发现新问题也归并于此。

1.草原生态补偿的对象（受偿者）仍然应当以草原生态保护的贡献者为主，但是要将生态产业的建设者与生态保护中的受损者扩大进来。

调研数据统计结果显示，有超过半数（58.0%）的调查对象选择草原生态补偿的对象应为草原生态保护的贡献者。目前，广大草原牧区的地方政府和农牧民作为草原生态保护的主要贡献者，通过禁牧与减畜等途径恢复和保护草原生态环境，承担着草原生态保护的重要任务，也为此付出了许多直接和间接成本，因此未来草原生态补偿的重点补偿对象仍然应当是以农牧民和当地政府为主的草原生态保护的贡献者，这是合理的。此外，分别有42.6%和38.7%的调查对象认为草原生态产业的建设者和草原生态保护的受损者也应当为草原生态补偿的对象。因为草原生态保护中的受损者和草原生态产业的建设者也为草原保护作出了较大的贡献，应当逐渐纳入草原生态补偿对象中来。

2. 目前我国草原生态补偿标准偏低且补偿标准未能因地制宜，补偿标准是仅以牧民的直接经济损失为依据设计的，没有考虑草原生态系统服务价值和发展机会成本等因素。

调研数据统计结果和实地访谈结果显示，导致补偿标准偏低的原因多种多样。例如，补偿标准未将牧民保护草原的直接成本、间接成本和减畜机会成本全部纳入补偿标准中，未充分考虑不同草原地区复杂的经济、社会、自然情况等。据此，补偿标准有必要重新调整。调研数据统计结果显示，补偿标准设立依据的支持度从高到低分别为草原生态系统服务价值（54.8%）、草原生态保护者的投入（49.3%）、草原生态破坏的恢复成本（45.0%）和草原生态保护受益者的收益（37.4%）。因此，在未来调整草原生态补偿标准时，除了仍然应当主要参考牧民的直接经济损失之外，还要侧重考虑草原生态系统的服务价值、草原生态保护者的投入和机会成本（如牧民围栏、圈棚方面的投资和因为禁牧所导致的发展权丧失的补偿）、草原生态破坏的恢复成本（草原开矿者后续填补草原的恢复成本等）和草原生态受益者的收益（如草原保护的受益区域和受益者因草原保护后得到的经济效益）。

3. 目前我国草原生态补偿方式主要是货币，比较单一，应当采取包括货币、实物、政策、技术等多种类型的补偿方式。

调研数据统计结果显示，在99%的置信度下，全体牧民和草原管理人员选择草原生态补偿方式基本合理的总体比例在54.9%—66.5%之间，不太合理的比例在33.5%—45.1%之间。由此可见，大部分调查对象对目前草原生态补偿方式基本满意，但是还有部分调查对象认为目前以货币补偿为主的补偿方式过于单一，应当更为多元化。调研数据统计结果显示，有75%的调查对象倾向于货币补偿，目前货币补偿应当是草原生态补偿最为主要和有效的补偿方式。除货币补偿外，其他补偿方式选择的人数也超过了30%，排名前几位的补偿方式为产业扶持、政策支持、项目支持。这说明随着国家各种惠农惠牧政策的出台，技术培训、创业项目等多元化的补偿方式才更符合未来草原生态补偿的需求。

4.关于草原生态补偿的发放，牧民更支持补偿资金一次性发放，而草原管理人员更支持补偿资金周期性发放。

调研数据统计结果显示，在99%的置信度下，牧民支持一次性发放补偿资金的总体比例在57.2%—72.1%之间，草原管理人员支持周期性发放补偿资金在54.3%—72.2%之间。在不区分职业的总体估计下，有99%的置信度认为补偿资金周期性发放的支持率在40.9%—52.8%之间，补偿资金一次性发放的支持率在47.2%—59.1%之间。由此可见，补偿资金一次性发放的方式支持率更高。由于周期性和一次性发放补偿资金各有利弊，因此对于应当采用何种补偿资金发放方式我们不做定论，而是建议应当依据各省份生产生活实际需要进行选择。

5.关于草原生态补偿的来源，未来的草原生态补偿资金渠道应当多元化，补偿资金应当从政府独立承担转变为政府、社会、市场和相关个人共同承担。

调研数据统计结果显示，在99%的置信度下，调查对象支持政府独立承担补偿资金总休的比例在36.0%—47.7%之间，支持政府、社会、市场和相关个人共同承担补偿资金总体的比例在52.3%—64%之间。由此可见，单纯地依靠政府财政进行草原生态补偿已有些力不从心，只有多元化、市场化的融资渠道才能满足补偿对象对于补偿资金的需求，因此，多元化的补偿主体和市场化的补偿渠道应当是草原生态补偿未来的发展趋势。

6.草原生态补偿信息相对公开透明，但尚未达到完全公开透明的程度。

调研数据统计结果显示，在99%的置信度下，我国草原生态补偿信息完全公开透明的总体比例在77.6%—86.7%之间。目前草原生态补偿的信息公开除依靠各省市自己制定的政策进行信息公开外，缺乏明确的法律法规对草原生态补偿信息公开进行规范。就调研的五省份来看，不同省份的信息公开程度有所不同，四川省、甘肃省和青海省的调查对象对本地区的草原生态补偿信息公开程度满意度较高。

7.草原生态补偿权利救济监督机构缺失，需要设立专门的机构对草原生态补偿的权利进行救济、约束和监督。

调研数据统计结果显示，在99%的置信度下，全体牧民和草原管理人员选择"应当设立专门的机构约束监督草原生态补偿救济问题"的总体比例在84.7%—92.2%之间。这说明草原生态补偿权利救济缺位，目前缺乏一个专门机构对草原生态补偿权利进行救济，同时也亟须建立起一套草原生态补偿法律制度来约束监督草原生态补偿中的权利救济问题。

二、在草原生态补偿相关法律义务方面的调研结论

草原生态补偿法律义务主要集中于补偿主体和补偿对象，具体表现为补偿主体中草原生态保护的受益者出资补偿的义务和草原生态破坏者支付费用的义务，以及补偿对象（牧民）退牧还草、禁牧休牧和落实草畜平衡的义务。

（一）政府应当成为草原生态补偿主体，但是补偿主体单一，需要多元化

调研数据统计结果显示，在不区分职业的总体估计下，有99%的置信度认为政府应当是草原生态补偿主体的支持率在37.4%—49.2%之间，认为政府部门、草原生态保护的受益者、草原生态破坏者都应当是草原生态补偿主体的支持率在16.9%—26.8%之间。这说明由于政府的职能要求和草原特殊的公共物品的属性，政府在一段时间内仍是草原生态补偿的主要补偿主体，但牧民们对于草原生态补偿的补偿主体已经有了多元化的需求和认识，单一的补偿主体已经难以满足草原生态补偿的需要，因此应将草原生态保护的受益者和草原生态的破坏者等主体也逐渐纳入补偿主体中来。同时，据调研数据统计结果显示，有99%的置信度认为牧民支持政府部门、草原生态保护的受益者、草原生态破坏者都应当是草原生态补偿主体的总体比例在11.6%—23.4%之间，草原管理人员支持以上主体都是补偿主体的总体比例在19.7%—36.4%之间。这一数据说明草原管理人员更支持草原生态补偿主体多元化，而大部分牧民仍支持政府部门作为草原生态补偿的主体。

调研结论显示，政府应当成为草原生态补偿主体，但是，目前我国草原生态补偿主体单一，应当广泛调动社会各界参与，引入多元化的补偿主体。

（二）草原生态补偿主体的义务规定基本合理，能够基本履行，也有选择性履行的

调研数据统计结果显示，在99%的置信度下，全体牧民和草原管理人员选择"补偿主体义务规定较少"的总体比例在25.2%—36.1%之间，选择"补偿主体义务规定基本合理"的总体比例在51.9%—63.6%之间，选择"义务规定较多"的总体比例在7.8%—15.3%之间。可见，对于目前草原生态补偿中补偿主体的义务规定，大部分人仍然倾向于补偿主体义务规定基本合理，部分人认为义务规定较少。形成这一问题的主要原因是目前各省主要依靠本省的《草原生态保护补助奖励政策实施方案》以及各省制定的《草畜平衡管理办法》《禁牧管理办法》等地方性法规、部门规章对草原生态补偿主体的义务进行规定，缺乏国家层面的法律法规对其进行规制。同时，有99%的置信度认为全体牧民和草原管理人员选择"补偿主体不履行义务"的总体比例在3.9%—9.9%之间，"选择性履行义务"的总体比例在24.6%—35.5%之间，"基本履行义务"的总体比例在57.3%—68.8%之间。

调研结论显示，目前我国草原生态补偿主体的义务规定基本合理，补偿主体能够基本履行义务，但是由于无明确的"草原生态补偿条例"或与草原生态补偿相关的法律对草原生态补偿主体的义务进行规定，也有选择性履行。不同省份对于义务规定程度存在差异。

（三）草原生态补偿对象的义务规定基本合理，能够基本履行，也有选择性履行的

调研数据统计结果显示，在99%的置信度下，牧民和草原管理人员在选择补偿对象义务规定程度上，认为"义务较少"的总体比例分别在9.2%—20.1%、14.2%—29.6%之间，认为"义务基本合理"的总体比例分别在56.5%—71.4%、59.2%—76.6%之间，认为"义务较多"的总体比例分别在15.1%—27.8%和4.6%—15.8%之间。由于补偿对象主要为牧民，而我们的调

研对象中牧民的比例较高，因此牧民认为补偿对象义务规定较多的比例大于草原管理人员，而草原管理人员认为补偿对象义务规定较少的比例大于牧民。同时，有 99% 的置信度认为牧民"不履行"补偿对象义务的总体比例在 2.3%—7.4% 之间，"选择性履行"义务的总体比例在 24.4%—35.3% 之间，"基本履行"义务的总体比例在 59.7%—71.0% 之间。除内蒙古选择基本履行的比例略低之外，大部分省份认为补偿对象都能做到基本履行补偿义务，吉林省和青海省草原生态补偿对象的义务履行程度更高。

调研结论是，目前我国草原生态补偿对象的义务规定基本合理，但不同职业对于草原生态补偿对象义务规定程度的选择有所不同；草原生态补偿对象能够基本履行退牧还草、禁牧、休牧和落实草畜平衡等义务，但选择性履行和不履行的情况仍然存在。

三、在草原生态补偿相关法律责任方面的调研结论

（一）补偿主体和补偿对象未履行或不正确履行义务的都应当追究法律责任，滞留或没有足额发放草原生态补偿资金的单位或个人也要追究法律责任

调研数据统计结果显示，不同主体不履行草原生态补偿相关义务都要承担相应的法律责任，但调查对象对不同主体承担相关法律责任的容忍度有差异。具体表现为：对于滞留或没有足额发放草原生态补偿资金的单位或个人、草原生态保护的受益者/破坏者未给付相应补偿资金的、拿到补偿款后不履行或不正常履行保护草原义务的补偿对象，都应当因为没有履行或不正确履行义务而承担法律责任。调查对象对不同责任主体承担法律责任的容忍度从低到高依次是：地方政府、草原生态保护的受益者/破坏者、受偿者。对于"滞留或没有足额发放草原生态补偿金"的行为，涉及的责任主体是地方政府，选择其行为应追究法律责任的比例为 69%；对于"草原生态环境保护的受益者/破坏者没有给付相应补偿资金"这一行为，涉及的责任主体是应当作为补偿者之一的草原生态保护的受益者和破坏者，选择其行为应当追究法律责任的比例为 60%；

对于"获得草原生态补偿款项的受偿者不履行或不正确履行退耕还草、禁牧、休牧和草畜平衡等保护草原义务"这一行为，涉及的责任主体是草原生态补偿的受偿者，而受偿者又主要以牧民为主，因此选择其行为应追究法律责任的比例最低，为53%。也就是说，相比于受偿者未正常履行保护草原义务的行为，调查对象普遍认为政府滞留或未足额发放补偿金的行为和草原生态保护的受益者或破坏者不出资的行为更应该追究法律责任。

（二）侵吞、窃取草原生态补偿资金的行为和截留、挪用草原生态补偿资金的行为，都应当构成犯罪

调研数据统计结果显示，针对"私自侵吞、窃取草原生态补偿资金"这一行为，63%的调查对象认为"应当构成犯罪"，另33%的调查对象认为应当分析具体情形，达到一定的数额才能构成犯罪，因而选择"数额较大构成犯罪，数额较小的应当追究民事或给予行政处分"这一选项；针对"截留、挪用草原生态补偿资金"这一行为，有61%的调查对象认为"应当构成犯罪"；另35%的调查对象认为"数额较大构成犯罪，数额较小的应当追究民事或给予行政处分"。两道题各有4%的调查对象选择了"不应当构成犯罪"，这也反向说明这两种行为确实存在于草原补奖政策落实的过程中。目前我国《刑法》中有四个相关罪名，即第382条规定的"贪污罪"、第384条规定的"挪用公款罪"、第272条规定的"挪用资金罪"、第273条规定的"挪用特定款物罪"，这四个罪名的犯罪构成能否涵盖上述两种行为，还有待进一步研究；同时《草原法》还有一个相关罪名，即第62条规定了"截留、挪用草原改良、人工种草和草种生产资金或者草原植被恢复费，构成犯罪的，依法追究刑事责任。"该罪是否能涵盖截留、挪用草原生态补偿资金，也需要进一步研究。

（三）以虚报、冒领等手段骗取草原生态补偿资金的行为和发放草原生态补偿资金时玩忽职守、滥用职权、徇私舞弊的行为，都应当追究刑事责任

调研数据统计结果显示，针对"以虚报、冒领等手段骗取草原生态补偿资金"这一行为，65%的调查对象认为应当追究刑事责任；33%的调查对象认为该行为应当"视其情节分别追究民事、刑事责任或给予行政处分"。针对"发放草原生态补偿资金的工作人员，在生态补偿工作中玩忽职守、滥用职权、徇私舞弊"这一行为，63%的调查对象选择应当"追究刑事责任"；34%的调查对象选择应当"视其情节分别追究民事、刑事责任或给予行政处分"。对此，目前我国《刑法》中有三个相关罪名，即《刑法》第266条规定的"诈骗罪"、《刑法》第397条规定的"滥用职权罪"和"玩忽职守罪"，但是这三个罪名的犯罪构成要件能否涵盖上述两类行为，也需要进一步研究。

（四）应当制定草原生态补偿资金发放程序的相关法律

调研数据统计结果显示，针对草原生态补偿资金发放程序这一问题，有99%的置信度认为全体牧民和草原管理人员选择"应当制定规范草原生态补偿资金发放程序的相关法律"的总体比例在94.0%—98.5%之间，换言之，在99%的置信度下，在全体牧民和草原管理人员中将有94.0%—98.5%的人支持应当制定规范草原生态补偿资金发放程序的相关法律，这说明目前草原生态补偿资金发放程序缺乏统一的法律规定，草原生态补偿资金发放程序亟须以明确的法律对其进行规范。

本章小结

本章从草原生态补偿法制调研设计概述、统计分析和结论归纳三个方面直观地展现了课题组实证调研的全貌。我们选取了内蒙古、甘肃、青海、吉林、四川五个实施"草原补奖"政策的省区，包括科尔沁草原、呼伦贝尔草原、抓喜秀龙草原、祁连山草原、甘肃肃北荒漠草原、吉林西部草原、四川若尔盖草原等七个具有代表性的草原牧区，涉足内蒙古赤峰市巴林右旗及其查干沐沦苏木与晒罕乌拉自然保护区、内蒙古赤峰市翁牛特旗及其乌丹镇、内蒙古通辽市扎鲁特旗、内蒙古呼伦贝尔市陈巴尔虎旗、甘肃省兰州市、甘肃省武威市天祝县及其南泥沟村、青海省海北藏族自治州祁连县及其峨堡镇、甘肃省酒泉市肃北蒙古族自治县、吉林省白城市洮北区、白城市镇赉县、四川省阿坝州若尔盖县唐克镇、四川省阿坝州若尔盖县阿西乡等近二十个市、县（旗）、乡镇（苏木嘎查）、村。调研方式主要是座谈、发放问卷，入户走访牧民，将调研问卷所设置的问题归结为三类，即草原生态补偿相关法律权利、草原生态补偿相关法律义务、草原生态补偿相关法律责任，运用已经回收问卷（回收476份，发放479份）中的答案和面对面走访调研记录获得的数据，采用Z分布用样本估计总体比例和非参数检验方法中的卡方检验以及相关性的非参数性测量等统计方法，以表格和图形的形式分析和表示各种调研数据所反映出来的问题，形成调研结论。调研结论显示：草原生态补偿必须法制化、草原生态补偿实践存在诸多问题的主要成因是法制缺失缺陷，具体表现为草原生态补偿相关法律权利有时难以有效兑现、草原生态补偿相关法律义务缺少法律监督、草原生态补偿相关法律责任基本无法追究。同时结合调研问卷，发现并确认一些新的问题，例如在草原生态补偿法律责任方面，确认：一、补偿主体和补偿对象未履行或不正确履行义务的都应当追究法律责任，滞留或没有足额发放草原生态补偿资金的单位或个人也要追究法律责任。二、侵吞、窃取草原生态补偿资金的行为与截留、挪用草原生态补偿资金的行为，都应当构成犯罪。三、以虚报、冒领等手段骗取草原生态补偿资金的行为与发放草原生态补偿资金时玩忽职守、滥用职权、徇私舞弊的行为，都应当追究刑事责任。四、应当制定草原生态补偿资金发放程序的相关法律。总之，调研结论与学理分析的结论具有实质的一致性，足以印证了学理分析的结论。

第五章　域外草原生态补偿考察与借鉴

生态补偿理论与实践都起源于国外的探索，因此，在我国草原生态补偿法律制度建设的进程中对于域外经验的借鉴十分必要。但是，国外的理论与实践未必完全正确，也无法在我国的本土背景下全部照搬过来。况且比较研究不是本课题的主要研究方法和研究方向，所以在介绍域外的相关理论与实践概况时，只做概括的比较，希望在比较中辩证地适当地借鉴域外经验。需要说明的是，基于文献的局限性，我们的比较也是有局限的。

第一节　域外草原生态补偿相关领域考察

域外对生态补偿理论的探讨大多是针对整体性生态补偿而言的，在生态补偿实践方面虽然区分了具体的生态要素，但实践成效较突出的却反映在非草原生态要素领域。因此，本节在介绍域外草原生态补偿的实践及法制概况前，先行介绍域外整体性生态补偿的基本理论和其他重点领域的生态补偿实践概况。

一、域外生态补偿基本理论概况

域外对生态补偿基本理论的研究主要集中在对生态补偿的运行构造进行解构，在探寻生态补偿理论基础的前提下，具体分析生态补偿的核心要素该如何设定。当然，也有研究者关注的是生态补偿的其他衍生问题，例如有德国学者从生态政治经济学角度出发，研究国际生态系统服务付费制度对热带国家原住民造成的影响，进而在分配权公平之外，特别关注了生态补偿的特许权公平问题。[①] 这样的研究是一种独特的视角，由此可见国外生态补偿理论研究的范围极其之广。当然，本课题主要是以法学视角来研究草原生态补偿的法制建设问题，虽然势必要借鉴大量的经济学领域的成果，但类似于前述生态政治经济学视角的研究却很少会涉及。在经济学领域研究生态补偿的核心问题方面，生态补偿的理论基础，如公共产品理论、外部性理论等将在第六章中予以介绍，此处着重介绍的是域外对于生态补偿概念解读的各种理论概况。

域外对于生态补偿的称谓不同于我国，大多使用的是生态系统服务付费（PES）[②]。虽然大体而言域外的生态补偿偏向市场型，我国目前的生态补偿偏向政策性，但这并不代表着国外学者对生态补偿概念及核心要素的认识是统一的。事实上，国外学者在生态补偿概念方面有多种理论主张，这些理论主张具体表现为对生态补偿核心要素的认识各有所见，进而使生态补偿的运行构造显得多种多样。几种主要的理论主张如下表所示：

---

① Katharine N. Farrell: "Intellectual Mercantilism and Franchise Equity: A Critical Study of the Eco-logical Political Economy of International Payments for Ecosystem Services", Ecological Econom-ics, Vol.102, (2014), pp.137-146.

② 当然，也有使用"生态系统效益付费"（PEB）的称谓，但通过查找外文资料来看，使用"PES"称谓的要远比使用"PEB"称谓的多。

表5—1 域外生态系统服务付费概念核心要素汇总

	Wunder	Noordwijk	Porras	Sommerville	Swallow	Muradian	Shelley	Karsenty	Tacconi
提出年份	2005	2007	2008	2009	2009	2010	2011	2011	2012
交易术语	买卖	补偿奖励	买卖	补偿奖励	补偿奖励	激励	补偿奖励	付费	付费
需求方	买方	—	用户/买方/政府	—	受益者,中介方	社会一方	受益者	代理人	—
提供方	卖方	管理人	提供者/卖方	提供者	管理人	社会一方	管理人	代理人	提供者
标的	环境服务	环境服务	生态+外部性	环境服务	环境服务	土地使用方式	生态系统	环境服务	环境服务
对价	有	有	有	有	—	—	有	有	有
意思自治	双方	双方	提供方	—	—	—	—	—	提供方
环境改造	—	有效降低威胁	—	有	—	—	—	—	有
社会影响	—	扶贫	—	—	—	社会利益	—	—	—
其他特征	环境服务定义清晰	包括联合投资,认证	政府作为中介方	与制度环境变化相关	包括联合投资	—	管理权转让	关注环境服务的提升	—

从上表可以看出，国外学者在生态补偿概念界定上的异同，具体表现在对生态补偿核心要素存在多种认识，从而使国外生态补偿的基本理论呈现出多姿多彩的特点。从几个关键要素来看，国外学者对生态补偿过程的交易术语，即生态补偿的实质属性的认识首先便有着很大的差别。作为生态补偿理论的重要贡献者，Wunder 认为生态补偿就是一种针对生态系统服务的买卖，[①]这样的观点同样得到了 Porras 的认同。而 Karsenty 和 Tacconi 虽然认为生态补偿的交易术语应定义为"付费"，但这大体上与定义为"买卖"有着相似的看法。与此不同的是，另有学者将生态补偿视作一种补偿奖励或者是激励方式，例如 Noordwijk 较早就提出生态补偿不仅是一个交易买卖的过程，其实质还是一种对保护生态环境者的补偿奖励手段，其中还包括一些附加的社会影响，例如可以起到扶贫的效果。[②]而在生态补偿的主体方面，国外学者们将其具体划分为"需求方"和"提供方"进行分析，大体上相当于我国理论界所指称的生态补偿的"补偿主体"和"受偿主体"。国外学者对主体问题的认识在结论上虽然存在差别，但基本是以经济学的视角、以生态补偿的经济属性和运行构造为出发点，提出了主体的认定依据。其中值得注意的是，Porras 认为，生态补偿的需求方应当包含政府一类主体，[③]这与我国目前实行的政策性生态补偿制度有着一定的契合关系。主体之后对应的是标的问题，国外学者所指的生态补偿的"标的"大体相当于我国所指称的生态补偿的"客体"。在标的问题上，国外学者的认识基本趋同，都认为生态补偿无论是从买卖交易出发，还是从补偿激励出发，其所指向的都是环境服务，当然在具体表述上可能部分学者的看法更加细致。可见，在国外学者眼里基本是将生态环境所能提供的服务价值作为了生态补偿的标的，这样的认识虽然

---

①　Wuder.S: "Payments of Environmental Services: Some Nuts and Bolts", CIFOR Occasional Paper, 2005, p.24.

②　Noordwijk.M: "Criteria and Indicators for Environmental Service Reward and Compensation Mechanisms: Realistic, Voluntary, Conditional and Pro-poor", World Agroforestry Center, 2007.

③　Porras. I: "All the Glitters: A Review of Payments for Watershed Services in Developing Countries", IIED, London, 2008.

从经济运行的角度来看无可厚非，但在某种程度上难免带有一些人类的主体性视阈，缺少了一些对生态环境的道德尊重。当然，国外也有学者关注生态补偿时不仅着眼于生态系统所能提供的环境服务价值，还关注了生态系统的本身，例如 Shelley 便认为生态补偿的标的应当是生态系统。① 除最基本的主体与客体问题外，国外学者的关注点还包含了其他几个生态补偿的核心要素，不同学者因关注点和出发点不同，在个别问题上都会有所差别，或者有所创新。例如，在生态补偿的社会影响方面，除上文提及的 Noordwijk 关注了生态补偿的扶贫作用外，Muradian 也关注了生态补偿所能产生的诸多社会利益。②

根据上述对国外学者在生态补偿概念认定方面不同理论的梳理，我们可以得出以下几点基本认识：其一，虽然国内外对生态补偿的称谓是有差别的，但二者之间在实质属性和根本目的上是大体相近的，因此国外的理论依旧是值得借鉴与学习的；其二，国外对生态补偿基本理论的研究并不是意见完全统一的，有些时候还存在着非常大的差别，因此对域外经验的借鉴并不是仅采一种主张便可，还需综合考量国外多种多样的理论主张；其三，虽然国外的生态补偿以市场化运作为主要方式，但这并不代表国外的生态补偿理论就不包含政策性内容，这些政策性内容对完善我国现行的生态补偿制度都是大有裨益的；其四，国外在生态补偿方面不仅实践起步早，而且理论研究延续至当下已经呈现出非常丰富多样的状态，而我国的理论研究还较为单一，这样极不利于理论研究的深入开展，我国应当从多个角度、不同方面对生态补偿进行更加全面、细致的研究，同时注意"多歧为贵，不取苟同"。

---

① Shelly. B.G: "What Should We Call Instruments Commonly Known as Payments for Environmental Services? A Review of the Literature and a Proposal", Ann. N. Y. Acad. Sci, Vol.1, (2011Feb), pp.209-225.

② Muradian. R: "Reconciling Theory and Practice: An Alternative Conceptual Framework for Understanding Payments for Environmental Services", Ecol. Econ, Vol.6, (2010), pp.1202-1208.

二、域外其他领域生态补偿概况

国外生态补偿实践起步较早，并且在非草原的其他领域的生态补偿方面取得了明显的实效，因此对于域外其他重点领域的生态补偿实践及法制状况也有必要进行了解。值得注意的是，国外的生态补偿制度多偏向于一种经济政策，因此虽也有部分立法内容，但其法制状况呈现出一定的零散状态。

（一）森林生态补偿概况

森林生态补偿是域外生态补偿实践非常重视的一项事务，这或多或少是因为对森林的生态价值在全世界范围内得到了普遍认同。森林生态补偿在多个国家得以良好运行，各个国家的森林生态补偿也带有着一定的本国特色。

1. 美国

美国的森林生态补偿是包括在森林的整体性保护政策中的，美国对森林的保护除了由政府投资外，还综合运用了各种政策工具，且因工具手段的多样性，使森林保护的效果大大提升。这些政策工具主要包括：成本支付、技术支持、资助、贷款、教育项目、价格奖励、特惠合同通道等。[1] 其中，价格奖励是指因实施了可持续林木采伐活动而对每份合同提供额外的补偿，这其实就是一种森林生态补偿政策。事实上，其他类型的政策工具虽然未必是直接的森林生态补偿政策，但部分政策工具可能会与此相关联。从考察包括美国在内的域外市场化生态补偿制度来看，多种集资或鼓励手段并用，其实正是一种综合型的市场化运作模式，因此也可将其他与生态补偿有关联的政策工具视作多种类的补偿方式。

2. 瑞士

瑞士是非常重视保持森林覆盖率的国家，在 20 世纪 90 年代颁布的《联邦森林法》中，多种森林保护措施被纳入进去，其中便包括通过财政激励来保护

---

① Michael A. Kilgore、Charles R. Blinn: "Policy Tools to Encourage the Application of Sustainable Timber Harvesting Practices in the United States and Canada", Forest Policy and Economics, 2004.

森林生态环境。当森林管理的成本高于森林木材收入或者因保护森林而使森林管理成本大幅度提高时，瑞士会利用联邦财政资金弥补森林管理成本的不足。① 这样做会产生两方面的影响：一方面可以对将森林免于商业用途的森林所有者提供商业损失上的补偿，另一方面也可将财政补偿看作是联邦政府代表国民向森林所有者购买森林环境的收益。大致可以看出，虽然我国的土地所有权制度不同于国外，在我国并不存在私有土地，但这种政府出面"购买"环境效益的做法大体在国内外都是存在的，绝非只在我国存在。

3. 哥斯达黎加

哥斯达黎加虽然是一个发展中国家、也是一个小国家，但其森林生态补偿制度却为世界所称道。哥斯达黎加于1996年颁布了《森林法》，以法律的形式肯定了森林这一生态要素能够提供的几种生态系统服务，同时依据该法建立了一个专门负责森林保护的机构，这是一个具有独立法律地位的半自治机构，虽然也受政府的管制，但其可行使的权力很多，由此可见哥斯达黎加对森林保护的重视程度。在《森林法》颁布后，哥斯达黎加正式开始实施森林生态补偿政策，在此之前其实已经有相关的政策，但新颁布的《森林法》有两项重要的变化：其一是由对商品林产业的补偿转向补偿森林所提供的生态系统服务，其二是补偿资金来源由国家财政转为目的税和收益方支付。② 由此可见，哥斯达黎加的森林生态补偿制度虽然也是由国家推动，但是很及时地引入了市场化机制。哥斯达黎加在实施森林生态补偿制度后，森林覆盖率有了明显的提高。

（二）流域生态补偿概况

水资源的重要性不言而喻，而流域水源虽然无法与海洋水资源总量相比拟，但因流域与人类生活的紧密程度更高，所以对流域水资源的生态补偿也应当得到足够的重视。域外的流域生态补偿实践也是开启较早的生态补偿实践，

---

① Ingrid Kissling-Näf、Kurt Bisang: "Rethinking Recent Changes of Forest Regimes in Europe Through Property-rights Theory and Policy Analysis", Forest Policy and Economics, 2004.

② Stefano Pagiola: "Payments for Environmental Services in Costa Rica", Ecological Economics, 2008.

在对流域水资源更为倚重的国家或地区尤为重要。

1. 南非

南非是一个水资源相对匮乏的国家，南非政府曾通过建设水资源工程来解决国内对水资源的需求，然而用水量的日益增加使这一道路后继乏力，于是南非政府于1995年开始实施水资源的生态补偿机制，以求缓解水资源的紧缺局面。南非的河流流域有一特征，即外来植物入侵河流严重，造成了河流的径流量极大减少。2005年，南非颁布《农业资源保护法案》，赋予了土地所有者清理其土地上外来入侵植物的责任。然而对于个人而言，清理外来入侵植物的费用较高，有时甚至难以承担，这致使流域河道的清理工作没有实质性的进展。为解决这一困境，南非政府随后又规定，控制外来入侵植物的全部成本应当由水资源使用者支付，这便厘清了流域生态补偿在付费过程中的责任主体归属，使得生态补偿能够顺利开展。[①]通过南非流域水资源生态补偿实践可以看出，对于生态补偿的主体和对象的界定并不是一个无足轻重和简单的事情，而是需要进行细致的分析，否则会造成利益分配、责任归属的错误，使生态补偿无法科学、合理地运行。

2. 厄瓜多尔

厄瓜多尔位于南美洲西北部，该国生态补偿实践的一个典型的成功案例是Pimampiro市的综合性生态补偿项目，该项目由政府和某环境保护组织共同制定。Pimampiro市有大量的贫困人口，同时水资源供应问题重重，还于1999年时发生过一次较为严重的旱灾。帕劳科河经过Pimampiro市，该河流的上游地区居住着许多Pimampiro市附近村镇的居民，他们中的绝大多数都是贫困人口，并且有相当部分居民是从事农业生产的。在这片流域农田、森林、安第斯山脉高地草场同时存在，部分居民为了提高经济收入，不断开垦森林或草地，使帕劳科河流上游地区的生态状况遭到严峻挑战。Pimampiro市的生态补偿项

---

① J. K. Turpie、C. Marais、J. N: "Blignaut. The Working for Water Programmed: Evolution of A Payments for Ecosystem Services Mechanism that Addresses Both Poverty and Ecosystem Service Delivery in South Africa", Ecological Economics，2008.

目颁布后，鼓励帕劳科河流上游地区居民主动转变传统的生产方式，对森林或安第斯山脉高地草场进行保护的，按照保护级别对居民给予每年每公顷 6 美元、8 美元、12 美元三个档次的补偿，补偿资金部分来自对帕劳科河流下游地区居民进行水消费所征收的附加费。[①] 厄瓜多尔 Pimampiro 市的生态补偿项目是一个综合性的项目，其中不仅涉及河流水资源的生态补偿，还涉及了森林和草地的生态补偿，这对于植被和生态环境较为复杂的地区而言是一个很好的借鉴样本。Pimampiro 市生态补偿项目实施后，不仅很好地保护了帕劳科河上游流域的生态环境、保证了水质和水量，还因为上游地区的居民获得的补偿收入通常高于保护生态环境的机会成本，使得这些居民的实际收入增加，取得了显著的扶贫效应。

（三）自然保护区生态补偿概况

自然保护区虽然不能称为一种生态要素，但在国内外的生态补偿实践中，基本都区分出了这一类的生态补偿。不同的自然保护区其内部的生态环境各异，需要保护的具体生态环境或生态物种也就各种各样，同时也可能存在交叉综合性的保护需求。

1. 巴西

巴西由于并不是一个单一制国家，所以其每个州的政府都是通过选举产生，州政府具有自主的征税权力。在巴西有一个税种，葡萄牙语的简称为"ICMS"，它是对能源、交通、通信等商品和服务的商业交易所征收的一种税款。[②] 巴西联邦政府规定，各州政府须将 25% 的 ICMS 收入分配给地方，其中的 75% 根据各地方对税收的总贡献指标来分配；而其余的则根据各地方的人口数量、土地面积和经济产量指标来分配，从 20 世纪 90 年代开始，各州政府逐渐引入了生态指标。因为巴西的自然保护区较多、面积也较广，为了保护这些

---

① Stefano Pagiola: "Paying for the Environmental Services of Silvopastoral Practices in Nicaragua", Ecological Economics, 2007.

② Pagiola.S. et al: Selling Forest Environmental Services: Market-based Mechanisms for Conservation and Development, London: Earthescan, 2002, pp.173-199.

区域，开发利用自然资源通常是不被允许，但如此做法也会限制地方经济的发展。因此 ICMS 收入向地方政府的分配便考虑到这个要素，实际上这相当于对地方政府主动保护自然保护区生态环境的做法给予补偿奖励。这样的生态补偿模式并不是存在于个人之间的，而是存在于公权力组织之间的，大体类似于上级政府向下级政府的财政转移支付。

2.墨西哥

北美洲的帝王蝴蝶每年在冬天从加拿大和美国飞往墨西哥，春天再返回。墨西哥政府将帝王蝴蝶占用的 217 平方英里的主要栖息地划为自然保护区，这些保护区内原来存在较严重的树木砍伐现象。为保护帝王蝴蝶这一生态物种，墨西哥政府在自然保护区内实行生态补偿制度，禁止保护区内的居民砍伐树木，并对居民因此所遭受的经济损失进行补偿。但是，由于部分土地权属出现纠纷、树木立方数计算不准确、管理机构所承诺的支持项目不能完全兑现、新任政府推翻前任政府的政策等种种原因的影响，自然保护区内的居民并不配合生态补偿制度的实施，该自然保护区内的生态补偿并未取得实际效果。① 因此，墨西哥帝王蝴蝶自然保护区的生态补偿实践是域外生态补偿实践中一个失败的案例。

（四）国际碳汇交易概况

域外的生态补偿实践不仅包含一个国家内部的实践，也包含国家之间、国际上的生态补偿实践，其中最为知名的便是国际碳汇交易。② 国际碳汇交易产生于国际社会减少碳排放、防止大气污染这一需求的大背景之下，其渊源起始于 1992 年签署的《联合国气候变化框架公约》，公约要求发达国家采取减排行动，并为发展中国家防止大气污染提供技术和资金支持。正式开展国际碳汇交易实践则是《京都议定书》签订之后，《京都议定书》为发达国家减少碳排放

---

① 中国 21 世纪议程管理中心：《生态补偿的国际比较：模式与机制》，社会科学文献出版社 2012 年版，第 288—289 页。

② 当然，碳汇交易在一个国家内部也是可以实行的，但国际上的碳汇交易其影响范围更加广泛。

规定了量化指标，并提出了三种灵活的减排机制，即清洁发展机制（CDM）、联合履行（JI）和排放交易（ET）。① 其中的排放交易机制就是标准的碳汇交易模式，但其运行过程与"生态补偿"的内涵有所差别，与国外"生态系统服务付费"的内涵更加接近。国际碳汇交易所依托的法律文件已是国际条约，这与一个国家内部的生态补偿法制状况有所不同。

以上介绍了若干个国家和国际社会在森林、流域、自然保护区和碳汇交易方面生态补偿实践及法制概况。本部分内容自然无法展现域外生态补偿及法制状况的全貌，除上述领域外，国外在湿地、矿产、海洋等多个领域都有相应的生态补偿实践；同时，也不仅是在文中所列举的国家和地区才有生态补偿实践，而是于多个国家和地区中都有过探索，有成功的案例，也有失败的案例。此处仅就几个具有代表性和特殊性的案例予以介绍，通过以点带面的方式反映域外若干重要领域生态补偿实践及法制概况。

三、域外草原生态补偿实践概况

在国外的理论研究和实践中，按照生态要素或领域的不同对生态补偿进行分类很少有划分出单独一类"草原生态补偿"的，因草原与畜牧业的密切关系，国外通常将我国所指称的"草原生态补偿"划分至统一的"农牧业生态补偿"之中。因此，对域外草原生态补偿实践概况的考察主要是针对国外农牧业生态补偿而进行的，此处依旧选取具有代表性的国家和地区予以介绍。

（一）英国

英国于1986年开始实行环境敏感区项目，这是英国一项重要的农业环境补偿项目，因其当时还属于欧盟成员国，所以这一项目也是欧盟第一个正式的农业环境计划项目。该项目旨在通过向农民支付费用以补偿农民因减少放牧和

---

① 万本太、邹首民主编：《走向实践的生态补偿——案例分析与探索》，中国环境科学出版社 2008年版，第58页。

农药化肥的使用而导致的农牧业减产的损失，政府通过购买环境服务，可以实现改善鸟类栖息地、保持生物多样性、美化景观、保护历史文化等目的。值得注意的是，虽然环境敏感区项目是英国政府所实行的项目，但是否参与却尊重农民的选择自由，参与者则与政府签订合同。可以看出，这样的农牧业是因政策性主导而出现的，但在运行过程中却又带有明显的市场化特征。

环境敏感区项目的补偿资金来源于纳税人的纳税款，由政府统一管理。在补偿金额方面，其数额计算取决于资本结构成本和因采取特殊的管理方式而放弃的利益。通常是以大区域典型农田所放弃的收益为基准，分级设定各区域的补偿金额，在每一级中，单个合同的补偿金额反映了该合同特殊的资金结构和管理方式。同时，因为一些特殊的影响因素存在，补偿金额也能够进行可高可低的调整。①

值得注意的是，违背环境敏感区项目合同的农民将会受到一定程度的惩罚，违约程度较轻的会收到警告信，违约程度较重的则会受到经济惩罚，特别严重的违约者将会被终止合同，甚至是追回所有的补偿款。可以认为，严格的监管和法律责任的追究使英国环境敏感区项目能够得以顺利开展。

除环境敏感区项目外，英国还实行了农村管理项目，适用于环境敏感区项目之外的农民，以作为其补充，构建起一个较为完整、合理的农牧业生态环境保护及生态补偿体系。

（二）澳大利亚

澳大利亚是全球第一大草原国家，国内草原总面积为世界之最，且草原面积占国土总面积的比例也是世界最高的，达到了85.4%。② 在澳大利亚，保护草原的政策有许多，甚至在各州都有相应的保护政策。例如在澳大利亚新南威尔士州，当地政府开展了一项名为"生态链接"的项目（Biolinks Project），涉及草原植被修复、退耕还草等内容。这个项目的宗旨是建立、恢复和保护重要的连通高地、坡地和平原的天然植被走廊，让农场重获天然环境，为农业发展

---

① Thomas L. Dobbs、Jules Pretty: "Case Study of Agri-environmental Payments: the United Kingdom", Ecological Economics, 2008.

② 刘晓莉:《中国草原保护法律制度研究》，人民出版社 2015 年版，第 9 页。

带来免费的有益服务，恢复自然动植物的植被走廊。这个项目由新南威尔士州北部高地地区的本地土地服务公司负责开展，属于州领域内的区域性项目。

本地土地服务公司是新南威尔士州通过《本地土地服务公司法案》建立的州立企业，受州政府领导，有独立的领导机构。该公司又根据州内不同区域划分为区域公司，负责本区域内具体业务。之前提到的北部高地地区的本地土地服务公司就是州公司的一个分支。该公司有很多职能，其业务主要围绕生态建设、农业服务和土地管理等。根据法案要求，该公司需要制定地区战略计划，以作为发展纲领，指导未来工作。由州公司制定的战略计划主要有：Namoi 流域行动计划、Gwydir 边界河流流域行动计划、中西部流域行动计划、西部流域行动计划、Hunter 中心河流流域行动计划。具体到州领域内每个区域，区公司可以根据州公司制定计划涉及区域和自身区域特点来选择执行哪一个或若干个州立计划。此外，区域公司还可以根据自身实际，在已参与的州立计划之外，制定本区域的战略计划或开展项目。上文所提到的"生态链接"项目，便属于新州北部高地地区的区域性项目。

具体来说"生态链接"项目的内容，大致可以概括为以下几点：

1. 为原始丛林区域建立围栏，管理畜牧，提高地表植被的质量和繁殖。

2. 减少牧场树木的隔离威胁。

3. 重新种植，创建新的原始丛林区域。

4. 种植牧场树木，增加鸟类数量。

5. 建立 15 米至 100 米宽的野生动物走廊，创建原始植被区域的链接。

6. 种植 2 行至 6 行宽的防护林带，针对盛行风或损害风直角放置。

7. 路边种植，填补空隙，增强野生动植物链接。

8. 重新种植河边缓冲物，增加生物多样性、堤坝稳定性和提高河流健康。

9. 牧场中部树丛，为野生动物提供避风港和落脚地。

10. 控制侵扰杂草，让天然植被生长生存。

11. 控制野生动物，最小化它们对天然动植物及栖息地的影响，同时最小化降低疾病传播速度。

12.缓冲丛林区域，使他们的自然生长变得更好。

由此可见，该项目的内容非常丰富，与国内的"退牧还草"项目不能简单地画等号。但其中重新种植植被的内容与"退牧还草"的理念是如出一辙的。

在项目执行上，与国内退牧还草项目中政府给钱，农民劳动的模式不同的是，"生态链接"项目采取了一种合作劳动模式。项目的开展，需要当地的本地土地服务公司和土地所有者签订合作协议，建立合作伙伴关系，双方共同对项目建设给予投入，共同承担职责。土地所有者可以根据自身实际选择项目中的一项或几项内容，本地土地服务公司将根据所选项目内容，提供相应的设备支持、材料支持、专业技术支持与指导，同时，土地所有者也需要提供劳动，牺牲机会成本或投入必要生产资料等。

在法律的层面，该项目并非是直接基于立法，而是政策层面的行政措施。但追其根源，该项目虽由本地土地公司发起，但也是基于公司促进生态建设的设立宗旨与职责，这一点在《本地土地服务公司法案》中是有所体现的。而《本地土地服务公司法案》又是澳大利亚新南威尔士州生态环境法律体系的一个分支，本质上属于生态环境法律制度中的一环。

(三) 农牧复合生态补偿

在拉丁美洲部分国家统一实行农牧复合生态系统工程，该工程由全球环境基金赞助，旨在鼓励农民在草地上种植乔灌木，将草本植物与乔灌木等相结合，互相补充，提供营养物质，并利用乔灌木作围墙，在围墙内放牧。采取这样的农牧混合生态系统工程可以提高生态系统的生物多样性和固碳效率。起初这些国家的农民多数都难以接受这一工程，因为这样的生产方式有可能会减少其收入，因此部分国家采取农牧复合的生态补偿措施，以提高农民对农牧复合生态系统工程的认同度。具体做法便是对因采取农牧复合生态系统生产方式而遭受直接成本和机会成本损失的农民采取补偿，同时因有国际组织的资金资助，在补偿金额方面虽然无法完全满足农民的经济需求，但基本需求还是可以保障的。在具体的金额计算上，部分国家会制定一个生态系统服务系数，补偿额度原则上不能低于土地所有者最佳土地用途的投资回报，不能高于土地所提供服务的价值。①

四、域外草原生态补偿法制概况

与其他领域生态补偿的法制状况类似，域外草原生态补偿的立法依旧是散见于一部或多部法律法规之中。通过我们所掌握的资料来看，目前还未发现国外有专门、统一的生态补偿立法，也没有针对单一生态要素生态补偿的立法，而多是在环境保护相关的法律法规之中零散规定生态补偿的内容。出现这种情况很大程度上是因为在国外大多是把生态补偿当成是一种经济政策，因此在立法中的体现较少，但即便如此，仍然可以从许多国家的立法中发现草原生态补偿的内容。

美国早在 1956 年的《农业法》中便规定了"土壤银行计划"，鼓励土地退耕；1985 年开始实施"耕地保护性储备计划"，使退出农业生产活动的耕地不断增多。美国政府每年要花费约 15 亿美元用于支付土地租金和分担农民转换生产方式的成本，平均补偿金额为每年每公顷 116 美元。② 目前美国所实行的生态补偿的立法方式是一种授权式的立法，即在《农业法》中做出原则性规定，然后赋予农业部进一步制定项目计划，农业部所制定的项目计划中就会包含"草地保存"计划。

在日本的某些法律法规中也能看到草原生态补偿的立法内容。其《食物、农业、农村基本法》强调了要发挥农业在维持和平衡整个社会生态系统中的重要作用；其《针对山区、半山区、地区的直接支付制度》主要为了平衡不同地区农业经济效益和生态效益的差距，其中规定农户可与政府签订协议，按照协议从事环保型农业生产时可以取得相应的补贴；其《农业环境规范》和《食物、农业、农村基本计划》用法律方式明确了农民因采用环保型农业生产方式而享

---

① Stefano Pagiola: "Paying for the Environmental Services of Silvopastoral Practices in Nicaragua".

② 李静云、王世进：《生态补偿法律机制研究》，《河北法学》2007 年第 6 期。

受政府补贴、政策性贷款等各项支持。①

　　作为世界第一大草原国家，澳大利亚针对草原保护的立法规范自然十分丰富。在州地方的立法往往就呈现出对草原保护的系统性立法特征，如前文提到的新南威尔士州。新南威尔士州草原由澳大利亚联邦和新州两个立法层面共同规范，具体包括：联邦立法的《环境保护和生物多样性法案》，新州立法的《天然植被法案》和《濒危物种保护法案》。对于新南威尔士州的立法，其中《天然植被法案》主要规范天然植被的清理活动、监管制度和法律救济等内容（其中涉及对农业活动、土地建设等内容的规范）；《濒危物种保护法案》则主要包括濒危物种及生存环境清单、行政监管措施规范与法律救济等。在《天然植被法案》与《濒危物种保护法案》的基础上，新南威尔士州还分别出台了行政法规，对法案内容做进一步细化补充，提升了操作性。基于《天然植被法案》，新州颁布了《天然植被法规》。基于《濒危物种保护法案》，新南威尔士州颁布了《濒危物种保护（生物多样性银行）法规》和《濒危物种保护法规》。在核心法案之外，新南威尔士州还有很多其他法案与之共同协作，规范草原治理。《环境规划与评估法案》，规范土地规划、开发、建设等内容；《国家公园与野生动植物法案》，涉及对野生动植物犯罪的有关规定。每个法案之下，也都有细化的行政法规。新南威尔士州通过法案建立起的一些机构，对草原治理也有重要作用。其中的自然资源委员会，由《自然资源委员会法案》确立，负责协助州政府环境部处理有关自然环境事宜；还有科学委员会，由《濒危物种保护法案》确立，负责鉴定濒危物种、编制濒危清单；另外还包括生物多样性银行，由《濒危物种保护法案》确立，经《濒危物种保护（生物多样性银行）法规》完善，创立生物多样性征信体系，提供以生物多样性信用为核心的金融服务；而土地与环境法庭，由《土地与环境法庭》确立，属于法院内专门审理土地与环境事务的专门法庭；至于前文提到的本地土地服务公司，由《本地土地服务

---

① 刘尊梅：《中国农业生态补偿机制的路径选择与制度保障研究》，中国农业出版社 2012 年版，第 49—50 页。

公司法案》确立，负责在州领域内为当地土地所有者提供包括农业生产、畜牧养殖在内的各类服务，生态链接项目也出自这一法案，可见在新州的草原生态补偿立法是作为草原生态保护体系性立法中的一个环节而存在。

可见，域外草原生态补偿的法制状况虽然呈现出较为零散的状态，但这并不代表着就能下结论说，域外没有一套完整的草原生态补偿法制。事实上零散存在的草原生态补偿立法内容恰恰也说明在域外、特别是在发达国家，其立法技术相对成熟，可以通过散在的立法来完成对一种经济政策的宏观调整，或者将这种调整放置在一个系统性的立法之中。而对于追究草原生态补偿过程中的违法责任，自然也需要更加合理的法律责任规范作支撑，如前文提及的英国敏感地区项目对违反合同义务的农民的处罚便可看出英国与民事法律责任规范相关的合同法立法其明确性和可操作性。当然，因法系传统的差别，法律责任规范的设置与追究通常是通过不同的形式而存在的。

综上所述，国外这种草原生态补偿立法对我国有某种程度的借鉴意义。仍以澳大利亚新南威尔士州为例，其《天然植被法案》中对法律责任的规定便值得我国《草原法》学习与借鉴。新南威尔士州的《天然植被法案》在名字上虽然没有体现草原，其内容也没有特指规范草原，但从概念上来看，植被概念上的外延要大于草原，强调对植被的规范自然也包括了对草原植被的规范。此外，新州《天然植被法案》还着重强调了"天然"一词，所谓"天然植被"是指在澳洲第一批移民者到来之前便存在的植被。这一概念是用来与后天衍生植被相区分的，由于天然植被的生态价值高于后天衍生植被（这里的后天衍生植被主要是指由于人类活动产生的杂草、饲料草等），所以新南威尔士州特颁布《天然植被法案》来进行保护与规范。

具体到法律责任而言，我国的《草原法》在法律责任章节中以实体规定为主，内容主要包括描述违法行为与责任，明确监管主体及其权限。比较而言，新州《天然植被法案》对于法律责任章节则侧重于程序规定，没有对实体违法行为的描述，主要涵盖诉讼主体、管辖、时效等内容。违法责任在《天然植被法案》中没有直接明确，而是通过《天然植被法规》这一基于法案而制定的行政法规来加以具体规定。《天然植被法案》其他章节中应然性或禁止性规范内容非常明确，所以在法律责任章节中没有对实体违法行为做进一步规范也不影响法律内容的完整性与明确性。在表述上，隶属于其他章节的应然性或禁止性规定没有直接与违法责任一同出现，而是在法律责任章节中与相应的违法责任被统一罗列。

《天然植被法案》的法规内容差异可能源于普通法系与大陆法系成文法立法传统的不同。但其在法律责任章节中详细规范程序内容的形式，可以作为改进我国《草原法》的借鉴。如本书第三章指出的那样，法律责任规范的缺失和不足是我国草原生态补偿法制存在的问题，因此对于法律责任规范的完善也就是建设我国草原生态补偿法律制度的一项重要内容，国外的相关立法自然也就需要予以借鉴。当然，这样的借鉴属于细节性的借鉴，在梳理了域外草原生态补偿理论、实践及法制的概况后，也有必要回过头来从一个整体性的角度来比较国内外的一些差别，以及思考如何科学、辩证地借鉴域外的相关经验。

第二节 域外草原生态补偿相关领域借鉴

在对域外草原生态补偿理论、实践及法制概况进行考察后，应当对国内外的情况进行适度的比较，以求辩证地借鉴域外的相关经验。特别指出的是，域外不同生态要素的生态补偿实践虽然有差异，但在对我国启示方面大体是一致的，因此本节内容不区分草原和非草原领域的生态补偿实践，仅以"域外草原生态补偿实践"作为域外实践方面的借鉴参照。

一、域外生态补偿基本理论借鉴

（一）重视理论与实践相互促进作用

国外生态补偿实践起步较早，而理论的起源则是更早的事情，大致可以看出，理论的成熟和实践的成功是相辅相成的。相比较而言，我国的生态补偿无论是在理论研究方面，还是在实践方面均晚于国外，这样就会造成我国生态补偿理论研究的成熟度和实践的成效都有差距。因此摆在我国生态补偿制度面前的任务是繁重的，既要在实践中调整好利益关系、发挥制度本身应有的作用，又要加强理论研究，以更好地指导实践，而这两者之间必然存在相互促进的作用，只有不断地进行深入的理论研究才能使实践更加科学化，也只有实践过程中大量地发现问题才能使理论更加成熟合理。因此，应当特别重视生态补偿理论研究与实践开拓之间的相互促进作用。

（二）构建体现本国特色的生态补偿基本理论

前文反复提及，生态补偿的概念多在我国使用，而国外与我国对应的常常使用的是生态系统服务付费的概念，两者虽然在本质属性和根本目的上有异曲同工之妙，但毕竟还是存在着差别。国外生态补偿基本理论的研究呈现出丰富多样的状态，而反观我国则显得简单粗浅。但是在参考与借鉴国外理论研究的同时，我国也必须构建起能够体现本国特色的生态补偿基本理论，因为孕育和发展一项制度的环境有所不同，国外的理论很多是无法直接在我国适用的；同时构建体现本国特色的基本理论还应当有更加高远的视野，将生态补偿基本理论从单纯的经济激励手段中解放出来，赋予其更多的内涵。国外的生态补偿基本理论更多的是关于生态补偿在市场体制内的运行机理的分析，虽然也有对生态环境的关照和对人的经济激励，但总体来说依旧缺少一定的人文关怀，缺少应有的"温度"。人文关怀精神理应被注入生态补偿制度之中。同时，具体到草原这一生态要素而言，人文关怀在草原生态补偿领域应当更加重视。因为草原具有一个其他生态要素不能比拟的特点，即草原所承载的畜牧业生产方式是人类社会从未间断过的生产方式，而从事畜牧业生产的牧民也是直接生活于草原之上，对草原有着一种天然、朴素的情感。

（三）推动多学科、不同视角的生态补偿理论研究

本书主要是以法学研究视角来研究我国草原生态补偿法律制度建设问题的，但问题的研究离不开其他学科的支撑。在国外，对生态补偿的研究主要集

中在经济学、管理学、生态学领域，这个特点在我国也是如此。在具体的研究方向上，一些重要的问题需要进行更加深入的研究，以支撑其他领域的研究。例如在生态补偿过程中，对生态系统服务价值的估算便是一个十分重要的问题，它关涉到补偿标准的确定。从理论研究历程来看，国外学者在 20 年前曾做过此类研究，以草原为例，Costanza 等 13 位科学家在 1997 年所估算出的草原生态系统服务价值为每年每亩 15.5 美元，[①] 且不论该结论的科学性与否，问题在于在之后的研究中，这一数值又有或高或低的新变化，而在不同国家的研究中，其数值也不尽相同。如此一来，一个宏观的数值如何能够适用到一个微观的、单个的生态补偿交易中便是值得研究的问题，但这样的问题只能由固定学科来研究。因此，推动生态补偿多学科、不同视角的理论研究可以在各学科之间形成互动，以求共同进步，也有利于理论研究在整体上的提高。

二、域外草原生态补偿实践借鉴

考察域外草原及其他领域的生态补偿实践可以看出，虽然有一些失败的案例，但国外的生态补偿大多采用的是市场化的运作模式，以此保证生态补偿的合理运行。但上述对实践概况的梳理中却也提到过，国外市场化的生态补偿并不是完全排除了政府的存在，在许多案例中政府恰恰发挥着重要的作用。而我国有自己独特的政治体制，政府在生态补偿中所发挥的作用需要以本国的视角来进行界定，因此，对于我国今后在市场化、多元化生态补偿机制的构建过程中，如何选择一个合适的模式便成了一个至关重要的问题，这应当是对域外草原及其他领域生态补偿实践的借鉴中一个需要特别注意的问题，即，要科学、辩证地借鉴域外经验，建立适合我国国情的市场化、多元化生态补偿机制。

从实践层面看，我国目前实施的是政府主导型的政策性生态补偿，市场参与程度有限，这一特征在草原生态补偿领域表现得尤为明显。党的十九大提出

---

① 刘晓莉：《中国草原保护法律制度研究》，人民出版社 2015 年版，第 225 页。

要建立市场化、多元化的生态补偿机制，这为我国生态补偿今后的发展指明了方向。从十九大报告中可以看出，"市场化"和"多元化"是并列出现的，这说明市场化和多元化之间并不完全等同。因此，需要分析市场化、多元化各自的本体内涵，进而分析二者之间的关系。市场化着重于描述在生态补偿的运行过程中，以市场来调节价格和供求关系，将环境资源作为市场交易对象，在交易双方之间建立起一种经济关系；多元化着重于描述在生态补偿的运行过程中，需要多方主体共同参与，并且在多方主体之间形成一种合理的结构。市场化生态补偿与政策性生态补偿是生态补偿在运行体制上的两个基本分类，即生态补偿要么是以市场化的方式运行，要么是以政策性的方式运行；而市场主导和政府主导是对生态补偿多元主体之间关系所进行的分类，与运行体制的分类是两个层面上的内容。政策性的生态补偿基本不可能以市场主导的方式来完成，政府在政策性生态补偿中扮演单一角色；但市场化的生态补偿却可以按照政府主导的方式进行多元化运作，也可以开放完全自由的市场交易，只突出市场的一元主体地位。可以看出，市场化并不必然代表生态补偿的运行要以市场为主导，而是要根据一国的具体实际来确定市场运作的模式。政府主导下市场化运作的草原生态补偿模式适合我国的实际情况。在这样一个模式之下，市场化是包含于多元化之中的，建立多元化的生态补偿就需要开放市场交易，市场化是多元化的重要内容；而进行市场运作的过程中，又必须以多元化对其加以限定，具体而言，就是在多元主体中强调政府的主导作用，但政府在多元主体中占主导作用也并非只是突出政府的地位，而是需要多方主体积极参与，努力拓展融资渠道，减轻政府、特别是地方政府的财政压力，政府还要注重对利益的合理分配，保证草原生态补偿实施过程中的公平性。政府不仅在多元主体中居于主导地位，在市场运行中同样居于主导地位。但这样的主导地位是以其他主体共同参与为基础的，是有别于之前单纯由政府进行草原生态补偿的制度模式。目前，建立政府主导下市场化运作的草原生态补偿模式还面临着许多困境，主要因为相关法律制度尚不完善，因此应当加快相关法律制度的建设，以完善的法制引导、规范、推进、保障市场化、多元化草原生态补偿机制的建立与运行。

三、域外草原生态补偿法制借鉴

（一）我国草原生态补偿的运行需要更完整的法律制度做支撑

考察我国现有的草原生态补偿法律制度会发现，法律制度总量不少，作为国家层面的法律，2003 年《草原法》第 35 条、第 39 条和第 48 条等都有关于生态补偿的规定，只是其内容比较抽象、缺乏可操作性，对此《草原法》也有诸如"具体办法由国务院或者国务院授权的有关部门规定"等规范，事实上，国务院、发改委、国家环保局、财政部和农业部等也发布了几十项有关草原生态补偿的行政法规和部门规章，它们虽然比《草原法》具有可操作性，但是法律位阶较低、约束力较差，更为主要的是缺乏法律责任规范（严格地讲没有法律责任规范就不是法律）。实践中所出现的草原生态补偿的问题，包括"对生态保护者合理补偿不到位"和"生态受益者履行补偿义务的意识不强"等，其原因除了草原产权制度不健全和补偿标准偏低外，主要在于上述法律尚不完善。概言之，当前，中国草原资源生态补偿的问题，已经不是该不该立法的问题，而是必须立法的问题、必须加快建立国家层面的草原生态补偿法律的问题以及如何制定怎样制定法律的问题。

国外草原生态补偿的立法呈零散存在的状态，但这并不代表着我国在借鉴域外法制经验时也可以这样做，这不仅因为在立法技术上存在差距，更因为我国草原生态补偿的运行更需要一整套法律制度的支撑。国外的草原很多为私人所有，而我国是社会主义国家，包括草原在内的土地资源仅能归国家或集体所有，根本不存在个人所有的草原。国内外这样的一种差距使得国内外的法律也呈现出立法目的上的差异性，国外因为存在大量的个人所有土地，所以国外的法律将保护个人私有财产作为一个重要的立法目的；而我国的法律虽然也强调对私有财产的保护，但因国家性质所致，在立法中以重视社会秩序的维护为更加重要的立法目的。保护个人私有财产在立法上多以民事法律为主要调整手段，而维护社会秩序在立法上则需要完整的法律制度来做支撑，所以在我国建立一整套草原生态补偿法律制度是有必要的，这一点有别于国外。同时，因为草原资源国内外的权属差别，使得我国在制定法律时必须考虑本国的特殊情况，科学、合理地完善我国草原产权制度应当是建设我国草原生态补偿法律制度一项重要且艰难的任务。草原的生态属性和生态价值决定了其公共产品的属性，而对于公共产品的开发、利用和保护必然以产权的界定和明晰作为其必要条件，当前我国草原资源在利用过程中产生的种种问题，其原因皆可归根于为产权的模糊不清，而产权属于民商法领域所调整的范围，因此，必须在法律层次尤其是民商法领域对有关草原产权相关规定予以明示，对所有参与草原生态补偿的主体的权利义务予以成文化。

（二）我国草原生态补偿法律制度建设应当重视核心要素的规定

生态补偿的几个核心要素不仅是理论研究的任务，在实践及法制建设过程中，如果对核心要素的设定不合理，势必会影响生态补偿效用的发挥。从前文所举案例便可看出：美国的森林生态补偿因采取多种政策工具，使得森林生态保护的效果更加明显，可见补偿方式的多样性十分重要；南非的流域生态补偿在开始实施时主体设定并不合理，因此导致生态补偿不能实际地真正地开展下去，可见生态补偿对主体和对象的设定看似简单，但在实践中必须理清利益关系才能达到生态补偿应有的效果。设定主体与对象也是草原生态补偿法律关系中权利和义务得以分配的逻辑前提，概言之，失去补偿各方的主体，补偿就是无源之水无本之木。厄瓜多尔的流域生态补偿因为补偿标准设定合理，使得受到补偿的流域居民在经济收入上有所提高，生态补偿同时收到了扶贫的效果，可见补偿标准设定合理是重中之重。草原生态补偿标准之所以难以量化，其原因有二：其一，草原资源具有生态、经济和社会价值，而对于草原资源的生态价值，因其自身的不可估量性，是很难确定的；其二，我国草原面积幅员辽阔，通过政府"一刀切"式的定价，对于某一地区的具体情况而言，可能并不符合当地实际。我国草原生态补偿法律制度建设必须重视核心要素的规定，而事实上，建设草原生态补偿法律制度主要也就是设定好核心要素，用通俗的语言来说，草原生态补偿法律制度应解释清楚这样几个问题：谁补偿谁？如何补偿？补偿多少？出现违法现象时如何处理？

（三）我国草原生态补偿法律制度建设应当以市场化、多元化机制为导向

国外的生态补偿实践以市场化运行为主要模式，因此其配套的法律制度也是以市场化为导向。我国在建设草原生态补偿法律制度时应当遵循国家的顶层设计，以市场化、多元化机制为导向，具体而言需要注意如下几个方面。

首先，市场化、多元化草原生态补偿模式的法律制度建设必须着眼于政府职能在生态补偿机制运行过程中的职能，尤其是政府的监督职能。我国建设的生态补偿机制要求市场化运作作为其运行的平台，而运行规则就必须以市场化交易机制为依据，此时，政府与其他主体同为生态补偿机制中的平等主体，政府在履行其主体的权利义务之外，还必须是市场化、多元化草原生态补偿模式的主导者，在整个生态补偿机制运行的过程中，政府履行的更多的是监督的职能，因此，这也应当是我国建设市场化、多元化生态补偿模式法律制度建设所应关注的重点。

其次，市场化、多元化草原生态补偿模式的法律制度建设必须以多元主体的权利义务及责任划分为重点，着眼于激发其积极性，而不应当是限制其主动性。建立市场化、多元化草原生态补偿模式需要引进多元主体和融资渠道，这是生态补偿模式的时代要求，然而法律制度应当关注的是在生态补偿机制运行的过程中多元主体的范围的界定、权利义务及其责任的划分、补偿范围的确定等宏观因素，而对于一些可以由市场所决定的微观因素，法律制度不应多加干涉，如补偿方式的确定，可以通过补偿主体与受偿主体双方之间的平等协商而达到生态补偿的目的，这样也有利于发挥生态补偿多元化主体的积极性和主动性，从而实现生态补偿的目的。

最后，需要法律介入的地方主要是在价格和供求关系的调节上。大体而言，价格和供求关系主要还应交由市场进行自主调节，但对于价格底线以及供求关系所指向的应受保护的草原还应当由法律来作保障。法律应当赋予监管机构一定的权限，对于市场交易确定基本的价格底线，还应当确保需要保护的草

原不被当作市场交易的对象。

本章小结

本章是关于域外草原生态补偿考察与借鉴。任何研究都不能关起门来自说自话，况且生态补偿理论与实践都起源于国外的探索，因此我国草原生态补偿法制建设对于域外的借鉴十分必要。但是由于国情不同，应科学、辩证地适当借鉴，这是基本的指导思想。域外对生态补偿理论的探讨大多是针对整体性生态补偿而言的，在生态补偿实践方面虽然也区分了具体的生态要素，但是实践成效较突出的却反映在非草原生态要素领域。本章一方面对域外生态补偿的基本理论、域外其他领域生态补偿实践与法制予以考察，另一方面对域外草原生态补偿实践与法制状况予以考察，由于域外一般很少将"草原生态补偿"单独划分一类，所以对域外草原生态补偿的考察是针对"农牧业生态补偿"或"农牧复合生态补偿"的考察。域外草原生态补偿法制一般是分散存在的，也没有发现针对单一要素的统一立法，因为大多是把生态补偿当作经济政策，但是具体立法相当丰富，尤其是草原大国澳大利亚。域外草原生态补偿法制对我国的启示（或者是我国可以借鉴的）主要有三点：一是我国草原生态补偿的运行更需要完整的法律制度做支撑；二是我国草原生态补偿法律制度建设应当重视核心要素的规定；三是我国草原生态补偿法律制度建设应当以市场化、多元化机制为导向。

第六章　中国草原生态补偿理论基础

理论与实践之间存在着相辅相成的关系，理论来源于实践，而实践的开启也离不开实践内容所依据的理论基础，实践内容的内在机理在实践活动中起着至关重要的作用。因此，构建一套中国草原生态补偿法律制度需要科学的理论来指引。本章内容旨在设计一种科学、合理的中国草原生态补偿理论基础。

第一节　生态补偿理论基础概述

生态补偿最早在经济学和生态学领域受到关注，这两个学科领域都对生态补偿的理论基础进行了界定与分析。因此现有生态补偿理论基础主要便集中于经济学和生态学领域，具体包括：公共产品理论、外部性理论、博弈论理论、可持续发展理论、激励理论、生态经济学理论、生态资本化理论等，本节仅针对前四种影响力更为深远、代表性更强的理论基础予以介绍，其他一些理论基础可以参见相关研究成果。

一、公共产品理论

公共产品理论的起源可以追溯到英国学者霍布斯，他在其著作《利维坦》

一书中关于国家的论述提道：公共产品的利益和效用是由个人享用的，但是个人本身难以提供，只能由政府或集体提供。这体现了公共产品思想的萌芽，成了公共产品理论最根本的理论基础之一。[①] 而标准意义上的公共产品理论，则是由新古典综合派的萨廖尔森提出的，他在1954年和1955年发表的文章中采用了"公共产品—私人产品"的严格二分法，对公共产品下了一个完整的定义，即：每一个人对这种产品的消费并不减少任何他人也对这种产品的消费，并在此基础上总结出了公共产品的最优化供给均衡点，即公共产品有效定价原则为个人价格综合等于边际成本，政府可根据个人对公共产品消费中的边际收益对其征税。这一描述成了经济学关于纯粹的公共产品的经典定义，并成了公共产品的标准定义沿用至今。1965年，公共选择学派的代表人物詹姆斯·布坎南批判继承了萨廖尔森关于公共产品理论的学术观点，并将其发展，创造性地在"纯公共产品"和"纯私人产品"之间架起了一个"准公共产品"[②] 的桥梁，拉近了公共产品理论与现实的差距，增强了其理论应用于实践的可能。

在公共经济学中，对于公共产品的基本特性存在着统一的认识，即非排他性和非竞争性。所谓的非排他性是指：产品一旦被提供出来，就不可能排除任何人对它的不付代价的消费。它包含三方面的含义：其一，任何人都不可能不让别人消费它，即使有些人有心独占对它的消费，或者在技术上是不可行的，或者在技术上可行但是成本却过高，因而是不值得的；其二，任何人自己都不得不消费它，即使有些人可能不情愿，但却无法对它加以拒绝；其三，任何人都可以恰好消费相同的数量。所谓的非竞争性是指：一旦公共产品被提供出来，增加一个人的消费不会减少其他任何消费者的收益；也不会增加社会成本，其新增消费者使用该产品的边际成本为零。[③] 根据以上特

---

① 张宏军：《西方公共产品理论溯源与前瞻——兼论我国公共产品供给的制度设计》，《贵州社会科学》2010年第6期。

② 布坎南指出，萨廖尔森定义的公共产品是"纯公共产品"，现实社会中，大量存在的是介于公共产品和私人产品之间的"准公共产品"或将二者结合的"混合商品"。

③ 黄恒学主编：《公共经济学》，北京大学出版社2009年版，第93—94页。

性，可以分析得出，在我们日常生活中，涉及生态资源属性的许多领域诸如草原、河流、森林及湿地等，均是属于符合这两个基本特性的公共产品的范畴。

基于公共产品的非排他性与非竞争性的基本特性，使得在使用和消费公共产品的过程中容易产生两个问题："公地悲剧"问题和"搭便车"问题。"公地悲剧"问题是由英国学者哈丁于1968年在《科学》杂志里的文章提出的，是指如果一种资源没有排他性，就会导致公共资源的过度使用，最终会损害全体所有者的利益。"搭便车"问题则是由英国哲学家休谟于1740年提出的，他在其著作《人性论》中设想了一个"公共牧场排水"的例子：两个邻人可能达成协议共同排去公共牧场上的积水，但是在一千人之间就很难做到，因为每个人都想坐享其成，都想要通过"搭便车"的方式不劳而获，从而导致公共产品得不到充足的提供，因此，休谟认为，在某些只能通过集体完成的事情中，因为人自身存在自利的天性，所以只能靠政府和国家才能使每个人都强制性地遵守法则。通过对于公共产品中的"搭便车"问题，可以简单而深刻地说明在对于公共产品的利用过程中，个人对于公共产品无限制和无条件的适用而对其造成的损害以及政府在对于公共产品的政策性管理中所具有的不可取代的优势，这就为政府介入生态补偿的必然性和正当性提供了理论上依据和要求。

诚然，西方的公共产品理论在对于解决市场失灵、缓和社会矛盾、统筹协调发展等方面固然起到了十分重要的作用，但是，西方的公共产品理论是从消费的角度上来解释的，这就意味着它无法回避资本主义的基本矛盾的问题。在资本主义社会，由于剥削者是占统治地位的，其消费属性是必然大于生产属性的，西方的公共产品理论也是为其服务的，所以公共产品的理论问题是无法解决和根治资本主义基本矛盾锐化的这个基本问题。因此，西方学者站在统治阶级的立场上强调："公共产品是这样一些产品，无论个人是否愿意购买它们，它们带来的好处是不可分割地散布到整个社会集体中。"然而，究其性质而言，会存在强买强卖与强制消费的嫌疑。学者朱柏铭指出："任何人也不能用拒绝付款的办法，将与其消费偏好不同的公共产品排除在其消费之外。"① 这就意味着，对于经济不占优势甚至处于劣势的群体而言，公共产品带来的并非是一味的好处，也有可能是损害。因此，现阶段，一些学者在西方公共产品理论的基础上，结合马克思的"关于知识是没有交换价值"的说法，再根据《资本论》中关于"物的有用性使物成为使用价值"以及"一个物可以是使用价值而不是价值，在这个物并不是以劳动为中介而对人有用的情况下就是这样"的价值观，总结出公共产品的定义是："公共产品是以人的活动为中介的没有交换价值或不是价值的使用价值。"② 这个定义是从马克思主义公共经济学的角度而言的，具有一定的意义，能够在涵盖西方公共产品理论中的非排他性与非竞争性的基础上，摆脱西方公共产品理论的不可逃避性和不可或缺性，在一定程度上能够克服西方公共产品理论的局限性。

二、外部性理论

资源与环境经济学中的外部性理论是建立生态补偿机制重要的理论依据之一。学界通常认为，英国经济学家马歇尔是外部性理论的创始人，他在其著作《经济学原理》中首次提出了"外部经济"与"内部经济"的概念；随后，其学生庇古受其启发，于 1920 年在其代表作《福利经济学》中明确提出了外部性理论的概念，丰富和发展了外部性理论的内涵与外延；之后新制度经济学奠基人科斯则在批判庇古外部性理论的过程中逐渐形成了自己独特的见解，从而与庇古的理论共同成了外部性理论发展的重要理论基础。

关于外部性理论的本质，经济学家庇古有一个经典的论述："此问题的本质是，个人 A 在对个人 B 提供某项支付代价的劳动过程中，附带地，亦对其他人提供劳务（并非同样的劳务）或损害，而不能从受益的一方取得支付，亦

---

① 朱柏铭：《公共经济学》，浙江大学出版社 2002 年版，第 43 页。
② 余斌：《西方公共产品理论的局限与公共产品的定义》，《河北经贸大学学报》2014 年第 6 期。

不能对受害的一方施以补偿"，概括地说，就是收益与成本的不对等，即一部分人付出了成本却没有得到相应的酬劳或利益，同时存在着另一部分人不劳而获的现象。根据所获得的额外收益抑或是承担了多余的成本，可以将外部性分为正外部性（或称为外部经济、有益外部性）和负外部性（或称为外部不经济、有害外部性），前者是指在经济活动中个体或者组织在没有承担成本和代价的情况下获得收益的现象，后者则是指部分个体或组织付出成本而未获得相应收入的情况。

纵观经济学领域关于解决外部性问题的理论方案，以"庇古方式"和"科斯方式"为代表，前者着重于利用国家公权力，包括但不限于税收和补贴等措施，对外部性经济行为予以调整，使得外部性问题"内部化"，从而增加外部经济的供给，继而平衡资源流通过程中的成本与收益不均等的问题，实现其平稳运行的目标；而"科斯方式"则侧重于利用明晰产权的方法，利用市场自发性的调节，实现资源的最优配置。具体而言，庇古的解决方法是对边际社会净产量大于边际私人净产量的，基于私人以补贴，鼓励多生产；对于边际私人净产量大于边际社会净产量，予以征税，从而限制其生产。[①] 通过征税与补贴，促使经济资源从边际私人净产量大的地方转移到边际私人净产量小的地方，以减少边际私人净产量与边际社会净产量之间的差距，从而使社会经济总福利增加，简而言之，即正外部性行为给予补贴，而负外部性予以征税。科斯则认为，要解决外部性问题，必须明确产权，即确定人们是否有利用自己的财产采取某种行动并造成相应后果的权利。他提出：如果产权是明晰的，同时交易费用为零，那么无论产权最初如何界定，都可以通过市场交易使资源的配置达到帕累托最优，即通过市场交易可以消除外部性，这即是科斯第一定理的要求与定义。"庇古方式"成了生态补偿的理论基础，其支持政府干预存在的理论被广泛运用于实践，而"科斯方式"在实践中的表现为资源

---

① 谢枫：《庇古和科斯对环境外部性治理研究的比较分析——以环境污染为例》，《经济论坛》2010 年第 4 期。

私有化，这使得资源的可持续利用得到了市场经济体制下的保证和支持，然而也存在难以界定产权的现象。因此应当结合这两种方式，使二者之间形成相互弥补的关系。

利用经济学领域中的外部性理论问题，可以较为完整地解决生态补偿的基本逻辑问题，故而，一些观点从经济学的外部性视角出发，结合外部性理论的基本概念和类型，作出了如下关于生态补偿的基本理论概念：生态补偿是为了激励保护（或损害）环境行为的主体增加（或减少）因其行为带来的外部经济性（或外部不经济性），达到保护资源的目的，对保护（或损害）环境的行为进行补偿（或收费），提高经济主体行为的受益（或成本）。[1]

三、博弈论理论

经济学分支学科中的博弈论理论，是构成生态补偿的重要理论基础之一。博弈论又称对策论，是指某个个人或者是组织，面对一定的环境条件，在一定的规则约束下，依靠所掌握的信息，对各自的行为或者策略进行选择并加以实施，并从中取得相应结果或收益的过程。[2] 博弈论的主要研究目的是研究博弈各方的行为特征，即各决策主体行为发生直接的相互作用时的决策特征；以及何种情况下采取哪种策略，会达到什么样的结果即决策主体决策；以及何种情况下采取哪种策略，会达到什么样的结果即决策主体决策后的均衡问题。一般认为，1944 年冯·诺依曼和奥斯卡·摩根斯坦恩合著的《博弈论和经济行为》形成了现代博弈论的基本分析框架，标志着系统的博弈论初步形成。

从博弈论的角度出发，生态补偿主要是为了解决在开发和利用生态资源过

---

[1] 毛显强、钟瑜、张胜：《生态补偿的理论探讨》，《中国人口、资源与环境》2002 年第 4 期。

[2] 杜玲、陈阜、张海林等：《基于博弈论模型的北京市农田生态补偿政策研究》，《中国农业大学学报》2010 年第 1 期。

程中出现的"囚徒困境"①的问题。生态补偿制度中的博弈主要体现在利益相关方的博弈（谈判）与利益均衡。②在开发利用生态资源的实践活动中，博弈双方是生态资源的受益者和保护者，然而两者却常常因为自身所具有的权利和义务的相冲突性，单单依靠双方自身的博弈是很难就生态资源的合理开发和使用达成利益平衡。

生态系统中的"囚徒困境"问题，是因为生态资源的开发者和利用者的利益不能完全服从于集体利益，在这种情况下，个体会在逐利心态的引诱下，陷入个人理性与集体理性的冲突，从而会出现双方矛盾不断激化的结果。为了实现个人利益与集体利益相结合、个人意志服从于集体意志的目标，可以采用相应的激励机制。美国马里兰大学的门瑟·奥尔森教授提出："存在着某种迫使或引诱个人努力为集体行动作出贡献的激励机制，即所谓选择性刺激。"③生态补偿制度正是这种激励制度，依靠国家公权力，通过包括但不限于税收和补贴等手段，实现对博弈双方的利益调节，从而保证生态资源的可持续发展，继而实现生态安全与生态公平这两大目标，这正是生态补偿理论的价值所在。

四、可持续发展理论

可持续发展理论是在对产业革命以来工业化发展道路、经济增长方式重新审视的基础上产生的，人类在享受着经济快速增长的同时，也承担着诸如资源短缺、环境污染、生态破坏等问题所带来的苦果，因此人类试图寻求一种不同于传统工业化发展方式的新的发展方式，这就是20世纪80年代逐步发展起来的可持续发展理论。

---

① 所谓囚徒困境，又称囚犯的两难困难、囚犯难题等，是由社会心理学家梅里尔和经济学家梅尔文提出来的，所选的角度是假设两名囚犯在毫无信息沟通的情况下做出的涉及自身与对方的利益角逐与博弈，并且假设这两名囚犯均为纯粹的"理性"的人，总是会选择对其最有利的策略，因此而引发的关于双方博弈的发生。

② 中国21世纪议程管理中心：《生态补偿的国际比较：模式与机制》，第22页。

③ 余永定、张宇燕、郑秉文：《西方经济学》，经济科学出版社2002年版。

可持续发展理论的基本概念，其最早源自 1980 年在国际自然保护同盟制订的《世界自然保护大纲》一文，属于生态学领域，指的是对资源的一种管理策略，然而，在国际社会上被广泛认可的则当属于"布伦特兰定义"。1987 年，时任联合国环境和发展委员会主席的挪威首相布伦特兰夫人在其提交给联合国环境与发展委员会的《我们共同的未来》报告一文中，将可持续发展定义为：既满足当代人的需要，又不对后代人满足其需要的能力构成危害的发展。从此，可持续发展概念得到了国际社会的普遍认同，并成了 1992 年联合国环境与发展大会上签订的《21 世纪议程》的理论基础。

可持续发展依旧强调的是发展，但其内涵与工业时代的"发展"是截然不同的，即强调发展的"可持续性"：今天的发展不能损害明天发展的可能。这就意味着可持续发展有着两个基本要求——代内公平和代际公平。代内公平是针对当代的发展而言的，是指当代地球内所有的人类，不分地区、国籍、种族、肤色等种种差异，均享有同等的发展机会，但是这种发展机会必须是在生态资源的能力范围之内的，换而言之，就是在发展的同时必须保证生态资源的可再生性与可持续性得到积极的承认和保护，不能以牺牲环境和资源为代价换取人类自身的发展；而代际公平则是指人类的发展应具有前瞻性，不能只着眼于当前的利益，而应当为子孙后代考虑，未来的人类拥有与当代人类相同的发展权利，可持续性的发展，不仅要求当代人类自身的发展，更要求当代的发展所付出的代价不能危及未来人类的生存与发展。代内公平和代际公平这两个基本要求完整体现了可持续发展的三个基本原则——公平性原则、持续性原则以及共同性原则，体现了可持续发展战略的现实价值和时代意义。

可持续发展的原则包括以下几个方面：

首先，公平性原则。可持续发展强调应当追求两方面的公平：一是当代人的公平即代内平等。可持续发展理论主张满足全体人民的基本需求，给全体人民机会以满足他们要求较好生活的愿望，要给世界以公平的分配和发展权；二是代际间的公平即世代平等。当代人不能因为自己的发展与需求而损害人类世世代代满足需求的条件——自然资源与环境。

其次，持续性原则。持续性原则是指人类的经济建设和社会发展不能超越自然资源与生态环境的承载能力。人类发展对自然资源的耗竭速率应充分顾及资源的临界性，应以不损害支持地球生命的大气、水、土壤、生物等自然系统为前提。实现可持续发展有许多限制因素，而主要的限制因素则是资源与环境，资源的持续利用和生态环境的可持续性是实现可持续发展的根本保证。人类应该据此调整自己的生活方式，而不应过度地生产和浪费，避免破坏人类整体的生存和发展环境与资源。

再次，共同性原则。由于不同国家的历史、经济、文化和发展水平不同，各国可持续发展的具体目标、政策和实施步骤应是多元化的，但可持续发展作为全球发展的总目标所体现的公平性原则和持续性的原则，则是应该共同遵从的，从根本上说，贯彻可持续发展就是要促进人类自身之间、人类与自然之间的和谐，这也是人类共同的责任。

我国作为资源大国，也面临着环境资源日益恶化的问题，据此，我国引进了可持续发展的理论，并结合我国实际，对于这一理论进行了具有中国特色的丰富与发展。1996年3月，江泽民同志在中央计划生育工作座谈会议上提出："所谓可持续发展，就是考虑当前发展的需要，又要考虑未来发展的需要，不要以牺牲后代人的利益为代价来满足当代人的利益。"这一讲话概括地指出了我国可持续发展的核心思想：健康的经济发展应建立在生态持续、社会公正和人民积极参与自身发展决策的基础上。[①]1994年3月25日，国务院第十六次常务会议通过了《中国21世纪议程——中国21世纪人口、环境与发展白皮书》。《中国21世纪议程》作为我国可持续发展的指南，从我国的基本国情出发，结合国外先进的理论和经验，针对社会、经济和资源的利用以及环境保护等方面，论述了我国的可持续发展的必要性、战略和步骤等方面，为我国的可持续发展提供了整体的框架和政策支持，并提出了要逐步建立我国可持续发展的法

---

① 国家环境保护总局行政体制与人事司、国家环境保护总局宣传教育中心：《环境保护基础教程》，中国环境科学出版社2004年版，第84—85页。

律体系，这更为可持续发展的实施提供了法律层面的保障和支持。《中国 21 世纪议程》的实施，初步为我国的环境与发展问题奠定了基础，有力地推动我国走上可持续发展的道路。

实施可持续发展战略，不仅是实现人与自然和谐发展的重要前提，也是实施生态补偿机制的政治基础。可持续发展理论为实施生态补偿提供了理论依据，而生态补偿的最终目的，就是实现环境与资源的可持续发展，两者是目标和手段的逻辑结构，存在着相互影响、相互作用的关系。

第二节　中国草原生态补偿理论基础实然不足

考察现有草原生态补偿理论的研究可以发现，几乎没有专门针对草原生态补偿理论基础进行特定研究的成果，而依旧是将此问题放在生态补偿整体背景下进行研究。在具体的理论内容上，也大多是以经济学和生态学领域的若干理论基础为指引，提出进一步的想法，但依旧脱离不开原本就存在的经济学和生态学领域内的理论基础。具体而言，上述所阐释的经济学和生态学领域的若干理论基础构成了当下生态补偿理论研究的总体思维框架，而当涉及具体生态要素的生态补偿理论时，仅仅是将整体理论基础套用进具体的生态要素内而已。换言之，当下，所谓草原生态补偿的理论基础，就是一般的生态补偿理论基础。事实上，由于草原这一生态要素具有自身的特殊性，结合这一特殊性便会发现，仅仅以普遍性的生态补偿理论基础作为草原生态补偿实践的指导理论是远远不够的，这样的理论内容存在着一定不足。在此，作为前置性的内容，我们先讨论草原生态要素的特殊性，具体包含以下四个方面：①

首先，草原是游牧民族的生活聚居地。有人类居住是草原最为显著的特

---

① 无论从哪一学科视角出发，草原区别于其他生态要素的特殊性肯定是包含多方面内容的，本文关注的是在生态补偿领域内草原生态要素的特殊性问题。

性，也是草原其他特性的基础性因素。草原不同于森林、湿地、海洋等其他生态要素，① 其分布地区包含大量的人类居住地区。居住于草原上的人，形成了特定的生产生活方式。与湿地、海洋、矿产区相比，草原适合人类居住，能够提供人类生产生活的必要资源；与森林相比，草原的生活习惯得以延续至今，未被社会历史所淘汰；与河流、湖泊等水流流域相比，草原生态要素对人生产生活的影响是直接而且不可替代的。

其次，草原是畜牧业生产的主要载体。生活在草原上的人主要是从事畜牧业生产，畜牧业在人类历史中有着极为遥远的源起和漫长的过程。时至今日，畜牧业仍然是人类的生产方式之一，畜牧业产品仍然为市场所需要。当然，其他生态要素所涉及的生产方式现今也是市场所需要的，但与畜牧业相比，其他生产方式并非是其所依靠的生态要素的必然产物。在森林、湿地、矿产区等区域内，人的生产行为与生活之间不具备必然的联系；在各种水资源流域内，人的生产行为与生活之间不具备直接的联系，流域内居住的人实际上是通过水资源提供的其他资源形式来进行生产活动，并不像草原那样本身便是畜牧业生产直接、必要的资源形式，并且该种生产方式与人的生活密不可分。

再次，草原传承着少数民族文化。草原生产生活区域内包含了许多少数民族聚居地，草原不是单纯地只在自然生态方面具有意义，在社会文化方面也具有独特的意义，且文化存在本身也常带有深厚的历史痕迹。"在漫长的文化发展过程中，草原独特的自然环境、动植物特点和生产条件，塑造了各游牧民族的特定习俗，生产、生活方式以及性格特征等，从而形成各具特色的地方文化和民族文化。"② 草原的这一特性也是其他生态要素所不具备的。

复次，草原关乎地缘政治稳定。"我国草原地区大部分处于地缘政治学应

---

① 对于草原概念的界定存在着不同的观点，草原与其他生态要素也存在着交叉重合的情况。关于草原的概念、分类、分布等问题的介绍可参见：刘晓莉：《中国草原保护法律制度研究》，人民出版社2015年版，第1—8页。此处所称的草原是指社会生活意义上的适合人类居住且能提供畜牧业生产的草地生态系统，与森林、湿地等生态要素不发生重叠关系。

② 刘晓莉：《中国草原保护法律制度研究》，人民出版社2015年版，第16页。

该关注的地缘关系的敏感部位。"① 草原是关乎边疆安全、地缘政治稳定的重要生态系统。"我国草原牧区有 54 个边境县,边境县长达 1.2 万公里,占全国陆地边境线的 54.5%。"② 草原的政治价值是其他生态要素所无法比拟的。

结合草原这一生态要素的特殊性,可以看出按照目前的习惯做法,将草原生态补偿理论基础套用一般层面的生态补偿理论基础会显现诸多不足,具体概括如下:

一、功利色彩明显

现有经济学和生态学领域的若干理论基础具有重要的研究价值和探讨意义,但它们具有过于明显的功利色彩。功利主义是一个哲学意义上的概念,但在多个社会科学领域都有所体现。在法学领域内,以边沁为代表的功利主义法学流派曾经在法学各流派中扮演着重要的角色,并且功利主义法学思想在当代法学研究中一直有着重要的影响作用。功利主义法学时常与部门法学的一些具体问题相结合,例如在刑事部门法内,边沁认为犯罪是一种"禁止的恶",刑罚同样也是一种恶,但刑罚之恶是针对犯罪之恶的遏制,因此刑罚之恶属于一种"必要的恶";但当刑罚之恶明显超过遏制的限度,则超过的刑罚便变得不必要。③ 这一论断带有明显的功利主义法学特点。严格说来,功利主义哲学无论在法学领域还是在非法学领域都是具有重要价值的,但是如果仅仅注重功利而不注重事物本身存在的其他价值,则功利主义便很可能走向不正当的一面。

现有的生态补偿理论基础、特别是经济学领域内的理论基础便具有明显的功利色彩,究其原因,可能与经济学学科本身的性质有关。利益在经济运行过程中的作用是毋庸置疑的,而针对经济现象进行研究的经济学学科当然也要更

---

① 巩芳、常青:《我国政府主导型草原生态补偿机制的构建与应用研究》,第 4 页。
② 刘晓莉:《我国草原生态补偿法律制度反思》,《东北师大学报(哲学社会科学版)》2016 年第 4 期。
③ 陈兴良:《刑法的启蒙》,法律出版社 2003 年版,第 70 页。

多地关注到利益的问题，由此便可能使经济学研究的本身具有了浓厚的功利主义色彩。但生态补偿至少在语义上是对生态环境的补偿措施，体现了人类对自然的一种敬重，对其存在依据如果单纯以功利主义的思维进行解读，显然是没有兼顾到生态补偿在经济因素外的存在价值。具体到各个理论基础的内容来看，对于生态补偿运行过程解读最为深刻的公共产品理论和外部性理论，将生态补偿置于宏观经济层面，探讨了生态补偿的各个要素环节在宏观经济内部的结构关系，并试图对这一结构关系进行优化，但却很少关注人类自身的主观意愿；博弈论理论和激励理论，着重于生态补偿运行过程中的各方利益调整，此时更多体现的依旧是人类的主体性视阈，并未真正关注过生态系统本身的价值；而生态资本化理论更是将生态系统当成了一种工具，而没有作为一种目的来对待；即便是可持续发展理论，也多是从人类自身发展的角度来思考问题。

具体到草原生态补偿而言，将经济学和生态学领域内的生态补偿理论基础简单套用进草原生态要素内，没有考虑到草原生态要素所具有的特殊性，理论的设计并不具有针对性。草原是有人类居住的地区，其与人类的生产生活关系都具有紧密的联系，如果仅将草原视作与其他生态要素没有差别的同类生态资源，进而以普遍性的生态补偿理论基础作为草原生态补偿理论基础自然便无法展现草原自身的特点。例如公共产品理论和外部性理论较少关注人类自身的主观意愿，如果将这两个理论套用进其他生态要素的生态补偿理论中还勉强可以接受，但草原与在草原居住的牧民有着天然、紧密的联系，不考虑这部分牧民的主观意愿，那么草原生态补偿的正义性便是无法得到切实保障的；而对于博弈论理论和激励理论而言，以调整利益的方式来保护草原生态环境虽然不是从草原生态系统自身的价值角度出发，但也不失为一种有效的保护手段，但过分强调利益的调整过程也势必会伤及生活在草原上的牧民的朴素情感，特别是在利益调整不合理的情况下。因此，将带有功利色彩的理论套用进草原生态补偿中，自然会使草原生态补偿理论基础存在一定的不足。

二、人文关怀不足

如果说功利色彩过于明显是对草原生态补偿过程中草原生态要素的特殊性关注度不够，那么这种关注度的缺失在对人文历史的关怀不足这一问题上显得更为直接。不可否认，现有理论在生态补偿及草原生态补偿的运行过程中解决了许多实际的问题，但是都缺少对人文精神和历史传统的关怀。由人类社会所创造的对自然界的补偿，本应当根植于人类自身的文化习惯与传统，这是对生态环境真正的敬畏，也是对人类社会自身的肯定。结合草原生态要素的特殊性具体来看，其一，草原是游牧民族的聚居地，并且这样的生活传统一直延续至今。这就决定了不应当将草原生态补偿与其他领域的生态补偿等同对待，因为草原上居住着人类，不是单独存在的一类生态要素，而其他的生态要素诸如森林，即便其具有较高的生态价值，但森林地区已经很少有人类居住，其与人类的关系更多体现在生产关系上，而非生活关系上，那么森林生态补偿所涉及的人类的意愿和情感自然也无法和草原相比。而草原生态补偿则应当更多地考虑到人类的主观意愿和内心情感，这是现有理论没有兼顾到的地方，也是现有理论具有过度的功利色彩的表现，这在前文中已有论述。其二，草原所承载的畜牧业生产方式与生活在草原上的人们的关系十分密切，而其他生态要素的生态补偿虽然也涉及生产方式的转变问题，但其他生态要素与人类的生活并不具有直接的联系，其生产方式的转变与草原相比难度较小。因此，单纯以经济调整的方式进行草原生态补偿，而不考虑牧民转变生产方式可能存在的诸多障碍，难免会让草原生态补偿损害了部分生活在草原上的人们的切身利益，以经济利益为考量因素的理论反倒没有起到预期的效果。其三，草原所传承的少数民族文化具有深厚的历史背景，现有理论以较为冰冷的视野对此现状视而不见，使草原生态补偿缺失了人文价值。现有生态补偿理论基础虽然也对某种文化要素进行了考虑，但更多的是从生态补偿整体角度而进行的，在内容上考虑更多的也是生态文化、生态文明等，如果将普遍性的生态补偿理论基础套用进草原生态补偿中，则这样的理论便无法体现出草原对少数民族文化的传承，这样自然就是缺乏应有的人文关怀了。其四，草原的安全关系到民族团结和国家的地缘政治稳定，这决定了草原生态补偿较之其他领域生态补偿更加复杂，应当进行特殊对待。而现有理论仅关注了生态环境和生态资源的经济属性和生态属性，却忽略了政治属性。诚然，除草原外，还有其他生态要素也关涉到国家的生态安全和地缘政治稳定，但这样的政治属性与草原依旧是无法相比的，因为草原对国家生态安全和地缘政治稳定的影响是建立在草原与少数民族团结关系更加密切的基础上的。从这里也可看出，草原的几个特性之间也是具有紧密联系的，将生态补偿普遍性的理论基础套用进草原生态补偿中势必无法体现草原的特殊性。

三、根基性审视不足

经济学和生态学对生态补偿理论基础的关注大多是针对生态补偿运行过程而言的，所解答的是诸如生态补偿在经济活动中的地位与作用、生态补偿对资源的保护方式和对生态环境的改善路径、生态补偿实际的运行机制以及得以继续存在的保障等此类问题。上述理论的探讨无疑具有重要的意义，但对于生态补偿及草原生态补偿的存在依据还缺少根基性的审视。

（一）生态补偿的作用如何扩展至生态环境的根基性审视

"生态补偿"从语义上进行分析可以有两种解释，一种是以生态为名义或者理由而进行的补偿，另一种是针对生态而进行的补偿，这两种解释与补偿对象的对应关系是不同的。生态补偿在实际运行中普遍认同的补偿对象是因主动保护生态环境而遭受经济及发展机会损失的人，有时也包括因生态环境破坏而遭受经济与发展机会损失的人，如果认同生态补偿的对象是人，那么第一种对于生态补偿的解释在逻辑上便是合理的，即生态补偿是以生态为名义或者理由而实现的对"人"的补偿。但是，从生态补偿的根本目的出发，"生态"仅是以手段的形式而存在于生态补偿之中似乎并不能真正达到保护生态环境的目的，所以，对于"生态补偿"合理的解释应当采取第二种，即是针对生态而进行的补偿，但是如此一来，其与普遍认同的生态补偿对象之间便存在矛盾了。既然生态补偿是针对生态而进行的补偿，但补偿的对象却是人而非生态环境，现有生态补偿及草原生态补偿理论所缺少的第一项根基性审视便是：以对生态环境所进行的补偿，却实际作用于人，那么生态补偿的作用是如何扩展至生态环境的？尽管公共产品理论和外部性理论从细致的结构上具体分析了生态环境与各方主体的基本关系，但这样的分析都是以人作为补偿对象的，即便出发点是为了解决生态环境恶化的问题，但仍旧没有解答清楚上述的矛盾问题。

事实上，"补偿对象"的称谓基本上是非法学领域所使用的，在法学的研究思维下，通常将生态补偿视作一种法律关系，而法律关系的主体是其中的一个要素，"补偿对象"在法律关系中更宜称呼为"受偿主体"。① 即便在法学领域内也使用"补偿对象"的称谓，但在法学领域内，很多情况下"对象"与"客体"是两个不同的概念，例如刑法中的"犯罪对象"与"犯罪客体"并不相同，民事诉讼法中的"诉讼标的物"与"诉讼标的"也体现了"对象"与"客体"的差异性。法学领域内对象与客体的分立为解释生态补偿以对生态环境所进行的补偿却实际作用于人的矛盾提供了基本的逻辑思维，即生态补偿的对象是人，但客体却是其背后所指向的生态环境。因此现有生态补偿与草原生态补偿理论难以完成这一根基性审视。

（二）物质补偿如何真实反映生态系统价值的根基性审视

现有生态补偿与草原生态补偿理论所缺少的第二项根基性审视是：生态补偿主要以资金等物质方式进行补偿，以物质性资源补偿自然性资源，物质性补偿如何来真实反映生态系统的实际价值？尽管自然科学对生态系统的服务价值进行过计算，但计算结果的合理性还是值得怀疑的，特别是结合草原的特殊性来看，草原的实际价值是被大大低估的，因为草原除了其自然属性外，还蕴含着巨大的社会价值，其综合性的服务价值甚至是超过森林的。但目前所能查找到的生态系统服务价值计算的研究成果中，森林的价值往往都是草原的数倍，

① 本书第七章中对"补偿对象"的界定与分析使用的便是法学思维下的"受偿主体"概念。

这显然是不合理的。然而，计算生态系统的服务价值并不是社会科学能够完成的任务，即便在自然科学领域，其难度也是巨大的。因此，现有的研究成果不妨也可作为相关领域研究的参照。但具体到生态补偿理论基础的问题上便存在逻辑上的缺陷，即以生态系统服务价值计算的成果为参照，以物质性补偿试图反映生态系统价值，以实现补偿目的，这样的做法是以什么为媒介而进行的？以物质性资源补偿自然性资源固然是当下最好的选择，但补偿过程是如何在一个合理的结构关系内完成的，这一问题现有生态补偿及草原生态补偿理论并没有解答清楚。

四、有泛伦理化倾向

现有生态补偿与草原生态补偿理论除了存在经济学和生态学领域内的若干理论基础外，还有从生态哲学与生态伦理学角度所进行的理论解读，但这样的理论也容易走向另一个极端，即泛伦理化的倾向。从研究思维看，生态哲学和生态伦理学事实上是一种人文科学的研究，而并非社会科学的研究，难以直接解决具体问题。从研究内容看，现有成果虽然不是都站在完全生态中心主义的立场上解读生态补偿与草原生态补偿的理论基础，但至少都是以反对完全人类中心主义的立场来对待这一问题。这样角度的研究对生态系统的内在价值给予了更多的关注，强调环境正义的重要性。反对完全化的人类主体性视阈、突出生态系统独立价值、强调生态正义与生态公平，这些想法无疑是正确的，但制度建设不能仅停留在理念层面，还应当有更为细致的技术性设计。以生态哲学和生态伦理学的视角解读生态补偿及草原生态补偿理论更多是在理念层面的研究，对于制度的完善虽然无法说起不到任何作用，但其实是起不到实质性、关键性作用的，这样的理论基础过于泛伦理化了。①

————————

① 当然，并不是说这种泛伦理化的研究没有价值，只是作为一种理论设计还无法直接引领实践。

实质上，在对于生态文明建设问题的研究方面，目前总体上就存在泛伦理化的问题。当下我国已将生态文明建设提升至国家战略高度，但生态文明建设究竟该如何进行、需要一些什么样的制度设计才能够保障达到生态文明的标准，对于这些问题的研究虽然也需要一定的理论基础作支撑，但现有研究却总在反反复复、未曾停息地关注着生态正义与公平、马克思主义经典作家的论断等这样哲学、伦理学层面的、形而上的内容，和形而下的具体制度设计的研究之间在事实上处于脱节的状态。不可否认的是，理念层面和技术层面的研究都至关重要，但理念层面的研究不是仅仅包含理念的内容，也应当包含对技术层面研究的引领方法；技术层面的研究也不是完全对理念层面的研究置之不理，而是应以理念层面的研究来作为技术层面研究向科学、合理方向发展的保障。所以二者之间应当具有有机的联系，二者自身内部也应当适当包含对方的部分内容。

第三节　中国草原生态补偿理论基础应然设计

以法学思维为根基，结合草原生态要素的特殊性，我们将草原生态补偿的理论基础设计为：以肯定人类社会与生态系统的相互认同为前提，以草原生态管理的契约关系为基础，以契约关系的正义性为基本指向，以实现契约正义为主要补偿目标。这样一种理论设计可以将其简称为"草原生态补偿契约正义理论"。

生态管理是对自然生态系统的保护管理，管理是人类的社会行为，而人类自身是生存于自然界之中的，人类作为自然界的组成要素，却对自然界这一整体实行管理，此时应当以合理的结构关系来保证人类管理行为的正当性。在这一认识的前提背景下，生态管理契约关系应受到足够的重视。生态管理契约关系的结构不仅包含管理过程中人与人之间的关系，也包含人（人类社会）与自然界之间的关系，其对人类进行生态管理的正当性保障应当以如下逻辑依次展开：其一，人类社会应当承认生态系统具有内在价值，或者至少应在有限范围内承认；其二，承认生态系统的内在价值意味着生态系统具有独立于人类认识之外的价值，因此人类社会与生态系统之间应该形成相互的认同；其三，生态系统遵循自然法则，人类社会与生态系统的相互认同则需要以人类社会最高秩序状态——法治为形式进行；其四，法治本身就是对正义的追求。因此，对生态补偿存在依据的根基性审视就应当以生态管理的契约关系为基础，以契约正义为指向，这也正是适用法学研究思维所进行的审视。事实上，已有学者将"自然契约关系"作为生态补偿的法理逻辑起点，并对其进行了细致的解构分析。① 需要指出的是，无论是"生态管理契约关系"，还是"自然契约关系"，这些契约关系与一般意义上的法律关系并非完全等同。因为在法理学的普遍观点看来，法律关系主体是不能够包含生态系统的。因此生态管理契约关系是一种超越实定法的自然法结构关系。

一、以肯定人与自然相互认同为前提

在此，人是指人类社会，自然是指自然界，即生态系统。肯定人与自然的相互认同关系是一种生态价值观，生态价值观是生态补偿及草原生态补偿制度中的重要内容，是属于理念层面的内容，理念层面和技术层面的内容之间应当是有机联系的。我国草原生态补偿产生问题的重要原因之一便是生态价值观念发生偏差，一方面对草原的不重视使草原生态补偿也在整体生态补偿体系中处于相对弱势的地位，另一方面泛伦理化的思想理论很容易产生对草原生态价值的无限制扩大、进而不顾及人类自身利益诉求的认识。正如前文第三章中所述，现实中人们经常会在人类中心主义和生态中心主义这两种价值观之间摇摆不定，难以取舍。事实上，这两种生态价值观也并非一定要截然对立起来，完

---

① 杜群：《生态保护法论——综合生态管理和生态补偿法律研究》，高等教育出版社2012年版，第312—320页。

全可以辩证地看待二者之间的关系，即二者之间是对立统一的。按照这样一个思维，草原生态补偿契约正义理论的生态价值观，便是寻求人类社会与生态系统的协调统一。当然，这样的价值观念需要以对生态系统内在价值有一个清晰、正确的认识为基础。

（一）承认生态系统内在价值的存在

生态系统内在价值的命题首先在生态哲学和生态伦理学中被提出，其主要内涵是生态系统具有独立于人类社会的内在价值，该价值并不是以人类的工具形式而存在。生态系统内在价值的命题值得人们进行深度的思考，在生态补偿的视角下看待这一命题，只有生态系统本身具有一个独立的价值体系，才可能从人类社会的价值体系中获得来自人类的"补偿"。甚至可以认为，前述生态补偿理论基础中的生态学理论，正是从自然科学角度肯定了生态系统内在价值的真实存在。但是，如果过分强调生态系统的内在价值也并不合理，这无疑会在一定程度上否认了人类社会已经取得的文明成果，甚至会损害人类的利益。同时，脱离人类的认识而谈存在独立的价值这在逻辑上也难以自洽，因为"价值"一词本身就是由人类社会所定义出来的。因此，对生态系统内在价值的命题应当持有科学的认识。我们认为，生态系统的内在价值应当视为一种拟制的独立价值，而进行这种拟制是必要的，可以让生态系统和人类社会处于一个相对平等的地位，不至于出现生态资本理论中生态环境更多的依旧是以工具形式而存在，也不至于出现对人类社会价值的否认。总而言之，对生态系统内在价值应当持有一个相对认同的态度。

（二）肯定人类社会与生态系统的相互认同关系

在生态系统内在价值相对认同的态度基础上，应进一步寻求人类社会与生态系统之间的相互认同。人类社会对生态系统的认同是人类的主体性思维，这并不存在问题，真正的问题在于生态系统对人类社会的认同是以生态系统拟制出的、独立的、内在的价值为基础的，这样的拟制是否具有合理性？这将在下文中予以分析。

具体到草原生态补偿而言，首先应当对草原的生态价值有一个相对的认同，如果无限制地扩大其价值，则本身便会陷入思维的矛盾境地。因为草原也分为多种类型，例如其中的荒漠化草原能否支撑起所在区域的生态平衡这本身便是存疑的，人类很难从这类草原中获得实际的利益，但这样的草原就真实、客观地存在于地球。如果以完全生态中心主义的视角看待这一问题，则人类的存在价值便成为微不足道的东西。因此，在对草原生态价值持相对认同的态度下，才可能真正地实现人类社会与生态系统之间的相互认同。一个最直观的例证，甘肃省敦煌市所处的区域分布着大面积的荒漠化草原，而正是在这样贫瘠的土地上，却诞生了莫高窟这样伟大的人类艺术宝库。如果完全以生态为中心的价值观念就只能肯定荒漠化草原的价值，却让经过千年积淀的人类艺术没有了被认同的机会。而如果认同人类这一艺术的价值，也同时必须感谢大自然为人类所提供了这样一个创作空间，这正是人类社会与生态系统的相互认同。

二、以草原生态管理契约关系为基础

（一）草原生态管理两个层面的契约关系

事实上，草原生态补偿契约正义理论中的契约关系包含两个层面的关系，第一个层面是人类社会内部的契约关系，第二个层面是人类社会与草原生态系统之间的契约关系。第一个层面的契约关系相对而言比较容易界定与调整，大体而言便是草原生态补偿过程中补偿主体与对象之间的关系，这个可以通过人类自身所颁布的法律法规加以规范。而第二个层面的契约关系便是前文所提及的生态管理契约关系，其实质是一种自然法结构关系，也被持有该观点的学者称为"自然法想象"下的"自然契约关系"。这样一种契约关系在目前的法学研究背景下也只能以自然法的形式而存在，理由前已有述。但这样的自然法想象也是必需的，因为既然存在着人类社会和生态系统相互认同的可能性，而这一相互认同过程也需要一个规范的调整，那当然便应当承认二者之间的契约关系。

（二）草原生态管理契约关系的现实转化

生态管理契约关系的存在以肯定人类社会与生态系统的相互认同关系为前提，肯定人类社会与生态系统的相互认同关系是一种生态价值观，而将生态管理契约关系作为草原生态补偿契约正义理论的基础性存在是一种自然法意义上的设定，这二者其实都属于理念层面的内容。为了保证理念层面的内容不至于出现泛伦理化倾向，有必要考察一下理念层面内容的现实转化过程。在现实中，人类对生态系统的管理经历了非制度性要素的制度化嬗变过程。

地球的历史要远远长于人类的历史，因此自然界相对于人类社会而言具有更为深厚和广博的存在基础。而人类的发展史是目前可以探知的地球历史中唯一具有文明特质的历史时期，人类的活动已经脱离了纯粹自然界中生物体的活动方式，形成了社会群体组织，以制度性内容维系社会组织内部的秩序与稳定。从历史维度看，自然界更为深厚和广博的存在基础让生活在自然界中的人不仅要遵守社会组织内的制度性内容，也要遵从自然法则。事实上，许多社会制度也根源于自然法则，是人们对于自然法则不断的探知而将其中的内容适用于社会管理。因此，生态系统由天然存在转化为具有服务属性的社会制度内容，其正当性依据首先源于自然法则向社会制度转化的基本逻辑。当然，相对于抽象的自然性法则和规律而言，生态系统的存在更是一个具体的要素。虽然人类生活于自然界之中，但人类社会是区别于自然界的一个特殊组织系统，将原本并不属于社会制度的要素转化为制度内容，这不仅需要从自然向社会这一视角方向的转化逻辑，也需要从社会反观自然存在的视角方向来审视非制度性要素的转化必要性。

社会视角的审视并不等同于人本文化中的主体性视阈，而是将人类社会与自然界放在同等的无从属关系的地位上进行考量。当人类活动必然要利用自然资源、而自然资源和生态环境又必然需要进行保护这两方面的必然关系同时存在时，生态系统这一天然存在就应当以社会的思维方式转化为可以为人类提供服务的一种制度存在，服务的属性又包含了社会制度中有偿服务的内容，以有偿服务来实现对于生态环境的保护。所以，生态系统这一非制度性要素的制度化嬗变并非人类主体性视阈的增强，而是对人类社会与自然界之间存在同等地位的肯定。[①] 从社会组织内部来看，非制度性要素的制度化嬗变内在的促发源泉是社会经济的发展状况。在工业革命之前，人们对于自身与自然相处原则的思考还未真正触及生态环境保护的观念，因为在早期的人类活动中，对自然资源的利用尚未达到对生态环境造成严重污染与破坏的程度。而当社会经济发展到必然损害生态环境时，经济因素的决定作用让人的思维方式不断发生着改变。"随着自然的概念变得对我们社会的再生产越来越重要，自然的'发展的'和'文化的'两种含义之间的平衡逐渐从前者向后者倾斜。"[②]

事实上，非制度性要素的制度化嬗变不仅发生于人类社会与自然界之间，也发生于社会内部。原属于人类内心道德层面的许多内容，在历史发展至今日的背景下，也逐渐脱离单纯的道德意义，而被纳入制度调整的范围内。例如，人类内心的诚信坚守原本属于一种道德意义上的概念，但同样也是在经济的决定作用下，社会需要将诚信纳入制度保障的视野内。无论是社会内部，还是社会与自然间的制度转化，外在体现的都是国家治理向现代化、科学化、合理化方向的发展，将非制度性要素进行制度化的改造，也会反过来有利于原本是非制度性要素的发展。因为有了制度更为规范的指引作用，人们会按照制度所要保障、同时也是道德所要实现的内容规划自己的行为，这样便提高了社会整体的道德水准。而对于生态系统而言，以制度内容进行社会调整，有助于促进人与自然的和谐相处。

草原是陆地生态系统之一，为牛、马、羊等牲畜提供生长与繁衍的场所。在牲畜成为商品后，人类对草原的干预程度逐渐加深，草原生态系统也自然经历了制度化嬗变的过程，由单纯的天然存在转变为受人类管理的制度性要素。

---

① 确切来说，此时应当是对人类社会与自然界之间存在"至少"是同等地位的肯定。非制度性要素的制度化嬗变主要限于社会管理层面的考量，在人的内心层面，自然界的地位应高于人类社会。

② [美] 罗尼·利普舒茨：《全球环境政治：权力、观点和实践》，郭志俊、蔺雪春译，山东大学出版社 2012 年版，第 22 页。

我国在古代便存在有关草原的立法，尤以成吉思汗时期的《大札撒》影响最为深远。当下，我国已经形成涉及宪法、民法、行政法、刑法、经济法、诉讼法等众多法律部门在内的完整的草原立法体系。

非制度性要素的制度化嬗变体现了理念层面内容的现实转化过程，根植于人类社会的生态系统制度化管理以规范的形式肯定了人类社会与生态系统之间的相互认同关系，进而确立了生态管理契约关系的存在。

三、以契约关系的正义性为基本指向

(一) 契约正义的标准问题概述

生态管理契约关系需要以契约正义为指向，而关于正义问题的探讨是一个经久不衰的问题，在现代对此问题的探讨贡献最大的当属美国著名哲学家约翰·罗尔斯，他在其名著《正义论》中开篇便谈道："正义是社会制度的首要价值，正像真理是思想体系的首要价值一样……某些法律和制度，不管它们如何有效率和有条理，只要它们不正义，就必须加以改造或废除。"①草原生态管理契约关系以契约正义为指向，补偿过程以实现契约正义为目标，这是草原生态补偿契约正义理论的核心意旨。但正义的标准是什么，这并不是一个容易回答的问题。对正义标准的探索可以得出不同的结论，这彰示着不同人的不同正义观。或许人们在对某一正义观普遍赞同的情况下，却另有人们发现在某些特定情境下，那些普遍认同的正义观未必是真正正义的。美国著名法学家博登海默曾生动地指出："正义有着一张普罗透斯似的脸，变幻无常、随时可呈不同形状并且具有极不相同的面貌。"②可见，对正义标准的探索应当结合具体事物进行。

结合草原生态补偿来看，其正义标准应当从以下几个方面予以确定：首

---

① ［美］约翰·罗尔斯：《正义论》，何怀宏等译，中国社会科学出版社1988年版，第3页。
② ［美］E.博登海默：《法理学：法律哲学与法律方法》，邓正来译，中国政法大学出版社2004年版，第261页。

先，尊重草原生态系统所存在的内在价值，在相对认同其内在价值的基础上以实现保护草原生态环境为生态补偿措施的优先目标。其次，在认同草原生态系统内在价值的同时，不损及人类、特别是生活在草原上的人们的根本利益。再次，草原生态补偿无论是政策的制定还是法律的颁行，都应当充分考虑居住在草原上的人们的生活需求和少数民族人民的民族风俗习惯，对人文历史要有足够的关怀。最后，草原生态补偿应当处理好宏观与微观的关系，使补偿措施能够适应国家的总体发展规划。

（二）保障契约关系正义性指向的技术方案

非制度性要素的制度化嬗变为生态补偿提供了存在的基础。将天然存在的生态系统纳入社会管理体系中，以生态环境保护为导向的需求使生态补偿制度有了诞生的可能。生态补偿从语义分析的视角出发，可以看出补偿措施是针对生态环境而进行的。而生态补偿在实际运行中，其所补偿的对象却是人。生态补偿的最终目的是保护自然资源，维持生态平衡，实现资源环境的可持续利用，但目的的达成需要通过人这一媒介来完成。人类的创造性发明让人在自然界中脱离了简单的生物体属性，然而，任何一项发明所能产生的根据都无外乎自然本身所蕴含的规律与法则，人类在自然面前实际上仍然是渺小的，所以从人类的内心层面而言，对自然的崇敬是必要的。但与此同时，人的生产生活行为无可避免的需要利用自然资源，进而对生态环境产生一定的影响。在肯定这一条件的前提下，适度的利用生态系统提供的资源应当是被允许的。人基于社会管理的需求将生态系统纳入社会管理体系，进而将生态系统也嵌入了法律的权属规定中。国家、集体或者个人对于某一区域内的生态系统拥有所有权或用益物权，① 在物权人利益受损的情况下，得到应有的补偿是符合社会管理规范的。因此，生态补偿在存在机理上第一层次体现的是一种利益互换关系。生态系统所具有的权属性质使得人成为生态补偿的对象，在利益互换的作用下，间

---

① 当然，并非地球上所有区域的生态系统都有对应的物权；就生态补偿而言，也并非所有权属性规定都是明确具体的。

接实现对生态环境进行保护的目的。

在利益互换原理的基础上，生态补偿第二层次体现的则是一种价值互换关系。生态补偿的形式是多样的，但目前资金补偿仍然是主要形式。在经济学和管理学的视野下，通过资金的补偿可以起到一定的激励作用，而激励作用的发挥离不开生态补偿对经济价值的衡量。事实上，生态补偿不仅需要衡量生态系统的经济价值，也需要衡量生态价值，[①]并且从生态补偿保护生态环境的最终目的出发，衡量生态价值显得更加重要。但问题在于，资金的补偿可以有效对应生态系统的经济价值，却无法直接对应生态价值。类似的问题不仅困扰在生态补偿领域，实际上社会中的许多事物都会陷入如此困局。例如，刑法对于一些不同危害程度的犯罪行为规定了不同时间长短的自由刑，但犯罪人的自由在时间上并无法直接有效反映其犯罪行为的损害结果和造成的影响，且自由的价值本身是无法用时间长短来衡量的。面对这种局面，人类选择将社会规则中对行为结果的处理方式进行基本的对应价值考量与计算，再考量结果进行类型化的规定，用以处理相对应的行为。例如人们根据剥夺自由的时间长短对人感受到的痛苦程度的不同而将自由刑类型化为不同长短的刑期，来对应不同程度的犯罪行为。[②]对于生态补偿而言，生态价值本身虽然难以与金钱的数量有对应关系，但生态价值却又是必须考虑的因素，所以自然科学仍旧致力于研究生态系统的生态价值以经济的形式在何种限度内能够合理体现，寻求以金钱价值尽可能地对应生态价值，并将其类型化为补偿的具体标准，以执行不同生态状况的生态补偿措施。因此，生态补偿实质上就是一种价值互换的手段，而价值互换也已经成了人类历史发展至今管理社会必要并且常用的手段，这使得生态补偿有了根本性的存在依据。

价值互换原理是法治社会基于草原生态补偿契约正义的指向而提供的技术

---

① 我国目前所进行的生态补偿实践，对生态价值的衡量基本处于缺位的状态。

② 对于自由刑刑期长短意义的论述可参见：刘晓莉：《无限额罚金刑的司法适用与未来展望——以生产、销售假药罪为视角》，《当代法学》2013 年第 5 期；严海：《立法论与司法论双重视角下的无限额罚金刑研究》，东北师范大学硕士学位论文，2013 年。

方案，其与非制度性要素的制度化嬗变共同构成了草原生态补偿契约正义理论的主要内容。价值互换原理和非制度性要素的制度化嬗变也是草原生态契约正义理论所秉持的生态价值观在现实中的具体体现，二者为前文拟制生态系统内在价值的合理性提供了思维支撑：地球广博而深厚的存在为人类的生存提供了条件，当人类将存在于自然界中的非制度性因素转变为制度性因素、并进行价值互换时，生态系统就相当于认同了人类的这一行为。因此，人类社会与生态系统之间是可以形成相互认同关系的。

四、以实现契约正义为主要补偿目标

草原生态补偿契约正义理论要求补偿过程以实现契约正义为目标，因为已经有了价值互换这一保障契约关系正义性指向的技术方案，因此应当以价值互换的思维正确处理草原生态补偿运行过程中的几对矛盾关系，寻求补偿过程以实现契约正义为目标。这其中最需要注意处理好的三对矛盾关系：立法限制与民族风俗习惯、生态保护与牧民生活质量、经济建设与生态文明建设，补偿过程如果要实现契约正义的目标，就应当平衡好这三对矛盾关系。

（一）平衡立法限制与民族风俗习惯，疏解主体和对象思维困境

人类社会以法律的形式进行利益关系的调整，法律的命令性规范或禁止性规范难免会对某些事项和行为产生限制作用，而限制作用可能会与社会的风俗习惯发生冲突。草原生态补偿契约正义理论的契约正义指向要求生态管理过程中对人类社会的历史文化传统、民族风俗习惯等都应给予尊重，从这一角度出发可以看出，草原生态补偿能够平衡生态系统自然资源所有权立法限制与民族的风俗习惯，对因立法限制所产生的生态补偿主体和对象思维困境起到疏解作用。

生态补偿的主体是通过生态系统受益的人，而补偿的对象分为两种类型，其一是因生态环境被破坏而在利益上受损的人，其二是主动保护生态环境的人。这样的设定在通常情况下是没有问题的，但是通过考察我国目前的生态补

偿实践可以看出，国家以财政补贴形式向主动保护生态环境的人进行补偿是当下我国生态补偿实践的主要方式，于是生态补偿的含义在此便遭遇了思维逻辑上的困境。众所周知，我国的各类生态系统为国家或集体所有，通过生态系统从事生产而获益的人，理应向国家或集体进行补偿；即便是主动保护生态环境的人，也应当将此作为一种义务。现今的情况却是国家通过向使用生态服务的人付费来阻止或避免生态环境的破坏，这在逻辑上恰恰是颠倒的。有学者针对政府向放牛的人付费来阻止水污染作了一个比喻："最明显的问题是，你为什么需要向某人付费以制止他因放养牛造成的水体污染？他从一开始就不应该把河流弄脏……我会向一个人付费，阻止他抢劫我吗？"①这一比喻较为形象地表现了生态补偿含义所遇到的思维困境。

上述生态补偿含义的思维困境在草原生态补偿领域得到了有效的疏解。对于生活在草原上的人们来说，从事畜牧业生产是草原居民赖以生存的主要经济来源。畜牧业作为具有悠久历史的传统产业，它的存在意义并不能轻易地被否定。同样，从事畜牧业生产的草原牧民在短时间内也较难转变生产方式。因此，草地资源对于牧民来说是生活与生产的必需资源，国家与集体对草地的所有权并不能阻碍牧民在草原内基本生存权利的享有。当牧民为保护草原生态环境而采取禁牧或减畜措施时，由国家进行经济补偿是合理的。

（二）平衡生态保护与牧民生活质量，维护民族团结和边疆稳定

草原生态补偿契约正义理论认可人类社会和生态系统之间相互认同的关系，其契约正义的指向势必要在二者之间寻求利益的平衡，这既是对自然界的理性补偿，也是对人文精神的深度关怀。

草原生态补偿旨在保护草原生态环境，我国目前的实践是根据草地植被的生长情况将需要保护的草原区分为禁牧区与草畜平衡区。在两个区域内，牧民

---

① James Salzman: "What is the Emperor Wearing? The Secret Lives of Ecosystem Services", Pace Environmental Law Review, Vol.28, (2011), p.591.

会做出禁牧、减畜等措施，由此必然会给牧民带来经济收入降低的状况。而生活在草原上的牧民多数为世代传承畜牧业生产的本土居民，传统的生产方式已经深深印入日常生活中，牧民与畜牧业、与草原之间具有不可割舍的紧密联系。在牧民经济收入降低的情况下，因牧民的禁牧或者减畜措施在实质上保护了草原生态环境，因此，国家以受益者的身份向牧民进行生态补偿是一种平衡关系的体现。从牧民角度来看，保护草原生态环境是绝大多数牧民本身固有的意愿，究其原因主要是因为：其一，畜牧业生产需要草地资源提供牲畜食用的饲料，无限制地啃食草地资源势必不利于草原生态平衡的维持，因此牧民自然会考虑如何更好地保护草地植被，这也使畜牧业多以游牧的方式进行生产；其二，牧民生活于草原之上，基于对良好生活环境的需要和特殊的情感维系，牧民更愿意看到生态状况较好的草原。在牧民自身有保护草原意愿的情况下，草原生态补偿的存在已经不仅仅是一种经济激励手段，它体现了对牧民生活习惯和朴素情感的尊重，在更深一个层次实现了人性基础上的平衡关系。

草原生态补偿可以保障牧民的经济收入水平和生活水准，而草原地区又有较多的少数民族聚居地，因此草原生态补偿在一定意义上也是一种针对少数民族地区的政策倾斜。随着草原生态补偿在补偿形式上的不断多样化，也将会在更多方面为少数民族地区提供生活生产上的便利，从而推动社会公平、公正的实现。同时，草原生态补偿的实施也可以在地缘政治关系的优化上有所作为，为维护边疆地区的安全稳定贡献力量。

（三）平衡经济建设与生态文明建设，推动牧区生产方式的转变

与平衡生态保护与牧民生活质量同样，草原生态补偿对经济建设与生态文明建设二者之间的利益平衡也是基于草原生态补偿契约正义理论而寻求人类社会与生态系统的相互认同。区别在于，后者是从更加宏观的角度进行利益平衡。

生态文明建设在我国已经被提升至国家战略的高度，"生态文明建设功在

当代、利在千秋，关系到中华民族生存发展和伟大复兴。"[1]生态文明建设的任务在于生态环境的维持与保护，从理论上而言，杜绝一切人为利用生态资源的行为无疑是对生态环境最好的保护，但这在实际中是不可行的。生态文明建设应当充分权衡人为利用生态资源对生态环境的影响程度，再结合生态系统自身的恢复能力，对人为利用生态资源的限度划定一个"底线"，底线以上的行为应当是被允许的。事实上，我国目前所实施的"草原补奖"政策中"草畜平衡"的设定便是利用了这种生态底线的思维，政策允许牧民有限度地在草畜平衡区内放牧。

生态资源利用底线的划定并非易事，除本身需要进行大量的科学实验外，一些影响因素也制约着红线的划定。对于草原牧区生态文明建设而言，需要考虑的影响因素最重要的是两个，一是牧区牧民的生产生活需求，二是畜牧业产品的市场需求，这其中第一个影响因素更为重要。对于畜牧业产品的市场需求而言，短时间内可以通过市场自身的价格调控规律来调节市场的供需矛盾；从长远来看，转变生产方式、逐步进行集约化生产是一个必由之路，而这也需要充分考虑牧民生产生活需求这一因素。

草原牧区由于历史文化的原因使牧民与畜牧业生产形成了紧密的、甚至是天然的联系，而草原牧区生态文明建设又势必会要求畜牧业生产进行一定的限缩，这对于自身所拥有的草地被大面积划定为禁牧区或者草畜平衡区内进行较大程度减畜的牧民来说，在经济上无疑遭受了损失。转变生产方式应当是这部分牧民一个较为明智的选择，但转变生产方式又受牧民思维能力和经济能力的限制。从思维能力来看，因为世代的生产生活习惯让大部分牧民很难改变现有的生产方式，草原生态补偿的存在首先可以在一定程度上填补牧民的经济损失，但此时草原生态补偿对于牧区生态文明建设的意义还未真正体现出来。在大部分牧民较难进行生产方式转变的情况下，也并不排除部分牧民可能会脱离习惯性思维，主动走出牧区寻找新的发展机会，或者仍留在牧区内从事其他生

---

[1] 《十八大以来重要文献选编》上，中央文献出版社 2014 年版，第 641 页。

产。无论是何种形式，牧民的经济能力是十分关键的，草原生态补偿可为牧民转变生产方式提供经济上的支持，而转变生产方式对于牧区生态文明建设而言是极为关键的措施，草原生态补偿在此便推动了生态文明建设的进行。当下的我国草原已经成为牧区经济社会发展的主要瓶颈，而草原生态补偿恰好是打通这个瓶颈的有效途径。因为草原生态补偿一方面维护草原生态平衡，为畜牧业持续发展保驾护航，确保农畜产品有效供给，呈现绿色发展和资源永续利用；另一方面通过经济措施，帮助为草原生态保护牺牲个人利益（或遭受损失）的牧民转变生产方式、扩大就业渠道，从而促进牧民增收。可见草原生态补偿能够为牧区生态文明建设调节内在的矛盾关系。

事实上，草原生态补偿在经济上对牧民的支持还有更加长远的意义。对于牧民的后代来说，因为国家高等教育的发展使他们有了更多接受优质教育的机会，草原生态补偿则可为牧民后代的求学之路提供一定程度的经济保障。而这些接受了高等教育的牧民后代摆在他们面前的是两条路，一是留在城市生活和工作，二是返回家乡。经过较长时间的更替后，无论选择何种道路的牧民后代，给牧区带来的整体变化体现在两个方面，一是留在牧区的牧民逐渐减少，二是牧区的生产及经营方式更加科学化，这两方面的变化为牧区实现集约化生产变革提供了契机，使牧区彻底转变生产方式成了可能，从而有力推动了草原牧区的生态文明建设。

本章小结

本章设计专属于我国草原生态补偿的理论基础。理论与实践之间存在着相辅相成的关系，理论来源于实践，而实践的开启也离不开实践内容所依据的理论。立法作为一种实践活动，同样需要理论来指引，然而我国迄今尚未有草原生态补偿的专属理论，实践中常常都是套用一般的生态补偿理论基础。基于此，本章首先概述了生态补偿一般的理论基础，它们主要集中于经济学和生态学领域，具体包括公共产品理论、外部性理论、博弈论理论、可持续发展理论等。然后具体分析草原生态补偿套用一般生态补偿理论基础存在的实然不足，例如功利色彩明显和人文关怀不足等，结合草原本身的特征，设计了专属于我国草原生态补偿的理论基础。即以肯定人与自然相互认同为前提，以草原生态管理契约关系为基础，以契约关系的正义性为基本指向，以实现契约正义为主要补偿目标。本章内容为我国草原生态补偿法制建设的研究提供了理论引领作用。

第七章　中国草原生态补偿法律制度具体构建

以我国草原生态补偿法律制度现状检讨为基础，以草原生态补偿契约正义理论为导引，依托我国草原生态补偿的实践状况和课题组的实证调研结论，结合域外相关理论与实践及立法经验，本章进入著作撰写的核心部分，即草原生态补偿法律制度建设问题的探讨，以期为我国草原生态补偿立法工作提供理论支撑。

第一节　中国草原生态补偿立法目的

讨论我国草原生态补偿法律制度建设问题，需要明确立法目的，这是前提。立法目的的探讨，离不开草原生态补偿这一政策的预设目标，即目标设计。分析草原生态补偿政策的预设目标，应当依循如下思路：其一，我国之所以启动了大规模的草原生态补偿实践，是因为草原生态补偿的有效性及其在生态文明建设中的重要地位。其二，我国的草原生态补偿是以政策的形式实施的，与法律相比，政策存在一系列弊端，政策不具有法律所特有的普适性、规范性、持续性、强制性等特征，不能够像法律制度那样使生态补偿释放出更大的功效。因此草原生态补偿需要法律制度作保障，而构建草原生态补偿法律制度，就是针对草原生态补偿这一政策的预设目标予以法制化的过程。其三，根据"草原补奖"政策形成的初始来源，即 2010 年 10 月 12 日温家宝总理主持召开国务院常务会议，决定建立草原生态保护补助奖励机制促进牧民增收，以及 2011 年国务院发布的《关于促进牧区又好又快发展的若干意见》等相关规范，我们认为草原生态补偿的政策目标首先应当是加快草原生态保护，其次应当是促进牧民增收与推进牧区可持续发展。将草原生态保护排在第一位的根据是《关于促进牧区又好又快发展的若干意见》确立了在中国牧区发展中"生态优先"的基本方针，而要进一步明确和理解草原生态补偿的政策目标，关键是要正确认识草原生态保护和牧民生计之间的冲突与协调问题、定位好牧民生计在草原生态补偿政策目标中的位置。[①] 我们认为，在草原生态补偿过程中，尽管草原生态保护排在第一位，促进牧民增收排在第二位，但是牧民的收入不能低于补偿之前，这是补偿实践全部过程中需要把握的底线。理由在于，我国是社会主义国家，社会主义的属性决定了国家任何政策的制定都不能忽视人民群众日益增长的物质文化需要，都不能以牺牲人民群众的利益为代价，基于此，尽管草原生态补偿政策的第一目标是草原生态保护，但是生态补偿的效果不能允许牧民生计的降低，换言之，对于牧民的生计而言，草原生态补偿之后，只能是高于或等于补偿之前，否则这个政策就有可能背离社会主义的本质，就是不科学且不合理的，也是难以贯彻落实的。事实上，从上述草原生态补奖政策形成的初始文件来看，其形成的缘由已经包括牧民收入增长缓慢问题，而保护草原生态作为该政策的第一目标，其追求的首要效果便是促进牧民增收。综上，我们认为，草原生态补偿的立法目的，就是适用法律保障草原生态补偿的政策目标能够规范有序地得到落实。根据草原生态补偿的政策目标，草原生态补偿的立法目的应当包含三个方面：其一，加快草原生态保护；其二，促进牧民增收和牧区可持续发展；其三，保障草原生态补偿依法贯彻落实。其中，加快草原生态保护是首要目的或核心目的。

---

① 靳乐山：《中国草原生态补偿机制研究》，经济科学出版社 2017 年版，第 20 页。

一、加快草原生态保护

草原是具有生态、经济和社会文化等多种价值的战略资源，草原不仅仅是畜牧业的基本生产资料，而且是维持生态平衡、保障生态安全、传承草原文化、维护多民族团结的重要基础。在我国，草原的地位尤其重要，草原是我国最大的陆地生态系统，草原生态状况直接关系着全国的生态状况，可以说草原安全，我国生态就安全，草原美，我国就美。即便是从世界范围来看，我国草原也具有举足轻重的地位，我国草原占世界草原面积的13%，是仅次于澳大利亚的世界第二草原大国，在一定程度上看，我国草原生态状况也影响和决定着世界草原生态的状况。然而，长期以来，由于我们在观念上对草原的价值认识不到位，特别是实践中超载放牧和草原保护投入不足等原因，我国草原发生了一定程度的退化，可利用面积减少，生态功能发生了一定程度的退化。同时，牧民就业渠道狭窄，收入增长缓慢。也正是因为如此，2010年10月12日温家宝总理主持召开了国务院常务会议，此次会议作出了"建立草原生态保护补助奖励机制促进牧民增收"的决策，概括地讲，草原生态补偿主要是通过给予禁牧和草畜平衡的牧民以经济上的奖励，从而激励更多牧民参与草原生态保护。当然也包括对其他为草原生态保护而作出贡献的人或者因为草原生态保护牺牲自身利益者的奖励，以及在草原生态保护中获益者和对草原生态造成损害者要支付费用。草原生态补偿因其经济上的奖惩更好地体现出公平与公正，所以能够调动广大牧民的积极性，激发主动性。比较而言，在2011年启动大规模的草原生态补奖政策之前，我国草原生态保护政策主要也是禁牧和草畜平衡，但是其方式是行政式的，不易于调动广大牧民的积极性和主动性；还有的是实施开发项目，其特点是时空有限，效果自然也有局限；在2003年也曾经启动退牧还草工程，这也是草原生态补偿的一种实践方式，但是投入力度与适用范围都有限，而且草畜平衡还不给奖励，效果自然也有局限。事实上，从域外来看，生态补偿的有效性已经被很多国家普遍认同。实施"草原补奖"政策，一定程度上降低草原资源的使用率，延长其恢复周期，以此保护草原生态系统，维持其应有的生态价值。因此，我国实施"草原补奖"政策是科学的、合理的、符合国情的，是明智的选择，是加快草原保护，促进牧民增收，实现牧区经济社会和生态环境协调发展的重要举措。只是当下我国实施的草原生态补偿是政策性的，缺乏法律的普适性、规范性、持续性和强制性，难以全方位地发挥出草原生态补偿的功效。加强草原生态补偿法律制度的建设正是为了使"草原补奖"政策得以更加规范、合理、持续性地运行、在国家立法强制力支撑下运行，更大限度地发挥草原生态补偿的功效，这也是国家治理现代化在生态环境治理领域的具体体现。

二、促进牧民增收与牧区可持续发展

牧区在我国经济社会发展大局中具有重要的战略地位。目前，我国牧区主要包括 13 个省（区）的 268 个牧区半牧区县（旗、市），牧区面积占全国国土面积的 40% 以上。牧区是主要江河的发源地和水源涵养区，生态地位十分重要。草原畜牧业是牧区经济发展的基础产业，是牧民收入的主要来源，是全国畜牧业的重要组成部分。牧区矿藏、水能、风能、太阳能等资源富集，旅游资源丰富，是我国战略资源的重要接续地。牧区大多分布在边疆地区和少数民族地区，牧区不仅承担着生态保护的重任，而且承担着维护民族团结和边疆稳定的重要任务。改革开放特别是实施西部大开发战略以来，牧区生态建设大规模展开，草原畜牧业发展方式逐步转变，基础设施建设步伐加快，牧民生活水平显著提高，牧区发展已经站在新的历史起点上。但是，草原生态环境一定程度上的恶化仍然是制约牧区经济发展、牧民生活水平提高的瓶颈。

促进牧民增收，必须要推进牧区又好又快发展，即可持续发展，为此，必须加快草原生态保护，实现草原生态良性循环，为草原畜牧业可持续发展奠定坚实基础。牧区经济社会可持续发展的前提是生态安全，基础是生态公平。如果说草原生态补偿的直接目的是保护草原，维护草原生态安全，那么其深层目的就是实现生态公平。生态公平是社会公平的一种重要体现，具体到草原生态公平而言，就是要求对于主动保护草原的牧民或者其他为了草原保护而牺牲了自身利益的牧民给付合理的回报，即合理的补偿，这便是公平最直观的表现。草原生态补偿还可以有效解决畜牧业发展与草原生态环境恶化之间的矛盾，增强牧区经济实力，缩小与发达地区之间的差异，进而在一定程度上防止牧区人口与草原文化的流失。建立草原生态补偿法律制度就是通过国家层面的立法，一方面制定详细完备的草原生态补偿法律制度，规范草原生态补偿的客观标准和操作程序，逐步恢复草原生态系统的平衡，改善牧民生产、生活的物质基础，提高牧区经济发展实力；另一方面，提高牧民的环境保护意识，有利于维持现有的草原生态安全，在此基础上逐步提高牧区生产力，改善牧民生活质量，降低人口外流比率，繁荣牧区民族文化，推动草原牧区的经济发展也就是让草原牧区更加安全稳定，使民族关系更加团结，最终实现牧区的可持续发展。

三、保障草原生态补偿依法贯彻落实

草原生态补偿政策实施以来，取得了良好的效果，但也存在一些问题。如保护者和受益者以及为生态保护作出牺牲者的权利与义务及责任落实不到位；生态受益者与生态破坏者履行补偿义务的意识不强；生态保护者与为生态保护作出牺牲者有时得不到应有的补偿；生态补偿标准体系、生态系统服务价值评估核算体系、生态环境监测评估体系建设滞后，以及有关方面对生态系统服务价值测算、生态补偿标准等问题尚未取得共识；补偿范围偏窄；补偿标准偏低；补偿方式和来源渠道较单一；补偿资金支付和管理办法不完善等。另外，草原相关产权不够明晰也制约生态补偿机制的建立，补偿资金也不足。出现这些问题的主要原因就是，关于草原生态补偿的一系列工作都缺乏国家层面的法律规范的制约，尤其是缺乏法律责任的约束，正是因为草原生态补偿法制化的不足，所以草原生态补偿保护生态环境的应有功效没能得到全面发挥。当然，以上问题并非都能通过立法途径加以解决，比如生态补偿标准体系、生态服务价

值评估核算体系、生态环境监测评估体系的建设，以及有关方面对生态系统服务价值测算、生态补偿标准等，主要依赖于自然科学领域的研究，但其研究成果最终仍然需要通过立法赋予其为法定标准之地位。

因此，应当建立草原生态补偿法律法规体系，为各环节确定统一的操作标准，使得草原生态补偿能够长期有效实施。此外，还可以辅助以通过听证会等公众参与方式确立权威、公正的补偿标准，进一步从根本上解决补偿标准低的问题。通过立法建立草原生态保护评估机制，严格约束草原资源利用者的行为，缓解产业发展与生态保护之间的矛盾。明晰草原产权，建立完善的市场交易模式，有利于拓展补偿资金渠道，满足交易双方的利益需求，促进草原生态保护。总之，草原生态补偿的立法应以健全草原法制为目的，以便于依法保障草原生态补偿的贯彻落实，避免"公地悲剧"与"搭便车"等现象的发生。

第二节　中国草原生态补偿立法原则

一、草原生态补偿立法原则的确认标准

"立法原则是指立法主体据以进行立法活动的重要准绳，是立法指导思想在立法实践中的重要体现。它反映立法主体在把立法指导思想与立法实践相结合的过程中特别注重什么，是执政者立法意识和立法制度的重要反映"，[1] 也是构建法律制度的根本准则。立法原则的这一内涵，决定了其具有不同于立法指导思想和法律原则的特点。

立法原则有别于立法指导思想，立法指导思想是宏观的、全局的，它决定了立法工作的方向，必须通过立法指导思想方能指导立法工作；而立法原则则

---

[1]　张文显主编：《法理学》（第四版），高等教育出版社、北京大学出版社 2011 年版，第 11 页。

是具体的、可操作的，立法原则离不开立法指导思想的指引，是规范化、具体化的立法指导思想。[①] 立法原则与法律原则也存在差异，法律原则是立法原则的上位概念，立法原则不能等同于法律原则。两者对研究方法和研究对象的要求是不同的，我们可以通过总结现有法律规范研究法律原则，但对立法原则的研究必须对未来法规的概括与归纳，同时探讨影响立法效果的变量因素。另外，具体法律制度的立法原则应当与上位法律制度、平行法律制度的立法原则有所区别，体现该种法律制度的特别需要。

在确认草原生态补偿立法原则之前，需要回答三个问题：其一，草原生态补偿的立法性质是什么？其二，草原生态补偿的立法目标是什么？其三，草原生态补偿立法行为有什么特别之处？对于这三个问题的解答决定了我们需要什么样的草原生态补偿立法原则，也决定了相关立法原则的确认标准。

首先，草原生态补偿立法是立法机关为规范草原生态补偿实践所进行的一种立法行为，其立法过程应当符合《立法法》规定的关于立法的一般性原则。《立法法》第4—6条对所有立法行为提出了一些基本要求，根据这些要求，草原生态补偿的立法原则应当满足如下标准：其一，草原生态补偿的立法原则应当体现法治原则。根据《立法法》第4条的规定，立法应当依照法定的权限和程序，从国家整体利益出发，维护社会主义法制的统一和尊严。草原生态补偿的立法原则应体现这一规定，以使相关立法行为不超越立法权限、不违反立法程序、不与其他法律发生冲突，并使众多草原生态补偿规范结合成协调、统一的制度。其二，草原生态补偿的立法原则应当体现民主原则。《立法法》第5条规定了立法行为的民主原则。这一原则要求草原生态补偿的立法行为在主观上应当来自生态补偿的参与者、特别是受偿主体（即补偿对象）的意愿，在客观上必须满足信息公开与民众参与的要求。其三，草原生态补偿的立法原则应当体现科学性原则。《立法法》第6条第1款要求立法者应当具备这样一种态度，即一切从实际出发，不为执法、司法和守法主体规定不合理的法律负担。

---

① 徐向华：《立法学教程》，上海交通大学出版社2011年版，第60页。

这就要求草原生态补偿的立法活动，必须从实际出发，实现因地制宜、因时制宜、合理规划的立法目标；必须以发展的眼光审视立法的需要，保证法律的生命力，避免朝令夕改。这些要求，都应当在草原生态补偿的立法原则中得到体现。其四，草原生态补偿的立法原则应当体现针对性、可行性的要求。《立法法》第 6 条第 2 款规定，法律规范应当明确、具体，具有针对性和可执行性。草原生态补偿的立法原则应当要求相关立法行为在内容上避免空洞化、在程序上保证可实现性。

其次，草原生态补偿立法应当以实现草原生态保护为主要目标，应当着重体现生态保护法律的基本原则。草原生态补偿政策的实施体现了国家环境治理的现代化趋向，草原生态补偿是一种更加科学的环境保护制度，国家建构这一制度的主要目标是保护和可持续利用草原生态系统服务，[①] 因此，对于该制度的立法还应当与《环境保护法》的基本原则保持高度一致，体现坚持生态保护优先、预防与治理并重等要求。

再次，草原地区的特殊性决定了草原生态补偿立法必须反映草原生态保护的实际需要。草原是我国最大的陆地生态系统，草原生态系统的脆弱性决定了草原环境的易受破坏性，草原环境一旦被破坏就会危及全国乃至世界的草原安全及环境安全。法律作为上层建筑，其决定于经济基础。在草原地区，草原既是生产资料，又是生活资料，草原本身就是草原地区的重要经济基础，而且草原还具有明显的跨区域性。总之，草原地区的地理、社会、民族环境决定了不能把草原生态环境的保护与提高牧民的生活水平对立起来，我国草原生态补偿政策的立法必须充分考虑草原生态状况，必须要满足草原环境保护的特殊需要。

依据上述草原生态补偿立法原则的确认标准，我们从如何立法与立什么样的法这两个方面，将草原生态补偿立法原则划分为程序性原则和实体性原则两部分。

---

① 中国生态补偿机制与政策研究课题组：《中国生态补偿机制与政策研究》。

二、草原生态补偿立法的程序性原则

立法程序和立法内容是立法活动的两个重要组成部分，立法程序解决的是如何立法的问题，立法内容解决的是立什么样的法的问题。草原生态补偿的立法在立法程序和立法内容上都应当遵循一定的原则，进而言之，草原生态补偿立法需要同时关注程序性原则和实体性原则。值得注意的是，因同一位阶法律的立法程序是在《立法法》中统一规定的，因此草原生态补偿立法的程序性原则与其他立法的程序性原则之间差异并不大，这些原则包括如下内容。

（一）审慎立法原则

法律规范的制定会改变旧制度、产生新制度，对既有秩序产生冲击。不慎重的立法活动往往会过度冲击社会秩序，影响社会的稳定。草原生态补偿政策的核心是生态利益的受益者应当就其享受的草原环境公共产品向生态利益的提供者付费，这与当下大众普遍接受的私法观念大有不同。基于私权神圣原则，民事主体对缺少明确权利主体的客观之物——生态利益享有自由使用、受益的权利，草原生态补偿政策实际是要通过限制受益人的这种权利，达到补偿生态利益提供者的目的。既然以限制私权为手段，草原生态补偿政策的立法工作就必须坚持审慎立法的原则。这一点在涉及草原生态补偿制度的行政立法工作时，尤其需要注意。具体来说，审慎立法原则要求我们应当注意以下几个方面的要求。

1.审慎做出立法动议

草原生态补偿政策是环境保护制度的重要组成部分，立法者在决定进行立法、做出立法动议前，应当对相关立法事项进行细致调研，做好立法的事前评估、效益判断以及可行性分析。如果现有法律规范已经对相关事项进行了规定，就不需要进行重复立法。如果上位法规范条文不清，不能得出唯一解释，立法部门应当首先请求有权进行法律解释的机关加以解释与说明，而不是径行立法。如果相关立法事项超出了一个地区、一个部门的能力或权限范畴，立法者就应当充分考虑跨区域、跨部门立法的可行性。如果立法评估认为拟立法律投入成本过高，就不应当启动立法程序。如果只需要少量立法资源就可以解决相关问题，就应避免立法资源的浪费。

2.审慎起草、审议立法草案

草原生态补偿的立法工作需要谨慎创新，这是立法者在起草、审议立法草案时必须坚持的基本态度。在法律草案的起草、咨询、意见征求阶段，立法者应当审慎、严谨地订立法律条款，合理设置权利（力）义务，反复推敲、琢磨，提高立法质量。在法律草案的审议阶段，立法者应当对法律可能的影响与效用进行通盘考虑，结合本地区、本部门的实际情况，提高审议质量，防止法律出现与上位法冲突、执行力差甚至影响民众正常权益等负面情况。

3.认真进行立法后的评估工作

草原生态补偿政策作为新生事物，其立法工作不可能一蹴而就，而是需要经过实践检验，总结经验教训，不断完善。当立法者审议通过法律草案，正式出台法律规范后，一定要重视立法效果评估和意见反馈机制；通过评估和总结，判断法律的施行效果，确定下一步的修法或立法方案。草原生态补偿制度的新生性决定了立法者的工作在法律规范通过后并未结束，立法者需要将这种立法工作视为一项长期性工作，在实践中不断修正、不断调节，加以完善。

（二）统筹协调下的创新立法原则

作为一种与既有私法制度不同的特别制度，草原生态补偿政策的立法工作必须以审慎立法为原则。从常理分析，最"审慎"的做法就是萧规曹随、唯上是从，因为人类认识的局限性，任何的创新活动都有一定的危险性。世界上不存在没有风险的创新活动，任何创新都需要不断试错才能成功。因此，作为一项新生的、需要通过创新性立法建立起来的制度，草原生态补偿政策的立法试错不可避免，其潜在风险不可避免。如果立法者只注重坚持审慎立法原则，可能会妨碍新制度的立法工作。当然，我们不能因审慎与创新的矛盾就从一个极端走向另一个极端，缺乏审慎态度的"创新"不能保证立法质量。草原生态补偿政策的立法原则应当向立法者指明如何在立法活动中兼顾审慎和创新的要求。

草原生态补偿政策的立法工作必须坚持统筹协调下的创新立法原则。其基本内容是：其一，草原生态补偿法律制度不是通过单一的立法行为，而是需要多个立法主体在多个阶段共同完成的立法行为；其二，不同立法主体在立法工作中的任务和目标并不一致；其三，这些分别进行的立法工作应当在统筹协调下进行。具体来说，首先，中央立法机关应当通过座谈、会商等途径，与地方立法机关确定基本的立法统筹协调计划；其次，地方立法应当先于中央立法，草原地区的立法应当先于非草原地区的立法。在此阶段，地方立法的任务是通过创新性的立法工作不断试错，探索草原生态补偿政策的效用与基本要求。地方立法的目标是制定出符合本地区需要的草原生态补偿制度，体现本地区的特色。地方立法应当适度突破行政区划的限制，草原资源的不同地区应当在中央统筹指挥下，积极推进区域立法，及时总结经验。草原生态利益的受益地区应当尝试与供益地区通过各种方式建立区际草原生态补偿机制，为下个阶段立法总结经验教训。中央立法机关在此阶段的主要工作是对地方立法工作进行技术支援，提供区际交流与协作立法的平台，促进地方立法工作的展开，而不是草率制定法律；再次，当地方立法工作相对成熟后，中央立法机关应当在总结地方立法经验的基础上通过法律确立草原生态补偿制度。中央立法机关应当审慎总结地方立法经验，既要避免所制定的法律与上位法冲突，或包含只能施行于地方的立法规定，也要避免法律原则化、空洞化，以使法律能够真正规范草原生态补偿行为；最后，中央立法工作完成后，应当积极组织地方立法机关制定相关实施细则和地方规章，清理与新法冲突的地方法规，保证草原生态补偿制度的严整性。

通过统筹协调，草原生态补偿的立法工作可以最大限度地平衡审慎与创新的需要，使得立法者不再面临非此即彼的选择僵局，而是互相促进、互相推动的有利形势。实践证明，只有立法者秉持审慎、务实的态度，才能保证立法工作的创新性。只有通过统筹协调，明确各个层次、各个地区立法机关的立法任务，才能保证草原生态补偿政策的立法工作的创新性。

（三）可操作性原则

法律的生命在于实施，法律必须具有可操作性。法律是否具有可操作性，是衡量立法创新之实效的重要标准。

何为法律的可操作性，《立法法》第 6 条第 2 款要求法律规范应当明确、具体，具有针对性和可执行性。有学者认为，法律的可操作性，指法律在适用上是否具有可实施性，法律是否能够适用具体问题，是否能够得到具体落实。[①] 由于草原生态补偿立法工作需要多个立法主体通过多次立法活动才能完成，不同立法活动的任务目标各不一致，应当通过不同的标准对这些立法活动的可操作性进行评价。

1. 中央立法之可操作性标准

中央立法之权力来自国家主权，中央立法之地位来自国家权威，中央立法之结果施行于全国范围。因此，中央立法不可不慎重、不可不庄严，"鼎之轻重，未可问也"。然而，法律作为一种上层建筑，若不能定分止争、令人知事，则与偶像无异，虽高高在上，却铜胎泥塑，毫无用处。中央立法机关在制定草原生态补偿方面的法律规范时，应当结合规范之抽象性与具体性，加强规范的可操作性。其一，树立立法的风险意识，充分考虑法律对社会发展、历史文化的影响，合理评估立法的成本收益；[②] 其二，明确法律规范中的概念以及概念之间的逻辑关系，达至立法同一、无矛盾、排中的标准；[③] 其三，合理确定不同主体之间的权利（力）、义务与责任，尤其应当避免责任条款的虚化。相关法律议案一旦通过，立法者在必要时应当主动向社会说明，哪些主体权利(力)会受到限制、哪些主体会承担何种义务、哪些主体在何种条件下会承担什么样的法律责任。

2. 地方立法之可操作性标准

地方立法在草原生态补偿立法进程中的主要任务，一是在制度草创阶段大

---

① 余向阳：《论法律的操作性与法治》，《学术界》2007 年第 1 期。

② 腾延娟：《论环境立法的科学性》，《浙江大学学报（人文社会科学版）》2015 年第 5 期。

③ 冯玉军、王柏荣：《科学立法的科学性标准探析》，《中国人民大学学报》2014 年第 1 期。

胆创新，为中央立法和其他地方与部门的特别立法积累经验；二是在中央立法完成后，及时出台细则性规定，满足地方的实际需要。地方立法之可操作性标准，大致有以下几个方面：

首先，突出地方特色。不同地区的草原生态环境各有差异，草原生态补偿政策的立法工作也应当注意突出当地的特色。在中央未有特别立法之前，地方立法机关应当在不违背上位法的前提下，合理评估、科学预测，明确哪些问题应当由地方立法解决，哪些问题应当通过区域协作解决，以及充分反映本地的经济、政治、资源、法制、文化、风俗、民情等对地方立法调整的需求。在中央立法工作完成后，地方立法机关应当及时清理与上位法冲突的本地法规，使其在合法基础上具有更强的生命力。

其次，彰显地方立法空间，避免立法重复。地方立法是我国立法体系的重要组成部分，中央立法与地方立法存在抽象与具体、一般与特殊的逻辑关系。[①] 中央立法要慎重地保证国家法律的完整性与权威性，不要过度干涉地方的立法空间；地方立法应当在不与上位法冲突的前提下大胆创新，突出时代性与地方性，既要防止与中央立法发生冲突，也要避免立法重复。当然，由于地方法规与上位法存在"细化、补充"的逻辑联系，一些立法重复不可避免，如立法目的、法律原则、前提条件等；除此之外的立法重复是不必要的，如上位法对行为模式和法律后果都有明确的规定，而地方性法规进行重复表述的；或者没有改变上位法法律规则中权利、义务的实质性分配，只是在文字表述上稍有差异的，都属于不必要的重复。地方立法机关应当以审慎的态度、创新的精神，彰显地方立法的自主性，避免立法资源的浪费。

再次，充分考虑法规的立法与实施成本。草原生态补偿制度的地方立法应当特别注意法规的成本问题，在其他地区、其他部门能够顺利进行的立法方式，不一定在本地区的草原生态补偿立法工作中适用。例如，一些经济发达地区在制定地方法规前，往往通过立法听证程序了解各方意见，推动立法进程。

---

① 张志铭:《转型中国的法律体系建构》,《中国法学》2009 年第 2 期。

但由于立法听证耗时较长，需要付出较高的人力、物力成本，经济相对落后地区（如我国多数草原地区）应当慎重选择听证程序，各地方草原生态补偿法规也不宜将听证制度规定为立法的必经程序。同时，地方性的草原生态补偿立法工作应当控制法规的实施成本。其一，要科学设定本地区草原生态补偿工作的目标，避免贪大求全、脱离实际，损害草原监管部门的权威。其二，要适当控制草原生态补偿法律制度的实施成本，防止扰民。例如，可以通过减免群众税费的方式在草原地区发放补偿款，这样既减少了补助款项的流通环节、降低了流通成本，也减少了基层工作人员和群众在发放、领取补助款过程中付出的额外成本。

三、草原生态补偿立法的实体性原则

草原生态补偿立法除了需要遵循上述程序性原则外，还应当遵循实体性原则。与程序性原则不同，实体性原则因更多关注的是立法内容是否科学与合理，而不同法律法规所调整的社会关系有很大差别，所以不同法律法规的立法在内容上便会表现出诸多差异性，进而使不同法律法规的立法在实体性原则方面也体现出差异性。根据生态补偿的实际需要和草原生态要素的特殊性，草原生态补偿立法应遵循以下几项实体性原则。

（一）草原保护优先原则

草原保护优先原则是《环境保护法》的保护优先原则在草原生态补偿立法中的具体化，就是要求从源头上加强草原生态环境的保护和合理利用，避免草原生态破坏。中国草原面积巨大，战略地位突出。但是长期以来，受观念意识的局限，受农畜产品绝对短缺时期优先发展生产的影响，强调草原的生产功能，忽视草原的生态功能，由此造成草原一定程度上的超载过牧和人畜草关系失衡。草原保护优先原则，是指在草原保护与发展中，把保护放在优先的地位，在发展中保护，在保护中发展。该原则还有"自然恢复为主"的内涵，就是在草原生态建设与修复中，以自然恢复为主，与人工恢复相结合。对于因保护与建设

而受损的农牧民给予补偿，对于为了保护与建设而作出贡献的农牧民要给予奖励。在保护与建设中的受益者和给其他牧民造成损害者要支付补偿费用。

（二）开发者保护受益者补偿原则

该项原则是在党的十六届五中全会《关于制定国民经济和社会发展第十一个五年规划的建议》中首次提出的。它既是生态补偿的一般原则，也应当是草原生态补偿立法的特有原则。

开发者保护受益者补偿原则的内涵至少包括两个方面：一是开发利用和保护草原的行为，使一些人受益了，也使另一些人蒙受损失；二是开发利用草原的行为给草原直接带来破坏，保护草原的行为给草原直接带来益处。受益者或破坏者要支付补偿费用，保护者或受损者要接受补偿。易言之，草原资源的效益具有扩散性，草原生态环境质量改善会使更多人受益。因此，保护草原生态环境者应当得到应有的经济回报，受损者也要获得应有的补偿；而受益者和破坏者应当支付相应的补偿费用。需要说明的是，该原则包含了"谁污染谁赔偿、污染者负担原则"，即向草原排放污染物的单位或个人属于破坏草原的行为，必须支付相应费用。①

（三）公平与激励原则

生态补偿的本质在于适用经济政策手段，通过经济上的奖惩，保护生态环境，维护生态平衡，促进生态公平乃至社会公平，其中还包含着一个深刻的寓意，即调动更多人保护生态环境的积极性。由此，在草原生态补偿立法中，必须坚守公平与激励的观念，在补偿范围和标准等方面，充分体现公平性与激励性，尽可能实现环境利益及其相关的经济利益在保护者、破坏者、受益者和受损者之间的公平分配。同时，通过对公平原则的体现，也激励更多人积极主动地、自愿地参与到草原生态补偿工程中来。

（四）草原保护与促进牧民增收相结合原则

中国创设草原生态补偿政策的目标之一就是促进牧民增收。因此，在草原

---

① 秦玉才、汪劲主编：《中国生态补偿立法：路在前方》，北京大学出版社 2013 年版，第 24 页。

生态补偿实践中，尽管补偿政策的第一目标是草原生态保护，但是必须要秉持促进牧民增收之观念，必须确保禁牧不禁收、减畜不减收，对于禁牧和减畜的牧民，不仅要给予资金上的补偿，而且还要提供政策、项目、技术培训等其他资助，帮助牧民扩大就业渠道，保障广大牧民在参与草原生态补偿实践之后，其收入要大于或等于之前，不可以小于之前，这是基本的底线。如此，将草原保护与促进牧民增收结合起来。

（五）有效性原则

现行《草原法》是 2002 年颁布、2003 年实施的，与 1985 年《草原法》相比，其重要变化或亮点之一是规定了草原犯罪，使"截留、挪用草原建设资金"和"开垦草原"等六种严重危害草原的行为被纳入刑法规范，具备了追诉刑事责任的法律依据。但是，由于立法技术问题，草原附属刑法与刑法典没有直接对接，对草原犯罪的实际追诉大部分需要间接套用刑法典相关罪名，而"开垦草原罪"根本无法适用，即"开垦草原罪"成为无效条款，导致"开垦草原"这种最严重最广泛的破坏草原的行为，在将近 10 年的时间内，无法追究刑事责任，直到 2012 年 10 月"草原司法解释"出台才解决这一问题。鉴于此，草原生态补偿立法需要特别贯彻有效性原则，确保每一个条款都是有效的。此外，有些生态补偿规划之所以没有被采纳，就是因为操作成本过高，从长期来看，甚至影响社会和经济的发展。[①] 因此草原生态补偿立法要充分考虑草原生态补偿行为的有效性，将长期效应和短期效应结合起来。

（六）持续补偿并适时加大资金投入力度原则

草原的治理与修复必然是一个相当漫长的过程。目前，中国草原生态补偿是以 5 年为一个周期，属于政策性的，缺乏长效机制，同时，从补偿实践来看，补偿费用也不够充足，因此，应当将草原生态补偿法律化、制度化，形成稳定的长效机制，而且要在财政允许的条件下逐步增加补偿金额。

---

① 秦玉才、汪劲主编：《中国生态补偿立法：路在前方》，北京大学出版社 2013 年版，第 25 页。

（七）因地制宜分类补偿原则

我国草原面积广大，类型复杂多样。目前被学界普遍接受的观点认为中国天然草原有 18 个类，将这 18 个草原类根据生物大气候和植被型的共同性，可以归纳出 8 个草原类组。[①] 即便是同一个类组的草原，其自然状况、生态价值、经济价值、发展机会成本等差异也是很大的。因此，在立法时应当贯彻因地制宜分类补偿原则，较理想的方式，是依据 18 类草原各自的自然状况、生态价值、经济价值、发展机会成本等发放不同数额的补偿，次之的方式，是依据 8 个草原类组的不同情形发放补偿金额。目前，受自然科学技术水平等的局限，还不能实现依据草原类和草原类组进行补偿，但是，应当考虑草原保护红线的相关要求，区分草原保护红线内外生态补偿的标准。

（八）损害担责原则

环境损害是指由于人为活动而导致的人类与其他赖以生存的环境受到损害与不良影响的一种事实，损害者要为其造成的损害承担责任，这是环境保护的一项重要原则。当然也应当成为草原生态补偿立法的一项基本原则，因为在中国，长期以来，始终存在着一个很愚昧的观念，就是不珍惜、不重视草原，对草原的生态价值、经济价值和社会价值等多种价值视而不见。所以，为了妥善地保护草原，在草原生态补偿立法中，必须特别强调损害担责原则。即，对于符合补偿条件的损害草原的行为要予以补偿，对于严重损害草原的行为，应当依法承担相应的法律责任。尤其需要明确，对于因违反生态补偿法制而造成生态损害的相关行为，必须追究法律责任，直至刑事责任。

第三节　中国草原生态补偿立法内容

中国草原生态补偿法律制度的健全完善，在程序上应当有两种选择：一是

---

① 刘晓莉：《中国草原保护法律制度研究》，人民出版社 2015 年版，第 4 页。

先行制定出台一部国家层面的、能够指导、规范所有生态要素的生态补偿法律，谓之"中华人民共和国生态补偿法"，以此为依据健全完善各项具体生态要素的生态补偿法律规范；二是先行制定出台各项具体生态要素的生态补偿法律规范，再依据这些具体生态要素的生态补偿法律规范，抽象归纳出一般的生态补偿法律规范。鉴于森林、草原、湿地、流域等各项生态要素的生态属性与经济属性的差异，分别制定其自身的生态补偿法律规范，比直接制定总体的一般性法律规范或许立法成本更低，因此，第二种途径更符合当下我国现实。

在制定草原生态补偿具体的操作规范的同时，应当推进在《宪法》中直接规定生态补偿的内容。从立法形式上看，宪法在法律体系中位阶最高，是国家的根本大法。我国现行《宪法》对生态补偿基本精神的体现是间接而不明显的，为了使宪法体现出在生态保护中的应有作用，宪法应当以条文的形式明确规定生态补偿的内容，以直接体现其基本精神。同时，在宪法中直接体现生态补偿的基本精神也可以"为人们生态补偿意识的提高提供宪法层面的引导"，[①] 这也便于更好地推行生态补偿制度。然而，我国现行《宪法》刚刚于2018年进行了第五次修正，此次修正虽然明确了生态文明建设在国家建设方略中的地位，但依旧没有直接规定生态补偿的内容，然而为了宪法的稳定性需求，短时间内不宜再对宪法进行修正，但在今后可能的修正工作中，确实应当将生态补偿的内容直接规定于其中。此时需要考虑的是，直接规定生态补偿内容的条文应当置于宪法的什么位置？本文设想是将其放置在"公民的基本权利与义务"一章中，其原因主要基于以下几方面：其一，宪法是关于国家根本制度的纲领性法律文件，而生态补偿从字面意思来看是对生态环境进行补偿，但生态环境是无法作为一个权利主体出现在宪法之中的；其二，现阶段我国宪法将对生态环境的保护仅仅作为国家的一项基本义务，但宪法学界已有很多呼声主张确立公民享有良好环境的基本权利，因此，作为保护生态环境的有效手段，生态补偿规

---

① 张锋：《生态补偿法律保障机制研究》，中国环境科学出版社2010年版，第80页。

定于公民基本权利中相比较而言会更受重视；其三，公民良好环境的享有是一个较为空泛的权利，必须通过一些具体的制度性内容加以细致描述，生态补偿应当就是其中的一个内容。当然，宪法本身不能规定特别细致的内容，只要能够直接、明确体现生态补偿的基本精神即可。对于党的十九大所提出的建立市场化、多元化生态补偿机制而言，因为我国现行《宪法》第15条已经对社会主义市场经济体制和国家对经济进行宏观调控的职能作了规定，因此无须再在宪法中规定。

关于草原生态补偿法律制度的具体构建，即具体的立法内容，本部分没有完全按照调研结论归纳的顺序撰写，而是遵循习惯，从方便阅读的角度出发，先行撰写草原生态补偿中的关键要素，例如补偿主体、客体、标准、方式、发放及来源等如何在立法中予以规范，随后再撰写在草原生态补偿中可能涉及的各种法律责任，包括民事责任与行政责任，尤其是刑事责任在立法中如何设定。但是，其中刑事责任部分是按照调研结论归纳的顺序撰写的。需要说明的是，上述立法内容的设定充分依据了调研结论，并且囊括了调研结论中需要体现在立法中的全部内容。

一、草原生态补偿的主体与客体

草原生态补偿的主体与客体应当在《草原法》中予以规定，但这样的规定应该是一种类型化的规定，特别是对于主体而言。即立法的内容不应当规定"谁是主体"，而应当规定"什么样的人或组织是主体"。值得注意的是，法学领域中"主体"与"客体"的称谓是有特定内涵的，草原生态补偿的主体与客体在法学研究的视角下来看，二者本身便是法律关系的要素，而根据法律关系理论对主体的界定来看，通常所称的"补偿主体"和"补偿对象"在法律关系中都应当属于"主体"。因此，以法律关系为视角来分析主体问题时，宜将"补偿对象"称为"受偿主体"更为合适，但二者之间其实只是称谓上的差别。本章内容因探讨的是草原生态补偿法律制度构建的问题，因此本部分按照法学的思维方式将"补偿对象"称为"受偿主体"。

(一)草原生态补偿的主体及其划分依据

实施草原生态补偿,首要的问题就是要确定"谁补偿谁"的问题,也就是要正确恰当地区分补偿方和受偿方,它决定着草原生态补偿的来源与指向、地域范围,尤其是补偿责任的比例承担、受偿权益的分配层级。在我国,法律部门之间的划分依据主要是调整对象,因此,为了明确各部门法中法律关系的主体,一般的法律都会有对于"标准人"的预设。"由于法律制度的抽象性、概括性要求,在规定相关权利与义务时,立法者需要确立一种抽象的'标准人'作为法律主体的基本定位。"[①] 故此,应首先明确草原生态补偿法律关系中的主体。

草原生态补偿法律关系的主体,即生态补偿法律关系中具有民事行为能力的主体,包括自然人和法人,主要是指在生态补偿实践活动中的补偿主体和受偿主体。本书划分主体的依据是在草原生态补偿法律关系中的权利与义务关系,即主体因法律规定或者现实因素而享有的权利和承担的义务。根据中共十六届五中全会通过的"十一五"发展规划中提到的"按照谁开发谁保护、谁受益谁补偿的原则,加快建立生态补偿机制"的规划,可以把草原生态补偿法律关系的主体划分为义务的承担者(即补偿主体)和权利的享有者(即受偿主体),其中受偿主体也成为补偿对象。

草原生态补偿实践中的补偿主体和受偿主体,可以按照"谁开发谁保护、谁受益谁补偿"这一原则来确定。补偿主体即义务的承担者,是指在草原生态补偿实践中因自身行为而承担义务的自然人、法人(包括各级人民政府)和其他组织,此处的行为可以是行为人开发利用草原生态环境和草地自然资源而损害了生态系统,或者是从环境和自然资源中获取了额外的利益。当主体有以上行为时,他就有义务以某种形式回馈草原生态系统中的其他利益受损者,抑或是以恢复原状或者是经济补偿等手段对因草原生态环境损害而利益受损的主体

---

① 李有根:《论法律中的标准人——部门法角度的思考》,《美中法律评论》2005 年第 1 期。

进行补偿。

　　受偿主体则是因为自身利益受到损害或者是因自身的行为对草原生态环境施加了积极因素或具有促进意义，继而被国家所认可。具体而言，包括两种情形：其一，行为人是在草原生态环境、自然资源开发利用和环境污染治理中，因草原生态环境质量下降或者为避免生态环境质量下降，迫使其做出某些牺牲而使自身利益遭受直接损失的主体；行为人因其他主体开发和利用草原资源、自然环境而导致环境质量下降的行为，致使自身的利益受到直接的损害，或者行为人积极响应国家环境保护的号召改变自身利用生态资源的方式而自身利益受到了损失，国家应给予补偿。其二，行为人主动实施某些保护草原环境和自然资源的行为，有作为地创造了额外的生态系统服务功能和价值，对于此类行为，国家和集体作为自然资源的所有权人，应对此类行为进行补偿，包括但不限于政策支持、金钱补偿等。

　　在理论界，也有学者将生态补偿法律关系的主体以补偿和受偿为标准划分为补偿主体、受偿主体、实施主体，[①] 划分理由是"由于生态补偿自身的特殊性，从而直接由生态补偿主体向受偿主体进行补偿存在困难"。因此他提出在补偿主体和受偿主体之外还应存在一个实施主体，即政府，由政府作为补偿主体的代表即实施主体，向受偿主体进行补偿。我们认为这样的观点有失偏颇。我国是全民所有制的国家，政府作为国家的代表行使自然资源的管理权和收益权，这是毋庸置疑的。即便在实践中因为生态利益的公共属性、补偿主体和受偿主体的范围过大等因素，生态补偿的实施具有一定的困难性，然而政府作为人民意志的行使者，有权力也有义务作为生态补偿的补偿主体向受偿主体进行补偿，或者是作为受偿主体接受补偿，然后再以其他形式反馈到相关群体中。在实践中，政府总是作为补偿主体和受偿主体出现的，应该根据具体情形将政府划为这两类主体中的一个，而不应将政府单独列出，否则就会使政府在生态补偿运行中的地位不明确，政府也会存在不作为的可能性。

---

① 张建伟：《生态补偿制度构建的若干法律问题研究》，《甘肃政法学院学报》2006 年第 5 期。

本文所述的草原生态补偿法律关系中的主体，是依据法理学中的权利义务学说所划分的。我国建设法治国家，需要依靠法律规范调整社会关系，明确利益相关者的权利义务及其责任，平衡利益冲突，实现生态补偿的目的。

在理论界，对生态补偿主体的划分还存在其他依据。例如有学者将生态补偿法律关系主体划分为生态保护利益的"施益者""受益者"和"破坏者"。① 此种划分依据是具有民事行为能力的自然人和法人从生态环境与自然资源的得益或者损益的结果，我们对此不能十分认同。理由在于：将生态补偿纳入法律调整的范围是无可争议的，然而在法律关系中能够合理诠释行为人的权利和义务的，是权利义务学说，根据是其中包含了国家意志对于此种所调整的社会关系的保护。"利益说"可以清晰明了地解释在生态补偿实践中，行为人因自身行为而享有的能够给自身带来好处的积极因素，但却无法体现国家意志在生态补偿法律关系中的调整作用。国家作为自然资源的所有者，在生态补偿实践活动中发挥着总领全局、协调利益的不可替代的作用，并且生态补偿实践中国家及其政府往往作为提供社会基础设施和公共基础服务的主体，需要对于生态补偿实践的利益相关者提供不可替代性的补偿方式，如政策支持等。由此，"利益说"中国家意志的重要性未能得到完全体现，生态补偿主体的划分应当采用权利义务学说。

（二）草原生态补偿的客体

此处所指称的"草原生态补偿的客体"依旧是法学思维下的称谓，"客体"所要表述的是草原生态补偿所指向的某种需要保护的事物。因此，在法学思维下，草原生态补偿的客体就是指草原生态补偿的保护对象，这与非法学思维下所称的"补偿对象"并非同一概念，法学领域内将"补偿对象"作为法律关系的一方主体，称为"受偿主体"，这在前文已有提及。

人类是自然生态系统中最为活跃的因素，人类对生态系统和自然资源的利用行为对生态系统有着深刻的影响。从工业革命起，随着人类生产方式的改变

---

① 杜群：《生态保护法论——综合生态管理和生态补偿法律研究》，高等教育出版社 2012 年版，第 323 页。

和生产活动的扩大，人类的需求与生态系统和自然资源的供给之间的矛盾愈发尖锐，显现出不可调和之势。资源枯竭、环境污染等环境现象频发，严重地影响了人类本身的生活和发展，是人类不可逃避、必须面对的问题。环境的恶化对于生态系统本身造成了恶劣影响，也会对那些以此为生存基础的生命体造成影响。人类是生态系统中的一分子，对自然资源和生态环境的依赖是必然的，并且这种依赖会随着人类社会自身的发展显得愈发重要，这也意味着人类也是生态系统中最为脆弱的一环，生态系统任何轻微的改变都会对人类的生存造成影响。自20世纪以来频繁发生的环境污染事件，如切尔诺贝利核电站的泄露导致核电站附近区域至今仍为危险区，而那里的生态系统依然存在，这也从侧面说明了人类本身对于生态环境依赖的脆弱性。

综合分析国内外的生态补偿实践活动可以看出，生态补偿所要保护的对象是生态系统，具体到草原生态补偿而言，便是草原生态系统。而这一目的则是通过人类改变自身的行为方式实现的。生态补偿的实质是适用经济上的奖惩激励更多的人参与生态保护，实践上往往表现为通过禁止、限制或者鼓励人们利用自然资源和生态环境的行为，进而实现保护生态环境的目的，例如禁牧制度、草畜平衡制度、植树造林工程等。正是因为人类的活动对生态系统的影响力巨大，我们才需要逐渐转变思维，改变利用自然资源和生态环境的方式，实现人的需求与生态系统供给之间的协调，消除二者之间的矛盾，实现"既要绿水青山，也要金山银山"，这也是生态补偿的根本目的。

在立法方式上，因为补偿主体与客体的内容更适合以抽象概括的方式进行立法，而不适合具体列举方式的立法，因此补偿主体与客体这一要素可以直接规定于法律之中。进一步而言，生态补偿若采取全部生态要素统一的立法方式，则基于本文所探讨的补偿主体与补偿客体的区分标准而确立的相关立法内容可直接规定于"生态补偿法"之中；而若采取单一生态要素独立的立法方式，则草原生态补偿的主体与客体的内容便应当规定于《草原法》之中。当然，如果对于某一生态要素的生态补偿主体与客体有必要进行进一步的解释，则可以在法规或规章中进行列举式的立法。

二、草原生态补偿的标准与测定

如果说草原生态补偿有多个目的，那么，首要目的就是保护草原生态，其次就是促进牧民增收与牧区经济社会可持续发展，当然也追求效率与公平的矛盾化解、草原生态保护与牧区经济发展的冲突与平衡、确保牧区经济与社会的发展在一种和谐稳定的环境下运行等效果。需要说明的是，保护草原生态也是保护草原生态安全与生态公平。由此，生态公平也是生态补偿的目的。那么，能否公平公正地实施（具体落实）草原生态补偿，其关键就在于补偿标准的确定。如果补偿标准的设定不客观不合理，那么不仅会导致草原生态公平难以实现，而且还可能引发其他问题。因此，草原生态补偿标准的设定是草原生态补偿立法的一项重要内容。我国草原生态补偿实践始于 2003 年启动的退牧还草工程，在退牧还草期间，国家对牧民进行粮食和饲料补助。全年禁牧的，每亩每年补助饲料粮 5.5 公斤，季节性休牧按休牧 3 个月计算，每亩每年补助饲料粮 1.37 公斤。[①]同时对于陈化粮数量超过实际需要、或当地陈化粮库存不足的，按照 0.15 公斤陈化粮折 0.32 公斤口粮的标准兑换口粮。国家通过退牧还草工程旨在保护草原生态环境，减缓草原恶化程度，退牧还草工程与先期进行的退耕还林工程一同成了当时我国重要的环境保护政策。

2011 年农业部、财政部发布了《2011 年草原补奖指导意见》，我国草原生态补偿由此迈上一个新的台阶，国家在实行草原生态保护政策时，对生态补偿的功效认识越来越明晰。《2011 年草原补奖指导意见》规定，牧户实行禁牧的，每年每亩补助 6 元钱；实行草畜平衡的，每年每亩补助 1.5 元钱。第一轮补助奖励政策持续至 2015 年，在此之后，2016 年又出台了《新一轮草原补奖指导意见》。《2016 年新一轮草原补奖指导意见》将禁牧补助提高到每年每亩 7.5 元钱，草畜平衡补助提高到每年每亩 2.5 元钱。与《2011 年草原补奖指导意见》相比，禁牧与草畜平衡补助都有所提高。从标准提高的绝对值看，禁牧补助较

---

① 青藏高原东部江河源草原按此标准减半。

草畜平衡补助多提高 0.5 元钱；但从标准提高的幅度看，草畜平衡补助的幅度高于禁牧补助。

客观来说，无论是退牧还草工程，还是两轮草原生态补奖政策的实施，对保护草原生态环境，促进牧民增收都是有积极作用的。课题组曾在调研中大量走访牧户，与牧民进行座谈，广大牧民在总体上是肯定草原生态补奖政策的。同时，他们也表示了对政策更高的期待。这在一定层面上也揭示出我国目前的草原生态补奖政策尚存在着缺陷与不足，尤其在补偿标准方面表现得更为明显。

（一）草原生态补偿标准存在的问题分析

本书曾在第一章中阐释了我国草原生态补偿实践中所存在的问题，其中一个便是补偿标准的设置不尽合理，课题组调研也证实了这一点，具体表现为：草原生态补偿标准整体偏低、草畜平衡与禁牧补偿标准差距过大、草畜平衡补偿标准未进行差别区分、补偿标准动态调整灵活性不足。出现这些问题的原因前文已在整体实践问题背景下进行了分析，但因补偿标准实乃生态补偿及草原生态补偿的核心要素，因此对草原生态补偿标准存在的问题有必要进行有针对性的、更为细致的分析。

1.生态价值观偏差未能正视草原的生态价值

草原具有巨大的生态价值，而我国长期对此缺乏明确的认识。"在传统文化中鄙视草的词汇随处可见，例如草包装糠、草腹菜汤、草木愚夫、草木不生、草薙禽狝、草菅人命……这种轻视草原的错误观念，给草原生态保护带来极大的负面影响。"[1]由于生态观念的偏差，使国家在制定草原生态补偿标准时，对草原生态价值的重视程度不够，总是认为草和草原是最不值钱的，这是导致补偿标准偏低的重要原因。与此相对照的是，森林在国家整体环境保护政策中所受到的重视程度远远超过草原，不仅在组织建设方面较为完备，而且在生态意识宣传方面更加看重。具体到生态补偿措施而言，森林生态补偿标

---

① 　刘晓莉：《我国草原生态补偿法律制度反思》。

准要明显高于草原，甚至部分地方政府会有针对森林生态补偿的专门政策和财政计划。例如，北京市从 2010 年开始，建立山区集体公益林生态效益促进发展资金，按照每年每亩 24 元的基本补偿和 16 元的增效补偿的标准进行森林生态效益的补偿。① 而地方政府针对草原生态补偿所制定的政策多是结合本地实际状况，对中央政府相关政策的进一步细化，且通常缺少专门的财政计划。

2. 更多考虑经济成本却忽略了发展机会成本

在目前的草原生态补偿实践中，补偿标准的制定在经济成本方面更多的是考虑了牧民的直接成本，② 却没有充分顾及发展机会成本。"至今草原生态补偿政策也没有考虑对牧民因禁牧和减畜所承担的这部分机会成本予以补偿。"③ 如此一来，牧民本可能增加的收入并未被采纳进草原生态补偿标准之内。发展机会成本的计算难度处于直接成本和草原生态系统服务价值之间，诚然，发展机会成本的计算具有很大的不稳定性和不精确性，但如果完全不顾及牧民这一部分成本的存在，势必会造成草原生态补偿标准的不合理。

3. 自然环境辽阔复杂经济社会发展状况参差不齐

我国幅员辽阔，草原面积占国土面积的 41.7%。同时，我国人口众多，人口分布不均衡，地区的经济发展状况差异也很大。这些情况造成了草原生态补偿标准的确定在我国是一件极为复杂的事情。从时间维度看，我国目前处于经济高速发展的时期，固定不变的补偿标准难以适应经济发展的节奏与规律；从空间地域维度看，因为我国草原面积广大，而不同草原的生态状况又不尽相同，不加区分的补偿标准不能有效反映不同地域的草原生态价值；从存在介入因素的角度看，在不同地区和时节时常发生草原的自然退化，单一的补偿标准阻碍了实现草原生态补偿所指向的草原生态保护；从与占有草原面积的对应关系来看，不同牧民因占有草原面积的差异会导致收入差距过大，集中统一的补

① 靳乐山主编：《中国生态补偿：全领域探索与进展》，经济科学出版社 2016 年版，第 133 页。
② 当然，目前对直接成本的考虑也并非完全充分、合理的。
③ 韦惠兰、宗鑫：《草原生态补偿政策下政府与牧民之间的激励不相容问题——以甘肃玛曲县为例》，《农村经济》2014 年第 11 期。

偿标准仅实现了形式公平，但某种程度上缺失了实质公平。

4.草原生态补偿在运行中缺少资源市场配置导向

我国目前的草原生态补偿是在政府主导下以财政补贴为主要形式进行的，尚缺少市场对资源配置的导向作用。市场的导向作用可以优化资源在不同利益者之间的使用与过渡，引入市场竞争机制可以让草原生态补偿标准更有效地反映草地资源的经济价值。当然，市场因自身的缺陷也会导致交易双方地位不对等之类的问题存在，但缺少市场对资源的配置，单纯依靠政策性补贴进行草原生态补偿，补偿标准便会带有一定计划色彩，不能真实反映经济规律，而生态补偿就其运行过程来看本来就是一种经济手段。

改进与优化我国草原生态补偿标准存在的问题应按照这样一个总体思路进行：在完善补偿标准基础测定的前提下，积极稳妥地推动补偿标准的动态调整，既不能固守现状，也不能激进地力求草原生态补偿市场化的迅速转型。之所以选择这样的总体思路，是因为我国草原生态补偿实践起步较晚，而社会变革与经济转型又需要多方面的配合，市场化或者以市场为主导的草原生态补偿制度并不能一蹴而就。当下更为实际的是完善政府主导型的草原生态补偿政策，有计划地推进补偿标准向更合理方向发展，为草原生态补偿积累更多的实践经验，为向市场化转型做充足准备。

（二）草原生态补偿标准的基础测定方法

草原生态补偿标准的基础测定旨在通过对补偿标准各种影响因素进行分析计算后而划定可供参考的数值，因为政府主导的补偿标准往往以政策性文件的形式确定，所以一个相对稳定的数值首先应该被提供出来。当然，因计算的不稳定性以及草原生态系统的复杂性，补偿标准的基础测定本身也存在一定的动态性。在已有研究中，普遍认同的草原生态补偿标准的影响因素主要包括直接经济成本、发展机会成本和草原生态系统服务价值。[1] 对这三种影响因素的测

---

[1]　洪冬星：《草原生态建设补偿机制——基于中国西部地区的研究》，经济管理出版社 2012 年
　　版，第 125 页。

定都存在着不同的方法，同时，在各种因素的测定过程中也都有值得商榷的问题。

1. 草原经济价值的测定

草原生态补偿所需测定的经济价值通常包含牧民因为保护草原而丧失的直接经济成本和发展机会成本，但是严格说来，直接成本和机会成本并不是并列平行的关系。我国目前所执行的草原生态补偿标准主要考虑的是直接经济成本，对补偿标准的改进与优化并不是计算出发展机会成本后再与现标准进行简单相加，因为机会成本的测定是一种对于经济活动和牧民发展意向的估算，其中本身便可能包含部分直接成本。据此而言，直接成本和机会成本的分类更多的是一种基于计算方法的分类，而不是简单的并列关系。因此，改进我国草原生态补偿标准在经济价值上的测定，主要是一种计算方法上的改变，由直接成本计算法改变为机会成本计算法。

首先，禁牧机会成本的测定。利用机会成本计算方法测定禁牧补偿标准时，具体的计算模型和参照的数据会有很大程度的不同，所以得出的结论表现出非常大的差异性。例如有学者利用最小数据方法估算甘肃省玛曲县禁牧的最佳补偿标准为 116.79 元 / 亩，[①] 约是新一轮草原补奖意见 7.5 元 / 亩标准的 15.6 倍；而另有学者根据意愿调查法估算内蒙古锡林郭勒盟草原禁牧的平均受偿意愿为 5.73 元 / 亩，[②] 该数值甚至低于 2011 年补奖指导意见 6 元 / 亩的标准。[③] 可见，机会成本计算法虽然具有合理性，但计算具有极大的不稳定性。基于此种情况，本书秉持前述总体思路的设定，以稳妥且可行的态度看待禁牧机会成本的计算。在现有研究中，研究结论与政策性标准较为贴近的是禁牧补偿平均

---

① 韦惠兰、宗鑫：《禁牧草地补偿标准问题研究——基于最小数据方法在玛曲县的运用》，《自然资源学报》2016 年第 1 期。

② 杨光梅等：《基于 CVM 方法分析牧民对禁牧政策的受偿意愿——以锡林郭勒草原为例》，《生态环境》2006 年第 4 期。

③ 需要说明的是，该研究成果是在 2011 年补奖指导意见出台前发表的，在时间维度上不具有绝对的可比性，列于此处是便于说明计算模型和参照数据的不同会导致计算结果出现极大的差距。

为 8.21 元 / 亩，① 该结论是结合调研做出的，因调研时间于 2016 年之前开展，所以 8.21 元 / 亩的标准较 2011 年补奖指导意见的禁牧标准上浮 2.21 元。若结合新一轮草原补奖意见的规定，总体数值还应随之提高。同时，课题组在 G 省 T 县调研时曾了解到该县牧民自身理想中的补偿数额，约为现在的 2 倍左右。综合其他学者的研究成果和课题组调研的经历，在排除后述草原生态系统服务价值影响因素后，本书建议草原生态补偿中禁牧机会成本补偿标准定为 10 元 / 亩较为合理，且在当下是易于实现的。

其次，草畜平衡机会成本的测定。草畜平衡区内生态状况和放牧状况较禁牧区更为复杂，所以草畜平衡机会成本的补偿标准应当视不同情况而有所区分。②"草畜平衡奖励标准需要差别化，核心在于瞄准草原超载的主体，将超载程度纳入考虑因素。超载程度越高，需要适当提高草畜平衡奖励标准。"③换言之，超载程度越高，需要减畜的程度也就越高，牧民发展机会成本的丧失也就越多，因而需要较高标准的补偿。但是如此一来，草畜平衡的补偿标准便成为一个无法确定的标准，甚至说不能称其为标准。因此，本着稳妥可行的思路，笔者建议将草畜平衡机会成本补偿标准确定为三个等级，最低等级为现行草畜平衡标准 2.5 元 / 亩，最高等级与禁牧标准等同为 10 元 / 亩，中间等级取二者中间值 6.5 元 / 亩。等级的确定以减畜量为主要考察因素，并结合草畜平衡区内的生态状况和牧民占有草地面积等因素综合考察。

此处着重需要思考的是，草畜平衡最高等级补偿标准与禁牧补偿标准等同是否具有合理性？我们认为，基于上述缺陷分析中所指出的，部分草畜平衡区内减畜给牧民造成的经济损失可能要大于禁牧损失，此种情况下理应给予这部分牧民较高额度的补偿。等同标准的补偿会使草畜平衡区内的牧民获得更多的

---

① 胡振通等：《基于机会成本法的草原生态补偿中禁牧补助标准的估算》，《干旱区资源与环境》2017 年第 2 期。

② 事实上，禁牧区本也应按照具体的生态状况和禁牧机会成本丧失状况而采取差别化的补偿，但从政策的稳定性角度出发，笔者建议禁牧补偿应暂采取统一的标准。

③ 胡振通等：《草原生态补偿：草畜平衡奖励标准的差别化和依据》，《中国人口·资源与环境》2015 年第 11 期。

收益，这与草原生态补偿需要兼顾草原生态保护和牧民增收的精神是相吻合的。因为草畜平衡区内本身便允许有限度地进行放牧，而高标准的补偿可能也会让牧民放牧的需求有所降低，这也会较好地解决超载程度过高的问题。

2. 草原生态系统服务价值的测定

草原生态系统服务价值的测定是通过计算草原生态价值而得出对应的经济数额，事实上经济数额无法准确反映草原生态系统的真实价值，这不仅是因为测定存在不精确性，也是因为草原生态系统与其他要素的生态系统一样，都具有内在价值，而这种内在价值是无法用金钱来衡量的。但基于生态管理的必需，自然科学仍致力于计算整体及各种要素的生态系统的服务价值。尽管计算方法和最终结论差异很大，但大致的表现形式是在单位时间下，某种生态要素单位面积内能够提供服务的经济数额。

有学者指出，"生态补偿量必须考虑的是生态系统服务功能价值增量，而不是生态系统服务功能价值总量……生态系统服务功能价值量只是生态补偿的前提和理由，而不是生态补偿的标准。"[1]本文赞同草原生态补偿标准对草原生态系统服务价值的测定应以服务价值增量为依据，而非以总量为依据。换言之，计算出单位面积内生态系统的服务价值并不能直接将其作为补偿的标准，而需要进一步计算，保护草原的行为实际上对草原生态系统增加了多少价值。然而，肯定补偿标准以服务价值增量为依据在当下也还是有问题的。计算草原生态系统的服务价值总量已属不易，而增量的计算更加复杂，能否保证计算的合理性首先就是有疑问的。另外，按照增量依据论学者的设定，草原生态系统服务价值对补偿标准的影响应是草原生态补偿发展到一定阶段后才考虑的事情，据此可以认为，生态系统服务的价值增量似乎更适宜在市场主导型草原生态补偿阶段予以计算和使用。根据上述改进草原生态补偿标准缺陷的总体思路的设计，当下我国立即采取将草原生态系统的服务价值增量作为草原生态补偿

---

① 巩芳、常青：《我国政府主导型草原生态补偿机制的构建与应用研究》，经济科学出版社2012年版，第73页。

标准的测定因素之一有过于急迫之嫌。

对增量的采纳显得过于急迫，对总量的计算又无法直接当作补偿标准，草原生态系统的服务价值似乎对当下草原生态补偿标准的测定无多大意义，但事实上却并非如此。无论采取何种立法模式，不同生态要素间生态补偿的标准都应当协调顺畅。生态补偿立法在补偿标准问题上要充分兼顾不同生态要素的生态价值，以建立外部体系完备、内部逻辑合理的生态补偿制度。此时，不同生态要素的生态系统服务价值总量便显得极为重要，它是协调各个要素生态补偿标准的重要参照。

对于生态系统服务价值的计算在自然科学领域存在着不同的方法和结论，本书采纳较新的研究成果，选取森林、草地、沼泽湿地[1]、河流湖泊、海洋、耕地六类典型生态要素的生态服务价值进行比较。蔡中华等（2014）按环境服务、资源承载、污染降解、外部效用四个指标[2]计算出的以上六类生态要素的单位生态系统服务价值分别为：森林 18649.1 美元 /hm^2·a、草地 3119.4 美元 /hm^2·a、沼泽湿地 263265.6 美元 /hm^2·a、河流湖泊 114234.2 美元 /hm^2·a、海洋 7166.5 美元 /hm^2·a、耕地 1237 美元 /hm^2·a。[3] 比较不同生态要素的生态系统服务价值在今后生态补偿市场化转型的过程中，对计算价值增量有一定的帮助作用。但在当下，尚无法根据不同的生态系统服务价值直接进行生态补偿标准的比例换算，这是因为不同生态要素间进行比例换算要以某一生态要素为参照，而这一要素的选取本身就颇费周折；同时，我国全领域的生态补偿在当下基本都是以政策性形式存在的，普遍存在补偿标准过低的问题，如果以某一要素为参照，按照生态系统服务价值进行比例换算，那很可能得到的补偿标准会更低。例如，集体和个人所有的国家级公益林补偿标准为每年 15 元 / 亩，[4]

① 因分类标准的不同，沼泽湿地有时常被划分至草地生态要素内。本文参照原研究成果的分类方式，将沼泽湿地划分为单独一类生态要素。
② 四个指标占计算的权重分别为：20.12%、59.43%、8.7%、11.75%。
③ 蔡中华等：《中国生态系统服务价值的再计算》，《生态经济》2014 年第 2 期。
④ 靳乐山主编：《中国生态补偿：全领域探索与进展》，经济科学出版社 2016 年版，第 129 页。

如果不将沼泽湿地计入草地范围内，森林与草地生态服务价值比例约为 6：1，如果以森林为参照，则草原生态补偿标准每年尚不足 3 元 / 亩，这显然是不合理的。

不同生态要素生态系统服务价值的计算及比较在当下的意义在于为生态补偿确立增益性的补偿标准，并以较低价值的要素为参照，进行相应的倍数加成。据此，我们建议，设耕地生态服务价值增益补偿标准为每年 X 元 / 亩，其他要素依次加倍，则草原生态补偿的生态服务价值增益补偿标准为每年 2.5X 元 / 亩。① 需要强调的是，增益补偿标准并非上述草原生态系统服务价值的增量，而是在增量较难测定、且当下不适宜采用的情况下，为表明草原生态系统服务价值因素而增设的补偿标准。确定生态服务价值增益补偿标准也可视为草原生态补偿标准内的强制性内容，体现对生态系统价值的重视。

综合以上分析，我们认为，草原生态补偿标准需结合机会成本标准和生态服务价值增益标准，根据上述两个方面因素的分析，我国草原生态补偿标准的基础测定结果为：禁牧补偿每年 10+2.5X 元 / 亩，草畜平衡补偿分为 10+2.5X 元 / 亩、6.5+2.5X 元 / 亩、2.5+2.5X 元 / 亩三个等级。X 的数值因不是基于某种计算方法而测定出的结果，所以其更多需要考虑的是国家当前的财政投入能力。据此，我们建议，当下可行的做法是，将 X 的数值暂设定为最小的正整数 1。如此一来，当下我国草原生态补偿标准最终的基础测定数值为：禁牧补偿每年 12.5 元 / 亩，草畜平衡补偿分为 12.5 元 / 亩、8 元 / 亩、5 元 / 亩三个等级。同时，因 X 为可变量，所以 X 的数值还可以根据具体需要进行动态性的调整。

（三）草原生态补偿标准的动态调整规则

草原生态补偿标准的基础测定旨在为当下草原生态补偿提供一个较为确定、能够在全国多数地区适用的补偿标准。但是，我国幅员辽阔，不同地区草原的生态状况和当地的经济发展状况差异很大，因此需要对基础性的补偿标准进行适度

---

① 因沼泽湿地在实际中基本不存在禁牧和草畜平衡的需求，所以该倍数加成考虑的是可以用于放牧的草地资源。

的动态调整。这些动态调整措施有的已经被适用，有的需要在今后逐步开始适用。我们认为，草原生态补偿标准的动态调整应在以下四个方面予以展开：

1. 时间维度的动态调整

草原生态补偿当下在我国以政策性形式存在，从长远角度看，逐步建立市场主导、政府监管的草原生态补偿制度是合理的，可以更为有效地促进"人类环境权与生存权、发展权之间冲突的协调"。[①] 但是，市场主导型草原生态补偿制度的建立需要一定的过程，在这期间也需要解决许多问题，最主要的问题是"补偿措施的市场导向与产权空白相对立"，[②] 因此需要重新理顺我国草原物权归属的基本思路乃至法律规定。在向市场化转向的过程中，政府主导型草原生态补偿制度在补偿标准问题上应分阶段不断进行完善，前述其他学者研究成果中所涉及的草原生态补偿五个发展阶段具有参考的价值。本文所测定的补偿标准含有 X 的变量，国家可根据经济发展规律不断提高 X 的数值，在整体提高补偿标准的同时，也在一定程度上彰显了对草原生态系统服务价值的重视。当然，在草原生态补偿发展到较为成熟的阶段，X 变量应逐步以更加科学的生态系统服务价值增量来取代。

2. 空间地域维度的动态调整

根据不同地域的生态状况和经济发展状况，调整相应的草原生态补偿标准是当下已经被部分省份适用的调整方法。目前空间地域维度的调整在行政层级上还仅限于省级草原监理机关对省区内草原生态补偿标准进行地区性调整，在今后的发展方向中，可以尝试逐步将调整权限下放，即在地级甚至在县级机关层面，更加具体、有针对性地调整本区域内草原生态补偿标准。空间地域维度的动态调整权限依赖草原生态补偿立法的设定，从现实状况来看，目前我国草原生态补偿标准的动态调整仅在省一级行政区域内进行，我们认为，省级行政区域面积过大，对更为有针对性地调整补偿标准还是不利

---

① 刘晓莉：《中国草原保护法律制度研究》，人民出版社 2015 年版，第 201 页。

② 杨润高：《环境剥夺与环境补偿论》，经济科学出版社 2011 年版，第 176 页。

的；而县区级行政区域面积也过小，因此，将空间地域维度的动态调整权限从目前的省级行政区域下放到地市级行政区域可能更为合理。另外，在本区域内进行补偿标准的调整后，整体生态补偿款应等于上级所下拨到本级的补偿款数量。因此，空间地域维度的动态调整还需要对补偿标准、草原面积进行细致的计算。

3. 存在介入因素时的动态调整

课题组在 G 省 Q 县 E 镇的调研中通过与牧民座谈了解到，部分进行禁牧的草原地区，因为缺少了人们的生产活动，许多野生动物便会肆虐草地。而草地区通常又没有足够的资金增设维护设施，如此草地资源在人们已经停止放牧的情况下，反倒遭到了自然性的破坏，草原生态补偿没能真正起到保护草原的作用。类似的情况不仅包括野生动物的侵袭，还包括其他类型的自然性破坏。当存在草原自然性破坏的介入因素时，草原生态补偿标准便应当进行一定程度的动态调整。通常而言，草原生态补偿的对象是人，而存在介入因素时补偿对象应扩展至草原本身。这原本属于补偿对象的问题，但在具体操作时，可将对于草原本身进行防护的这部分补偿转化为一定比例的补偿标准，同样给予牧民，使其有充足的资金增设草原的维护设施。此种做法在理论上与逻辑上也是合理的，因为牧民不仅自身实行了禁牧，还主动保护草原免遭或少遭自然性的破坏，可以视为牧民对草原保护的又一份贡献，理应得到更高标准的补偿。

4. 与占有草原面积对应关系的动态调整

牧民占有草原面积的大小直接影响能够得到的草原生态补偿款的多少，这对占有草原面积较小的牧民来说是极为不利的。在今后草原生态补偿的发展与完善过程中，可以尝试补偿标准与占有草原面积对应关系的动态调整，将占有草原面积划分为不同的层级，在较低层级内（即占有草地面积较小），补偿标准适度提高，而层级提高则补偿标准进行适度降低，以实现草原生态补偿实质性的公平。

在补偿标准的立法方式上，虽然本文依据客观实际和已有研究成果对当下我国草原生态补偿标准进行了测定，但这样的测定本身具有易变动性，因此，即便已经确立了一个相对合理的补偿标准，但具体的补偿标准数值似乎不宜在法律之中直接规定，这也是立法的习惯，如法律之中常出现"数额较大""数额巨大"的字样，但具体的数额是多少才达到"较大""巨大"的程度却没有在法律中体现。因此，对于补偿标准法律层面的立法主要应当规定补偿标准的测定方法和测定依据，并规定补偿标准可以根据实际情况进行动态调整。在法律的下位法中，国务院的行政法规可以针对补偿标准的测定方法和测定依据进行更加细致的规定与说明，而具体的补偿数额似乎在政策性生态补偿中还应当在部门规章中予以规定，且随着实践的推移，具体的数额还会继续发生变动。另外，在补偿标准的动态调整方面，现有的动态调整内容主要还是在省一级的政府规章中规定出来的，对于这一现状有必要进行"一降一升"的变革。"一降"即动态调整的权限应下放至地市一级，以更好地应对不同区域的不同情况；"一升"即动态调整的立法内容应从由地方性政府规章规定升格为由地方性法规规定，以增强动态调整的规范性。由于2018年新修正的《宪法》已经赋予了地市级政府地方性法规的立法权，所以"一降一升"的变革在立法权限方面已经没有障碍了。

三、草原生态补偿的方式

草原生态补偿的方式同样是草原生态补偿研究所关注的一个重要问题，从广义上讲，补偿方式其实可以再细分为两个问题，一个是"补偿什么"的问题，即补偿的具体样态；另一个是"怎样补偿"的问题，即补偿的发放方法或者说程序问题。其中"补偿什么"的问题就是狭义的补偿方式。与补偿方式与发放密切相关的还有一个问题就是补偿来源，即补偿资金是哪里给付的。

（一）草原生态补偿的方式

目前，我国草原生态补偿的方式基本上都是现金，即人民币。在第一轮（2011—2015年）"草原补奖"政策实施过程中，我国政府累计投入的资金超过了773.6亿元人民币。从整体上看，这样的资金投入力度并不算小，但是将总数分摊下来后，对于许多牧民来说，补偿的数额依旧不能满足自身的利益需求，甚至是杯水车薪。因此，为了使草原生态补偿的效力能够有突破性进展，提高补偿标准是必要的，使补偿方式多样化也需要着重考虑。例如，可以寻求资金补偿之外的补偿方式，这样对于可能存在挥霍浪费补偿款的牧户来说，能够起到一定的抑制作用，并且也可能对国家基础设施建设的完善和牧民素质的提高起到促进作用。

需要讨论的问题是，与补偿方式相关的立法内容应当规定于哪些法律文件之中。本书选择以单项生态要素的法律规范制定为生态补偿的立法完善模式，因此在涉及草原生态补偿的立法完善时，部分内容规定于《草原法》中是合理的，例如上文中的"立法目的"和"补偿主体与客体"这样的内容，因为这样的内容往往可以通过简单的条文予以表述清楚，并且也适宜在法律中进行规定。《草原法》虽然在立法体系中属于基本法律以外的法律，但其"法律"的属性依旧存在，其条文表述自然应当追求简明扼要。而对于不适宜在《草原法》中规定的内容，则应当在法规或规章中予以规定。例如上文中的"补偿标准"，本书所探讨的补偿标准问题是基于政策性草原生态补偿并根据当下实践而得出的结论，在法律中规定一个可能会发生变动的数额是否合适这是值得怀疑的。而"补偿方式"亦不适宜在法律中直接规定，但理由和"补偿标准"不同。涉及补偿方式的立法内容往往更加琐碎，简明的法律条文未必能够将其阐释清晰，因此有关补偿方式的立法内容制定专门的草原生态补偿的部门规章来加以规定是较为合适的。当然，对于"补偿标准"和"补偿方式"中一般性的内容，还是应当在《草原法》中有所体现，以对应法规规章中更加细致的规定。

在具体内容上，目前草原生态补偿主要是以资金的方式进行补偿，这一点在今后的草原生态补偿实践中可能还会继续延续这种状态。但现今已有的法律文件并没有对资金补偿的操作程序进行细致的规定，因此，草原生态补偿在补偿方式的立法完善上首先便应当针对资金补偿进行细致化的规定。草原生态补偿的资金应当专款专用，如果出现拖欠、挤占、挪用补偿资金的现象，则应当承担相应的法律责任，严重者将承担刑事责任，将《草原法》第 62 条"截留、挪用草原建设资金罪"据此充实完善。当然，行为模式是在规章中规定，而法律责任则是在法律中规定。

除资金补偿外，补偿方式还应当实现多元化。为了更便于相关的广大农牧民转变生产经营方式，增加收入，应当扩大补偿方式范围，例如货币、实物、政策、项目，换言之，要在草原生态补偿的相关规章中规定补偿方式既可以是资金补助，也可以是产业扶持、技术援助、人才支持、就业培训等。根据课题组的调研得知，许多牧民希望在资金补偿之外，可以加大对于人工种植饲草的补助。实质上，重视人工种植饲草的补助也确实更符合草原生态补偿的精神内涵，因为需要禁牧或减畜的草原，使该草原区域的牲畜便失去了饲草的保障。而当资金补偿不能有效满足牧民的利益需求时，部分牧民就可能去偷牧，如果以人工种植的饲草作为补偿方式对禁牧和减畜的牧民进行补助，则既可以减轻牧民的经济压力，也能更好地保护草原生态环境。

此外，在草原生态补偿的相关规章中还应明确规定受偿者有权自行决定接受补偿的方式。之所以如此规定，主要是因为受偿者要么是为了草原生态保护牺牲了自己的利益；要么是他人在发展中获益，但是危害了生态环境进而使自己蒙受损失。补偿的直接目的是确保受偿者仍然能够正常有序生产和生活，深层目的是为了促进草原生态公平乃至社会公平，并且调动广大牧民保护草原的积极性，所以充分尊重受偿者的意愿是十分必要的。

（二）草原生态补偿资金的发放

课题组在调研过程中所收集到的一项建议事实上也属于补偿方式探讨的问题，进一步而言是属于补偿方式中具体的补偿方法和程序的问题。根据（某）基层草原监理部门管理人员的建议，应当改变目前草原生态补偿资金直接、全部发放给牧民的做法，因为有少部分牧民在取得补偿款后并未履行禁牧或者减畜义务、甚至大肆挥霍浪费补偿款。改进此种现状的方法是，让草原监理部门介入补偿款的发放过程中，先将一少部分补偿款存放在当地草原监理部门，绝大部分发放给牧民，然后由草原监理部门考察牧民对于相关义务履行的情况，再确定是否发放和如何发放另一部分补偿款。这样建议的目的是为了提高草原监理工作人员执法监督的效力，督促获得补偿款的牧民依法履行禁牧和减畜等相关义务的履行，使草原生态得到应有的保护，具有合理性。但是有一个问题就是如何保证草原监理部门不截留、挪用留存的补偿款。我们认为，实施这种建议的前提是相关的法律责任规范健全并且能够保证有效追责，即如果对于草原监理部门截留、挪用补偿款的行为同样能够实现有效追责，则完全可以将补偿款按照如上建议发放。此外还存在的一个问题是如果部分牧民因不履行或不正确履行义务而没有取得另一部分补偿款，那剩下的补偿款该归谁所有。一个可行的做法是，将这部分补偿款奖励给严格履行义务的牧民。但此时也可能存在牧民贿赂监管部门的风险，这同样需要以完善的法律责任规范进行规制。当然，运用法律责任进行规制是一种事后处理方法，还可以利用事前防范方法来规制监管部门的监管行为。为了提升广大农牧民乃至全社会草原生态保护意识，督促草原生态补偿实践依法贯彻落实、依法兑现草原生态补偿权利义务与责任，应当重视草原生态补偿的考核评估工作。在《草原法》中明确规定：建立由发改委、财政部等部门组成的部际协调机制，加强对草原生态补偿工作的指导、协调和监督，研究解决草原生态补偿机制建设工作中的重大问题，特别要加强对草原生态补偿资金分配使用的监督考核。

另外，有一项本属法律责任的内容因与补偿资金的发放有密切的联系，所以在此先行作些探讨。根据课题组调研统计数据显示，69%的调研对象认为针对滞留或者没有足额发放草原生态补偿资金的行为应当追究法律责任[①]，虽然目前这种情况并未发现，但依旧有对这类风险进行预防的必要。可问题在于，前述提及部分草原监理部门的管理人员主张将补偿资金分批次发放，对于未履行或者不正确履行义务的牧民，应当不给发放或者减少发放预存在草原监理部门的补偿资金。单从这一主张的外在形式看，似乎对于补偿资金已经发生了"滞留"或者"没有足额发放"这样的行为，如果对于未发放的资金进行了合法合理的使用，却对此追究法律责任显然在逻辑上是极为荒谬的。因此，判断

---

① 见本书第四章。

补偿资金是否滞留或足额发放并不单纯以发放时的行为作为唯一依据，无论今后的改革是否建立分批次发放的制度，判断补偿资金是否滞留或者足额发放都应该根据资金的具体使用情况来加以确定，只有先进行滞留、且滞留后的资金用作他途的才应当追究相应的法律责任，而究竟追究何种法律责任将在下文予以探讨。

（三）草原生态补偿资金的来源

与狭义的补偿方式和补偿资金的发放密切相关的还有一个补偿资金的来源问题，即补偿资金由哪里给付的问题，这三个问题共同组成了广义上的草原生态补偿的方式问题。我国每年拨给草原生态补偿的专项资金超过了百亿元的规模，虽然在总量上是巨大的，但我国幅员辽阔、人口众多，巨额的补偿资金分散到各个牧民手中时，很多情况下依旧显得不够。鉴于此种情况，党的十九大提出要建立市场化、多元化生态补偿机制，其目的之一正是为了解决由融资渠道单一而带来的补偿效果不佳的问题。在新机制下，多元化的融资渠道将以市场运作的方式融集到更多的补偿资金，补偿资金的来源将获得极大的拓展。当然，本研究是以政策性的草原生态补偿为研究对象，对于市场化、多元化机制的研究将是未来努力的方向。但此处仍旧需要思考一个问题，政策性与市场化、多元化的草原生态补偿是否具有一个绝对的非此即彼的存在关系？即是否在市场化、多元化的草原生态补偿机制建立后，政策性的草原生态补偿制度就不存在了？我们认为，这二者之间并不是非此即彼的关系，两种形式的草原生态补偿制度完全可以并存。市场化、多元化生态补偿机制虽然是今后的发展方向，但在市场化、多元化机制建成后，政府在作为参与主体的同时，依旧可以通过政策的方式推行政策性生态补偿。在此情况下，作为参与主体的政府不是草原生态补偿资金唯一的来源，但在市场化、多元化大的体制背景下，政府于其中推行的政策性草原生态补偿中，政府依旧是唯一的资金来源，即保持现状不会改变。

当然，承认政策性草原生态补偿在市场化、多元化机制中依旧存在并不代表当下就没有讨论补偿资金来源问题的必要性了。政策性草原生态补偿的资金来源虽然从整体上来看是出自政府的财政支出，但这部分财政支出是如何筹措到的，这依旧没有脱离补偿资金来源的问题。根据本书第六章曾介绍的生态补偿的重要理论基础之一——外部性理论可知，生态补偿的起源——生态系统服务付费制度其所主张的补偿资金支付者应是造成经济负外部性的这部分主体，即支付补偿金与获得补偿金存在一定的对应关系。我国最开始推行生态补偿制度时采取的是政策性的模式，主要依靠的还是政府的财政支出来作为补偿资金的唯一来源，那么，以外部性理论来看，政府财政收入的哪一部分应当用来支付生态补偿资金，以及支付到何种程度算是能够有效化解经济负外部性，这两个问题都因为外部性理论和生态补偿实践都不是我国内发原生型的理论和制度而没有得到较好的解答。当然，对于这两个问题的解答是有一定难度的，其理论研究主要还是依赖于财政学和经济学学科的努力。但以最为基本的逻辑来看，在草原生态补偿中，政府在草原管理过程中所产生的财政收入，如对利用草原及草地资源的行为人所征收的税费、对破坏草原的行为人所缴纳的罚款或罚金，这部分财政收入都应当最终利用到草原生态补偿中，或者至少利用到其他保护草原生态环境的工程项目中，这样才是资金的合理来源之一，也是资金最为合理的去向，这起码会在一定程度上符合外部性理论的资金支付与领取的对应关系。

四、草原生态补偿的法律责任

如果说现有的草原生态补偿法律制度存在的"位阶低的法律虽然有操作性，但约束力差；而位阶高的法律虽然约束力强，但缺乏可操作性"的问题可以勉强容忍，因为毕竟还存在着具体的内容性规定，那么对于"缺失法律责任"的问题则是难以容忍的，因为这极可能影响草原生态补偿的正常运行，当有人违反义务时，根本没有可以对其进行规制的法律依据。法律之所以有威慑力与强制力，能够确保规则兑现，其关键在于具有法律责任规范。因此，为了确保草原生态补偿法律法规贯彻落实，也为了草原法律法规本身结构的完整，符合法理，必须要健全、完善草原生态补偿相关的各种法律责任。法律责任的承担是义务违反的结果，有了体系性的法律责任规范，草原生态补偿参与主体就会更好地履行义务，进而更好地保障权利。本部分拟从民事责任、行政责任、刑事责任三方面对我国草原生态补偿法律责任体系的构建予以阐释。

（一）民事责任

对于草原生态补偿民事法律责任问题的研究需要特别注意一个问题，即草原的产权制度问题。法律制度的建构在立法内容上主要就是针对权利、义务、责任的设定，权利和义务相对应，一项权利的享有必然要对应一项义务的履行，而义务的违反就会引起法律责任的承担。因此，权利的设定是立法内容的逻辑起点。对于我国草原生态补偿法律制度整体构建而言，对权利的研究是一个重要内容。而考察我国草原生态补偿的实践状况可以发现，在权利方面，急需解决、也是最应当解决的问题是草原产权制度不完善的问题。草原生态补偿中的草原产权问题包含两个方面：一是明确草原所有权、使用权、草地承包经营权权属争议问题；二是在明确权属争议后具体的草原确权问题。狭义的草原产权主要是指草原的所有权，根据我国《宪法》和《草原法》的规定，草原属于国家所有，由法律规定属于集体所有的除外；国家所有的草原，由国务院代表国家行使所有权。这表明国务院是国有草原所有权的行使主体，各级政府依据国务院的授权管理草原。广义的草原产权是指草原所有权、使用权和与使用权相关的一些权益。这是从国家和集体草原所有权中派生出来的权利，而这些所有权、使用权和承包经营权等权属的明晰同时也是草原生态补偿制度中草原确权时最复杂的部分。草原确权制度是建立在明晰产权的基础之上的，也是通过合法流转等形式让草原进入商品化市场，并以此来实现草原的经济功能。需要指出的是，草原产权制度因其本身的复杂性使本项研究并不具有对其进行全面、深入研究的空间，只是将此问题提出，以期对于草原产权制度具体的完善路径能够引起进一步的研究，现阶段对草原生态补偿民事责任的探讨仅是在我国草原产权制度当前状态下进行的。

1. 物权法视角下的民事责任

草原生态补偿的民事法律责任在物权法中体现得尤为明显，因为生态补偿运行的构造形式与物权法中的地役权制度很相似，甚至可以说，生态补偿正是法律领域地役权制度在生态环境保护领域的"翻刻"。地役权是指："按照合同约定，利用他人的不动产，以提高自己的不动产的效益所享有的用意物权。此处所谓他们的不动产，是供役地；所谓自己的不动产为需役地。"① 其中"利用他们不动产的目的是为了自己不动产的效益"这一条件未必在每一对草原生态补偿关系中都能成立，因为补偿主体可能是为了自己的不动产效益而向补偿对象进行资金或其他方式的补偿，此时符合上述的一项条件，如果其他条件也符合，则完全可以利用地役权制度来调整补偿主体和对象在民法上的关系；而当补偿主体非为自己不动产利益进行补偿，则无法享有地役权，但却可以按照地役权制度追究补偿对象不履行地权义务的民事责任。但值得注意的是，我国目前所实行的政策性草原生态补偿与一般地役权的关系并不明晰，却与公用地役关系较为接近。公用地役关系是"私有土地具有公共用物性质的法律关系"，在公用地役关系中，当"因公用或其他公益目的之必要，国家机关虽然得依法征收人民之财产，但应给予相当之补偿"②。当然，我国包括草原在内的土地都是归国家或集体所有，不存在私人所有的土地，因此在比照一般地役权和公用地役关系处理草原生态补偿民事法律责任的时候，还必须结合我国目前草原产权制度的实际状况来进行具体的判定。根据物权法的一般原理，物权人享有物权请求权，当义务人违反义务时，物权人可据此行使物权请求权，以追究义务相对人的民事责任，此乃物权法视角下草原生态补偿可能涉及民事责任。

2. 债法视角下的民事责任

债法视角下的民事责任又分为合同法中的民事责任和侵权责任法中的民事责任，合同法中的民事责任包括违约责任和缔约过失责任，侵权责任法中的民

---

① 崔建远：《物权法》，中国人民大学出版社 2017 年版，第 341 页。
② 王泽鉴：《民法物权》，北京大学出版社 2009 年版，第 324—325 页。

事责任即指侵权责任。在我国现行的政策性草原生态补偿中，补偿主体是国家，补偿对象是因保护草原而利益受损的人，这样一种补偿关系很难说哪一方会构成合同法或侵权责任法中的民事责任。但是债法视角下的民事责任可针对目前政策性草原生态补偿中未履行义务的行为提供一个责任追究的途径，具体而言，可以尝试在国家与牧民之间建立一种合同关系，因为是基于一种合同的约定，其中一方存在违约行为或缔约过失责任行为时，自然要为之承担相应的民事责任；或者在草原生态补偿的过程中发生侵权行为，则自然要为之承担侵权的民事责任。事实上，建立一种存在合同关系的生态补偿制度不仅在将来的市场化、多元化机制中具有意义，也会在当下政策性的草原生态补偿中发挥一定的作用。在草原生态补偿的实践中，可能会发生草原生态保护的受益者或者破坏者没有给付相应补偿资金和受偿者拿到补偿款后不履行或不正确履行义务的行为，在这些行为中，除非行为人确实严重破坏了草原生态环境才会予以较为严厉的处罚，但如果尚未达到严重的程度，仅仅是没有履行应尽的义务，即没有支付补偿金或进行了偷牧等行为，很难针对这样的行为进行严厉的处罚、特别是刑罚处罚，毕竟其行为的社会危害性较低。但对于这样的行为也必须设立一定的处罚措施，此时，以合同条款的内容来追究其行为人的违约责任应当是一个合理的选择。对于未支付补偿资金的行为，可以终止其继续受益的权利；而对于未履行禁牧或减畜义务的行为，可以停止发放补偿金，同时这也可以让分批发放补偿资金的主张得以更有力的支持。

　　根据民法理论，债法、特别是合同法遵从当事人的意思自治，因此，对于债法视角下的草原生态补偿民事责任很难做出明确的界定，原则上按照合同法和侵权责任法的规定处理即可，特别是对于合同法中的民事责任，有时就是按照当事人的约定来追究相应的民事责任。但此处仍需思考一个问题，即在合同法和侵权责任法中是否有必要单独规定草原生态补偿独立的合同条款和具体的侵权行为。我国现行的《合同法》和《侵权责任法》都采用了"总则——分则"的立法模式，在总则中是一般性的规定内容，在分则中则是对几类重要的合同和几类特殊的侵权行为进行更为细致、具体的规定。结合近几年民法的立法变革来看，往往都是社会最为热点、最具代表性的民事案件才会在合同法或侵权责任法的分则中规定，而且多是通过司法解释的形式予以确定，例如"旅游合同解释"（最高人民法院《关于审理旅游纠纷案件适用法律若干问题的规定》）、《食品药品纠纷解释》等。因此，对于仅仅是在理论层面探讨的一种合同关系而言，可能要等到实践开启后相关的合同纠纷或侵权纠纷案件大量出现、且不易解决时，才适宜在合同法或侵权责任法的分则中规定具体的合同条款或侵权行为。当然，对于侵权责任法而言，因为其分则中已经包含"环境侵权责任"，草原生态补偿可能涉及的侵权责任完全可以较早地被纳入侵权责任的具体侵权行为中。

（二）行政责任

如果说民事责任是民法调整的范围，所以更加遵从当事人的意思自治，那么行政法和刑法都属于公法范畴，行政责任和刑事责任就完全需要依照法定形式来追究。从行政责任角度来看，现有草原违法的行政责任主要规定于《草原法》第八章，从第 61 条到 73 条，共 13 个条文。其中与草原生态补偿关系最密切的是第 73 条，是关于违反草畜平衡制度、牲畜饲养量超过核定标准的违法行为的责任承担，但可惜的是，这个条文仅仅是一个授权性规定，并未明确规定具体的处罚标准，而是将纠正或处罚措施交由省、自治区、直辖市人民代表大会或者其常务委员会规定。这固然是因为每个草畜平衡区的草原植被状况不同，但如果国家层面的立法没有一个原则性规定，则地方层面的立法也不易确定标准。

《草原法》第八章其他 12 个条文虽然与草原生态补偿没有直接的关联，但其实很多也都具有间接的关联，因为草原生态补偿的违法行为主要表现为两类，一是未按照补偿政策的要求实行禁牧或减畜，对草原生态环境造成了破坏或者其他破坏行为；二是草原生态补偿的执法人员在执法过程中发生的玩忽职守、滥用职权的行为和截留、挪用草原生态补偿专项资金的行为。因此，设定草原生态补偿的行政法律责任规范应从两个方面着手：一方面，在草原生态补偿法律制度的本体内容上，在《草原法》中规定草原生态补偿的立法目的、主体和客体，并规定补偿标准和补偿方式的一般性内容；在草原生态补偿相关的部门规章中规定补偿标准的基础测定方法和动态调整规则，以及补偿方式的具体操作流程。另一方面，有了前一方面做基础，需在《草原法》第八章法律责任中增设一条或者细化第73条的规定，将草原生态补偿非执法人员的违法行为进行类型化处理。此处需要思考的是关于罚款的倍比数额设定的问题，即当非执法人员发生草原生态补偿违法行为时，以补偿款为基数，对其进行罚款究竟是低于补偿款的数额还是高于补偿款的数额。我们认为，因为草原生态补偿是基于草原生态保护的目的而设置的措施，即以经济上的奖惩激励人们主动保护草原，如果在已经发放草原生态补偿款的情况下，还继续进行破坏草原生态环境的行为，那么这样的行为无疑是更加恶劣的，因此应当按照不低于补偿款的数额进行罚款。当然，此时依旧有疑问，即现阶段的补偿标准依旧偏低，对于补偿对象而言，补偿款常常不能满足其自身的生存需求，但违反行为的处罚却高于补偿款，这样是否合理还是存疑的。我们认为，补偿标准偏低的问题并不是法律责任规范探讨范围内的问题，但按照权利、义务、责任相一致的思维，似乎更适宜在解决了补偿标准偏低的问题后才应该再设置相关的违法处罚责任条款。另外，当草原违法行为同时触犯了草原生态补偿违法条款和其他破坏草原生态环境的违法条款时，除责令改正、恢复原状类的处罚外，罚款类的行政责任应当择一较重的条款进行处罚。对于执法人员的违法行为而言，《草原法》设立了3个条文进行处罚，其中第61、63条针对的是执法人员在整个草原监管过程中的违法行为，而对于草原生态补偿的监管自然也包含了草原生态补偿监管的失职行为。但第62条是针对执法人员截留、挪用草原建设资金的违法行为进行了具体监管事项的列举，并未包含草原生态补偿的监管事项，且从条文表述来看，监管事项已穷尽列举。因此，虽然当下并未发现截留、挪用草原生态补偿资金的行为，但为控制和预防风险的发生，还需在第62条的条文表述中增加截留、挪用"草原生态补偿"资金的表述，其行政处分措施依照《草原法》第62条的规定执行。当然，无论是执法人员还是非执法人员，当其违法行为构成犯罪时，自然应追究刑事责任，这是刑事责任要探讨的问题。

（三）刑事责任

1.生态补偿与刑法的关系

刑法是保障法，为其他部门法提供最后一道防线，从这个角度来说，刑法通过刑事责任的设定来保障生态补偿及草原生态补偿的顺利实施具有终极性的作用。但之所以将生态补偿与刑法的关系问题单独提出来，就是因为生态补偿的首要目标与刑罚的目的之间并非完全协调。具体来说，生态补偿首要目标在于保护生态环境，而刑罚的目的无论是基于报应论还是预防论，都是针对已经发生的犯罪事实的规制。当然，当确实发生犯罪事实时，追究犯罪人的刑事责任是必须为之的事情，通过追究刑事责任，肯定实现了报应与预防的目的，即对本次犯罪的报应，对未来犯罪的预防。但是对于本次已经破坏的生态环境是否能够因为刑事责任的追究而得以恢复却是很难确定的。因此，以事后防范为方式的刑法并不应该成为保障生态补偿顺利实施的全部依靠，因为刑法的适用有局限性。"环境保护的最终目的并不是为了惩治犯罪，而是使人类生存的环境更加和谐、美好，因而如何恢复、补偿已经被污染的环境就成了环保的重要问题，通过刑法惩治环境犯罪的同时，也必须使用经济手段实现对生态的合理补偿。"①换言之，人们首先应当确保生态补偿、草原生态补偿的顺利有效实施，只有在确实无法避免犯罪事实发生的情况下，刑事责任才成为人们的选择。事前的防范重于事后的规制，这是生态补偿与刑法的辩证关系。

2.现有草原犯罪的立法概况

我国《草原法》第61至66条规定了6条草原犯罪，在《草原法》颁布之初，这6条草原犯罪与刑法之间的衔接处于断档状态。2012年出台的《最高人民法院关于审理破坏草原资源刑事案件应用法律若干问题的解释》（以下简称2012"草原解释"）为其中的3个草原犯罪，即《草原法》第66条开垦草原罪、第65条非法使用草原罪、第63条非法批准征用使用草原罪，在刑法中

---

① 赵秉志主编：《环境犯罪及其立法完善研究——从比较法的角度》，北京大学出版社2011年版，第34页。

的适用匹配上了具体的罪名，例如，第 65 条非法使用草原罪和第 66 条开垦草原罪都适用刑法典第 342 条非法占用农用地罪定罪处罚，第 63 条非法批准征用使用草原罪适用刑法典第 410 条非法批准征收、征用、占用土地罪定罪处罚。其他三个条文的刑事责任的实现，仍然需要套用《土地法》和相关司法解释和立法解释等。然而在肯定该司法解释的同时，解释对 3 条草原犯罪在刑法中的适用仍然是白璧微瑕，因此需要进一步的改进与完善。①

3. 草原生态补偿刑事责任追究的立法论与司法论的统一

刑法立法论与刑法司法论分属两种不同的理论研究视野，然而，我国刑法理论界对二者区别的认识是较为模糊的。"在一些刑法著作中，时常发生语境的转换，由此带来理论的混乱。例如，为证明某一理论观点正确，常常引用某一法条作为论据；为证明某一法条正确，又常引用某一理论观点作为论据。"②刑法立法论关注较多的是现行刑法的缺陷，进而提出相应的立法建议；而刑法司法论则是在现行刑法不进行改动的前提下，通过解释刑法条文或其他司法途径等来解决现实中的问题。那么，理论研究为何要将二者分立开来？前述所言的理论混乱又为何是不合理的？我们认为，其最主要的原因在于，刑法理论研究应当更多倡导刑法司法论的研究方法。

1979 年我国刑法在颁布之初，由于立法技术的局限，刑法典中的错误及疏漏较多，当时的刑法理论研究多是对刑法典中的错误及疏漏进行分析，进而提出改进刑法典的各种立法建议，而当时的刑事立法也是呈现出通过不断颁行单行刑法以弥补刑法典不足的情势。可以说，当时我国尚处于大规模的立法时期，刑法理论研究也主要采取立法论的思维方式。随着我国刑事立法和刑事司法实践的不断成熟，1997 年刑法得以颁布，刑法典整合了之前的单行刑法和附属刑法，使自身成为一个具有严密体系的法典。尽管新刑法颁布至今的 20 余年里，不断有修正案对刑法典进行修正，但刑法典自身的体系依旧严密。可

① 关于草原犯罪的立法问题、解决对策的研究，课题组负责人已有丰富的论著，系统性的阐释可参见：刘晓莉：《中国草原保护法律制度研究》，第四、第七章，此处不再赘述。

② 陈兴良：《刑法的知识转型（方法论）》，中国人民大学出版社 2012 年版，第 25 页。

以说，我国现行刑法已经处于一个相对稳定的状态，虽然其内部仍然存在不足，但通过频繁的更新立法来解决问题已经不是明智的选择。而且，即便通过立法方式更能有效解决某个问题，可立法较之司法而言，其灵活性毕竟有所欠缺。综上，刑法司法论理应成为当下刑法理论研究需要坚持的立场。

刑法司法论首先主张最大限度地解释刑法条文，当然，这种解释必须在罪刑法定原则的框架内进行。在有些情况下，刑法条文在字面上存在不足，可这种不足并非只有通过立法才能够解决，许多刑法条文本身是含有进行解释的空间的，通过解释，可以将表面看似存在问题的刑法条文转换为能够适用于实践的条文。这种解释并非是做"文字游戏"，而是坚持刑法解释的客观论立场，即不盲目寻找所谓的"立法原意"，而是将刑法条文的规定与客观实践需要相结合，通过解释刑法条文以追寻正义。最大限度地解释刑法条文是坚持刑法司法论所采取的研究方法之一，此外，坚持刑法司法论还应当探寻其他的司法途径以解决相应的问题。例如，死刑的废除是我国刑法的一个必然趋势，只是当下在立法层面尚难实现。而以刑法司法论的立场来看待死刑问题，则主要关注在死刑尚未废除的前提下，如何在司法审判中更少的适用死刑。由此看来，刑法立法论与司法论之间，不仅体现着立场的分立，也体现着研究方法的不同。

刑法立法论与司法论的分野难免不让人联想起一个经典命题，即恶法是否为法的问题。从普遍正义出发，恶法不应为法，如果一部实定法确为恶法，那么此实定法就不值得人们的遵守，此时，以刑法立法论的立场来批判此实定法是具有现实意义的。然而，如果以此为借口，随意"判断"一部法律为恶法，那也是对法律的一种亵渎。有法谚云："法律不是嘲笑的对象"，法律也不应受裁判，而是裁判的标准。我们虽然不能提倡恶法为法，但是将非正义的法律一概不当成法律似乎也并不妥当。① 刑法理论研究理应有对法的信仰，而对法的信仰不仅包含对自然法的信仰，也应包含对实定法的信仰，更何况多数的实定刑法虽有错误，但毕竟还难以被称为"恶法"。

---

① 张明楷：《刑法格言的展开》，法律出版社 2013 年版，第 3 页。

虽然不应当嘲笑法律，但恶法是否为法的命题也确实证明了一点，即坚持刑法司法论并不是、也绝对不应该排斥刑法立法论。刑法立法论与司法论的分野也会使人们联想起另一组刑法研究中的对应关系，即刑法哲学与刑法解释学的关系。众所周知的是，刑法哲学更多关注的是法理，而刑法解释学则更多关注的是法条，这种研究方法的不同和刑法立法论与司法论的差异有着相似性。同样众所周知的是，刑法哲学与刑法解释学虽然研究方法不同，但二者之间并非截然对立，最终都是为刑事法治的进步而贡献力量。刑法立法论与刑法司法论之间也应当秉持这样一种关系，即刑法理论研究中应更多倡导刑法司法论，使刑事立法中存在的问题通过司法途径得以解决或暂时解决，进而促进刑事立法的改革，而刑事立法改革的过程中产生的新问题，再通过司法途径的探索，以推动新一轮的刑事立法改革。因此，"刑法学立法论与司法论是相辅相成、互相促进的关系。"①

通常而言，刑法理论研究应当站在一个固定的立场上，对于刑法立法论与刑法司法论而言，应选择其一以展开研究。那么，是否允许同时利用两种立场来进行研究？我们认为，这应当区别对待问题性研究与体系性研究。问题性研究以问题的解决为目的，而解决问题势必要涉及立场的确定，此时，立场的选择是单一的，即选择某一种立场后，应排斥与其相对立的立场。所以，在问题性研究的情况下，刑法立法论与刑法司法论之间，仅能选择其一。但体系性研究不同于问题性研究，虽然体系性研究也是为了解决问题，但问题的解决方式不仅要考虑当下，也要顾及未来。此时虽然也应当倾向于某一立场，但难免会同时使用立法论和司法论的研究方法。②

本着这样一种立法论与司法论相统一的思维，草原生态补偿刑事责任的追究就不再是单纯设定新的刑事责任规范的问题了，而是先在司法论的角度下考察目前可以适用的草原生态补偿罪名有哪些，再来探讨应当增设什么样的

---

① 罗猛：《刑法立法论与司法论的关系探讨》，《中国政法大学学报》2012年第3期。

② 当然，问题性研究与体系性研究也是研究方法的分立，对二者的选择也并非是任意为之。

罪名。

4.司法论视角下罪名的适用

从司法论出发，因为我国目前实施的依旧是政策性草原生态补偿，补偿主体和对象比较明晰，一方是政府，另一方是草原牧区的牧民，且补偿方式单一，《刑法》可供适用的罪名并不多，此处对罪名适用的探讨主要按照课题组的调研结论而进行。

首先，对于滞留或者没有足额发放草原生态补偿资金的行为而言，前文已经提及需要按照资金使用的途径来判断补偿资金是否被实质性地滞留了。由于目前补偿资金来源于政府的财政支出，因此滞留或者没有足额发放草原生态补偿资金行为的主体只能是政府工作人员，至于具体的责任人，则要看滞留或未足额发放补偿资金发生在什么阶段，根据阶段内负责的具体工作人员来确定其责任。事实上，单纯滞留或没有足额发放草原生态补偿资金的行为本身未必会构成犯罪，在滞留资金的同时，如果进而发生自行占有或挪用资金的行为，可以按照《刑法》第382、383条贪污罪和第384条挪用公款罪定罪处罚。此处还需思考一个问题，如果被滞留的资金没有被贪污或者挪用，那是否滞留行为便不受任何处罚了？事实上并非如此，即便在现实还很少有滞留资金的行为发生，但从防范风险的目的出发，还是应当注重对此种行为进行一定的处罚。滞留或者未足额发放草原生态补偿资金的行为造成了牧民的损失，如果这样的行为是出于政府工作人员一种不负责任的心态，这便属于工作中的失职，当这种失职行为达到了较为严重的社会危害性时，可以按照《刑法》第397条玩忽职守罪进行处罚。

其次，对于草原生态保护的受益者或破坏者没有给付相应补偿资金的行为和受偿者拿到草原生态补偿款却不履行或不正确履行义务的行为，前文提及因其社会危害性较轻，所以较难对其施以严厉的处罚。也正因为如此，课题组在调研时将其置入"是否应当负法律责任"的调研内容中，未单独提及此行为的刑事责任问题，特别是对于受偿者未履行义务的行为，有8%的调研对象认为没有必要追究法律责任，这在针对法律责任的调查中，是认为没有必要追究责任比例最高的一个调查事项①。但出现这两类行为依旧是有可能被追究刑事责任的，在第一类行为中，"破坏者没有支付补偿资金"虽然这里主要的行为方式是没有支付资金，但对于破坏者来说，如果其破坏草原的程度达到了犯罪的标准，则可以结合《草原法》和 2012 年"草原解释"，适用《刑法》第六章第六节中破坏环境资源保护罪中的具体罪名。而在第二类行为中，受偿者未履行或未正确履行义务不仅仅是包含偷牧这样的行为，其实际行为有可能是比偷牧更加严重的，此时也可能会涉嫌破坏环境资源保护罪的具体罪名。

再次，对于调研中涉及的侵吞、窃取草原生态补偿资金的行为和截留、挪用草原生态补偿资金的行为的罪名适用，需要按照主体的不同进行差别化分析。首先，对于窃取资金的行为而言，可直接适用《刑法》第 264 条的盗窃罪，但其中的问题在于，目前的草原生态补偿资金由政府财政直接发放至牧民的银行账户中，在此过程中能够发生窃取资金的行为似乎概率非常低，因此《刑法》第 264 条盗窃罪的适用可能性也是很低的。而当补偿资金已经发放到牧民手中时，这部分资金已经成为牧民的个人财产，此时才更有可能引起盗窃行为，但这样的盗窃行为其盗窃资金对象的性质已经发生了改变。其次，对于侵吞草原生态补偿资金的行为而言，其行为人应当也是国家工作人员，因此侵吞行为与截留后的占有行为应当是集中于同一类主体身上的，其适用的罪名应当只能是《刑法》第 382 条的贪污罪，很难适用到第 271 条的职务侵占罪，因为职务侵占罪是针对非国家工作人员而设立的罪名。当然，这样的判断是基于当下的实际情况而言的，如果将来出现非国家工作人员对补偿资金确实通过新型的犯罪方式实施了侵吞行为，自然是适用职务侵占罪的。最后，对于挪用草原生态补偿资金的行为，国家工作人员的挪用自然构成《刑法》第 384 条的挪用公款罪，非国家工作人员因其单位性质并非国家机关，而补偿资金通常由国家机关发放，所以不可能符合《刑法》第 272 条所限定的"本单位"要素，因而无法构成此罪。而通过第 273 条挪用特定款物罪的条文表述来看，似乎对于特定款

---

① 见本书第四章。

物以非国家工作人员的身份也有挪用的可能性，因此《刑法》设立了这一罪名。而草原生态补偿资金可以解释为"优抚"或"扶贫"款物，此时挪用特定款物罪便有了适用的空间。

复次，以虚报、冒领等手段骗取草原生态补偿资金的行为从字面意思看似乎与诈骗罪更为接近，但在现实中，草原生态补偿的资金是通过政府财政发放的，政府非自然人，本身并无可能陷入错误认识，且财政的发放也并非一般意义上的对财产的处分，所以以诈骗罪追究虚报、冒领补偿资金的行为似乎并不妥当。此时应当着眼于"虚报""冒领"的行为特性上，对于冒领而言，行为人冒领的目的是想将不属于自己的财产占为己有，而这部分资金此时并未受到其实际合法的占有人的控制，因此冒领行为应以《刑法》第270条侵占罪追究刑事责任。而如果冒领的行为人是国家机关工作人员的话，则应当根据贪污罪来定罪处罚。对于虚报行为而言，其本身的行为只是一个道德败坏的行为，但虚报必然要以假身份来进行，因此虚报的行为实际上其先行的行为会涉嫌《刑法》第280条第3款伪造、变造、买卖身份证件罪和第281条之一的盗用身份证件罪。至于第281条之一所规定的另外一个罪名——使用虚假身份证件罪①，行为人在实行冒领行为时自然也触犯了该条罪名，但此时应当按照想象竞合犯择冒领本体行为所触犯的较重的罪名来定罪处罚。

最后，对于发放草原生态补偿资金的工作人员玩忽职守、滥用职权、徇私舞弊的行为，应当按照《刑法》第397条滥用职权罪、玩忽职守罪定罪处罚。需要说明的是，《刑法》第397条所规定的罪名是针对国家机关工作人员所有的滥用职权、玩忽职守、徇私舞弊行为，草原生态补偿资金发放的相应行为自然也包括在内，此时的犯罪行为是针对资金发放的，即针对一种财政工作而出现的滥用职权、玩忽职守、徇私舞弊行为，其与针对草原生态环境监管的失职有所不同，而对于草原生态环境监管的失职是应当通过增设新的罪名来加以规制的，这在下文中将有所讨论。

---

① 第281条之一是一个选择性罪名，此处分开进行讨论。

除上述调研内容中可能涉及相关的罪名之外，对草原生态环境的破坏有时也会波及畜牧业生产经营活动的正常进行，此时便可能涉及《刑法》第276条破坏生产经营罪。

以上按照课题组针对草原生态补偿法律责任事项的调研情况，对草原生态补偿可能涉及的罪名适用问题予以了探讨，需要强调的是，因为当下政策性草原生态补偿的法律关系较为简单，可能涉及的罪名自然相对较少。而在市场化、多元化体制下，因为补偿形式更加丰富，行为样态便会显得更加多样和复杂，可能涉及更多的罪名，对其进行探讨也必然是市场化、多元化草原生态补偿的重要研究任务之一。此处还需思考的一个问题是，以上提及的罪名适用在立法上应当如何表现。通过修改刑法的方式虽然更具规范性，但刑法修正案的出台也是需要具备一定条件的，尚未有只针对一个具体的事项而进行大规模修改刑法的先例；同时，附属刑法的立法技术在我国也并未成熟，《草原法》短时间内对草原生态补偿刑事责任的规定也适宜继续适用空白的罪责条款，以援引《刑法》的规定。综合各种来看，以司法解释的形式扩展以上所涉罪名的具体行为似乎是当下最佳的选择。然而此时还需进一步发问，司法解释应当以何种案件范围来组织解释工作更为适宜。在针对整体生态要素尚未进行统一的"生态补偿法"的立法情况下，各生态要素对于自身生态补偿的研究与认识之间存在着一定的差距，因此以"审理破坏环境资源案件"的范围来组织司法解释似乎在现阶段尚有难度且本身内容也过于庞杂。而如果以所涉罪名的各章节范围来分别解释又显得过于分散，并且许多罪名在其所侵犯的客体上本身与草原生态价值的关联性也并不大。所以，针对草原生态补偿可能涉及的罪名更适宜在单独的"审理破坏草原资源案件"的司法解释中扩展相关的涉罪行为，当然，新的草原司法解释的出台应当以《草原法》的完善为前提。

除了以上所涉罪名适宜以司法解释的形式扩展具体的涉罪行为外，另有立法论思维下的不合理之处需要对刑法典进行立法变革来解决问题。

5.立法论视角下罪名的增设

从立法论的角度看，为保证草原生态补偿的顺利实施，增设新的罪名是极有必要的。但仍需注意的是，新罪名的设置需要符合许多条件，其中之一便是犯罪行为的类型化需要做到规模适中，单独设立草原生态补偿、甚至是生态补偿类的罪名都会遭受行为类型化规模过小的质疑。因此，现阶段有必要增设的罪名包括两个：

首先，是针对破坏草原生态环境的犯罪行为而言的，应当以《草原法》为依托、对 2012"草原司法解释"进行改进。在《草原法》所规定的 6 个犯罪中，急需将第 66 条规定的犯罪行为规定为新的罪名，《草原司法解释》将开垦草原的行为和非法使用草原的行为构成犯罪时适用《刑法》第 342 条的"非法占用农用地罪"并不合理，因为这两个罪名的社会危害性差别很大，前者是不可以恢复的，后者是可以恢复的，这样不加区分适用一个罪名进行处理，"立法对于保护草原安全的意义有被遮蔽之嫌。"① 因此，为了有效保护草原生态环境，也为了避免草原生态补偿过程中可能出现的开垦草原的行为，应当在刑法中设立"非法开垦草原罪"，用以追究相应的刑事责任。事实上，与对保护森林所适用的刑法手段相比，保护草原所适用的刑法手段已经严重落后，《刑法》第 345 条规定了 3 条林木犯罪，而对非法开垦草原这种对草原破坏最为严重的行为却没有设置罪名，这本身就是不合理的。

其次，是针对草原生态补偿监管人员渎职涉罪行为而言的，政府公职人员的犯罪主要包括贪污受贿犯罪和渎职犯罪，贪污受贿犯罪侵犯的客体是职务行为的廉洁性，而渎职犯罪侵犯的客体是国家机关的正常管理活动。从两类犯罪侵犯的客体的区别来看，对于贪污受贿犯罪的处罚是针对贪污受贿行为本身，而对于渎职犯罪的处罚其所针对的不仅是渎职行为本身，而且还针对具体渎职行为所造成的危害结果。因此，现有立法基本可以有效规制政府公职人员的贪污受贿行为，无须增设新的罪名；但对于草原生态补偿实践中涉罪的监管渎职行为而言，因草原生态补偿所要保护的草原生态系统与牧区牧民的生存和发展休戚相关，对此监管的失职会造成极为恶劣的影响，所以应当进行专门的

---

① 刘晓莉：《中国草原保护法律制度研究》，人民出版社 2015 年版，第 113 页。

立法。在具体罪名的增设上，需要再次考虑我国的生态补偿立法究竟采取整体生态系统的统一立法模式还是单一生态要素的独立立法模式，我们赞同后一种立法模式，对于草原生态补偿而言便需要进行独立的立法。如此一来，还需要注意前文已提及的罪名的设立应当考虑犯罪行为类型化的规模，按照这样的思维，设立类似"草原生态补偿监管失职罪"似乎并不妥当。我们的建议是，将包括草原在内的部分重要生态系统的监管失职行为单独增设罪名，当出现这些生态系统监管失职行为时，应当按照特别法优于一般法的原则，适用具体生态系统的监管失职罪名；只有当非属特别法所规定的环境监管失职行为构成犯罪时，才适用刑法第408条的"环境监管失职罪"。据此，我们认为应当在《刑法》第408条之一（食品监管渎职罪）之后增设一条，作为第408条之二或其他数字，罪名为"草原环境监管失职罪"，其刑事责任应高于普通的环境监管失职罪。而如果赞同生态补偿应采取整体生态系统的统一立法模式，则设立一个"生态补偿监管失职罪"在犯罪行为类型化规模的考量上便是可行的。事实上，针对草原生态补偿监管人员的渎职行为设立专门的罪名在市场化、多元化草原生态补偿机制中显得更加重要。

五、草原生态补偿的立法展望

2017年年底召开的党的十九大提出"建立市场化、多元化生态补偿机制"的要求，这与课题所研究的、当下我国正在实施的政策性生态补偿不是一回事，但是二者具有密切的联系，不能视而不见，但是又不能投入过多精力，毕竟不属于课题研究范畴。基于本课题组的研究经历，仅在"市场化"层面对课题研究的草原生态补偿的未来立法内容进行一些浅显的分析和适度的展望，我们认为，未来将要建立的市场化草原生态补偿机制在立法内容方面，应当注重立法边界的设定，因为法律作为上层建筑，必不可能涉及生态补偿运行过程中的每一个具体环节，立法边界的设定应当特别注意以下三个方面：

（一）着眼于政府职能的转变

市场化草原生态补偿机制立法边界的设定必须着眼于政府职能的转变。"政府配置资源的范围，取决于其职能。如果政府职能不清或者不当膨胀，就会使其配置范围和领域大为扩张，从而挤压市场配置……把市场能够解决的问题都交给市场，从而将对公权力的限制与对私权利的保障有机结合起来，真正实现'简政放权'"。①我国草原生态补偿机制建设要求政府占据主导地位，企业和社会等多元主体共同参与，而此时运行规则是以市场化交易为依据，政府与其他参与者同为生态补偿机制中的平等主体，政府在履行其作为补偿主体的权利义务之外，还应该是市场化生态补偿机制的主导者。

政府的监督职责，贯穿于整个市场化草原生态补偿机制的各个环节，且相较于政策性生态补偿机制而言，市场化生态补偿机制中政府的监督作用更为重要，这主要表现在两个方面：一方面，政策性草原生态补偿机制因其补偿主体仅有政府作为单一主体，而受偿主体则为草原牧区的牧民，故两者之间的权利与义务关系十分明确。此时，政府因其公权力的职权属性，全程指引和引导草原生态补偿机制的落实和运行，虽因不重视政府的监督机制而导致一些问题的出现②，但是大体上还是能够使得草原生态补偿机制实现其预设的效果，从而达到维护生态安全和生态公平的目的；另一方面，市场化草原生态补偿机制的显著优势就在于其能够吸纳和接受多元主体作为生态补偿主体，从而扩大资金来源和融资渠道，继而在利用市场化运作的基础上保证草原生态补偿机制的可持续性。补偿主体范围的扩大固然存在优势，但是以市场为平台的草原生态补偿机制同样可能存在自发性与盲目性的弊端，此时政府的监督作用就十分必要。政府的有效监督能够充分发挥草地资源作为公共产品的属性和

---

① 巩芳、常青：《我国政府主导型草原生态补偿机制的构建与应用研究》，经济科学出版社2012年版，第164—171页。

② 课题组于2016—2017年实地调研和考察了内蒙古、甘肃、青海、吉林、四川五个实施草原生态补偿机制的省区。在对N自治区H市C旗的调研中发现，因为缺乏对补偿款发放后资金流动的监督，部分牧民将补偿款用作奢侈品消费，导致补偿款未发挥其补贴牧民生活、保护生态环境的应有作用。

价值，从而保证草原生态补偿机制的顺利运行，维护牧民和草原生态环境的和谐统一。

我们认为，在市场化草原生态补偿机制中有三个环节需要政府的重点监督。其一，市场化草原生态补偿机制的准入环节。草原生态补偿是涉及牧区生态文明建设的重要领域，现阶段补偿资金来源以国家财政为主，这不仅是基于我国的国情，更多是因为生态安全的重要性。因此，市场化草原生态补偿机制对于多元化主体的要求，不能仅着眼于其资本能力，也需要强调其补偿方式和手段、社会效果以及受偿主体的需要等因素，对于这些市场准入的资格审核，政府应重点监督。其二，市场化草原生态补偿机制的补偿标准。市场化草原生态补偿机制的补偿标准应当体现市场调节利益的杠杆作用，但是因为草原生态资源的公共属性，其上下限均应当纳入政府的监管范围，不能有丝毫逾越。其三，市场化草原生态补偿机制运行的最终结果是否与设想相符合，受偿主体是否基于受偿结果而采取手段履行相应义务以保护和维护草原的生态安全，也属于政府监督的重点。

（二）侧重权责义等宏观因素

市场化草原生态补偿机制的立法边界的设定须以多元主体的权利义务及责任划分等宏观因素为重点，而不应具体规定微观要素，如融资渠道、补偿方式等。法治国家建设，需要适用法律规范调整社会关系，明确利益相关者的权利、义务以及责任，平衡利益冲突，实现草原生态补偿的目的。根据中共十六届五中全会通过的"十一五"发展规划中提到的"按照谁开发谁保护、谁受益谁补偿的原则，加快建立生态补偿机制"的规划，可以把草原生态补偿法律关系的主体划分为义务的承担者（即补偿主体）和权利的享有者（即受偿主体）。而在现阶段的草原生态补偿实践活动中，由于法律规范的缺失，导致在草原生态补偿实践活动中关于主体的权利、义务以及责任等内容仍存在一些问题[1]，

---

① 以内蒙古为例，虽然在《内蒙古自治区草畜平衡暂行规定》中规定了罚款额度，但罚款金额过低，警示效果局限。调研中发现，各地对超载偷牧的惩罚力度不同，每超载一只羊的罚款从 20 元到 100 元不等，但这远远低于一只羊出栏后的收益。

有权没有责、有责无法究的情况时有发生。而建立市场化草原生态补偿机制需要引导草原生态补偿实践进入市场竞争中，在发挥市场决定性作用的基础上引进多元主体和融资渠道，这不仅是草原生态补偿实践的时代要求，也是我国草原生态补偿机制发展到新阶段的现实需要。多元主体的加入，作为上层建筑的法律制度也应随实践的发展而完善，我国的立法趋势应当着眼于草原生态补偿机制运行过程中多元主体范围的界定、权利义务及其责任的划分等宏观要素，而对于一些可以由市场决定的微观因素，法律制度不应多加干涉。

对于此类可供自由选择的因素，补偿方式则是其最为典型的内容。目前，我国草原生态补偿的方式主要以货币为主，同时辅以政策作为强制力的保证。单一的补偿方式不能满足受偿主体多元化的需求，课题组在调研中发现，部分牧民更希望通过技术培训、创业项目等途径寻求致富道路，通过扶持牧民从粗放型放牧的生产方式转变为发展旅游、畜牧产品深加工等其他生产方式，就人工饲养的技巧和保护草原等问题对牧民进行培训，多管齐下，最终将补偿方式变为"输血式"补偿和"造血型"补偿相结合，[①] 达到草原生态补偿政策实现牧业增效、牧民增收、牧区增绿的共赢目标。市场化草原生态补偿机制可以将市场化运作与草原生态补偿实践相结合，由多元主体提供多元化的补偿方式，通过补偿主体与受偿主体双方之间的平等协商，经过双方合意而选择合适的方式，如通过技术、转移产业等方式，达到生态补偿的目的，这样也有利于发挥生态补偿多元化主体的积极性和主动性，从而实现草原生态补偿的目的。

（三）重视法律责任的复杂性

在政策性草原生态补偿中，法律关系较为简单单一，而市场化草原生态补偿因为引入了市场竞争机制，且多元主体参与其中，所以可能涉及的法律责任更加复杂。因此，对于法律责任规范的研究在市场化草原生态补偿模式下显得更加重要和急迫。

---

① 张守文:《政府与市场关系的法律调整》,《中国法学》2014 年第 5 期。

以刑事责任为例，市场化草原生态补偿机制较之目前实施的政策性草原生态补偿可能适用的罪名更多，具体而言：首先，市场化草原生态补偿机制以市场交易为运作模式，这势必与交易的诚实信用和财产安全问题息息相关，在交易过程中发生诈骗行为时，可能会涉及《刑法》第四章第 266 条诈骗罪；同时，市场交易也常常会签订合同，在合同签订过程中的诈骗行为可能会涉及《刑法》第三章第八节第 224 条合同诈骗罪；而当存在对草原牧区的牲畜进行不合理的伤害、杀害行为时，可能会涉及《刑法》第四章第 275 条故意毁坏财物罪。其次，市场化草原生态补偿机制因为以市场交易的形式进行，较之政策性生态补偿的资金渠道更为广泛，并且从域外的经验来看，市场化生态补偿机制会衍生新的金融产品和税费政策，与此相关联的涉罪行为便有可能出现。在融资渠道方面，当发生非法集资行为时，可能会涉及《刑法》第三章第四节第 176 条非法吸收公众存款罪、第五节第 192 条集资诈骗罪；同时，部分牧民为了扩大经营生产会选择贷款以充实发展资金，在此过程中便可能涉及《刑法》第三章第四节第 186 条违法方法贷款罪和第五节第 193 条贷款诈骗罪；在金融产品方面，域外已经有国家设立了生态补偿的保险制度，保险在订立、存续期间所发生的诈骗行为可能会涉及《刑法》第三章第五节第 198 条保险诈骗罪；在税费政策方面，市场化草原生态补偿机制会对因为草原生态环境的改善而享受利益的人增设特定税费，以解决草原生态环境管理过程中的负外部性问题，所以当税费的缴纳出现问题时可能会涉及《刑法》第三章第六节第 201 条逃税罪、第 202 条抗税罪、第 203 条逃避追缴欠税罪。最后，市场化草原生态补偿机制并不意味着所有的草原资源都可用来进行交易，对于一些需要着力进行保护、不便开发的草原资源而言，政府应当以生态红线思维限制交易，在此过程中如果发生非法的交易行为时则可能会涉及《刑法》第三章第八节第 228 条非法转让、倒卖土地使用权罪；如果交易主体一方并不具有交易资格，可能还会涉及《刑法》第三章第八节第 225 条非法经营罪。

通过以上论述可以看出，市场化草原生态补偿更需要完善的法制作支撑。21 世纪以来，党和国家高度重视生态补偿机制的问题，但是由于生态补偿机制问题的复杂性，致使生态补偿专门立法工作一直处于研究和理论探索阶段。目前，关于草原生态补偿机制的相关法律存在于诸多法律法规和政府规章之间，如《宪法》《环保法》《草原法》及类似《内蒙古草原管理实施细则》等。然而，草原生态补偿机制适用市场化模式需要完善的法律制度，这不仅是民法领域界定和明晰产权的需要，更重要原因在于目前我国国家层次的生态补偿法律尚未出台，导致草原生态补偿法制的上位法处于悬空状态，在此种情况下草原生态补偿普适性难以实现。因此，完善的法律制度是引导、规范、推进、保障草原生态补偿适用市场化模式的前提和基础。

本章小结

本章是书稿的核心部分，旨在为我国草原生态补偿法制建设提出具体设想，即构建全方位的草原生态补偿法律制度体系。这样的建构是以我国草原生态补偿法律制度现状检讨为基础，以草原生态补偿契约正义理论为导引，以我国草原生态补偿的实践状况和课题组的实证调研结论为依托，结合域外相关理论、实践及立法经验，最终得以形成。具体来看，本章以我国草原生态补偿立法的目的和立法原则为前置性研究，详实地论证了三项立法目的，即加快草原生态保护、促进牧民增收与牧区可持续发展，以及保障草原生态补偿依法贯彻落实；同时阐述了草原生态补偿的程序性原则与实体性原则。以此为基础，深入分析论证了我国草原生态补偿立法的内容，首先分析论证了我国草原生态补偿中的关键性要素的立法问题，包括：草原生态补偿的主体与客体及其划分依据；草原生态补偿的标准与测定；草原生态补偿的方式与发放及来源。其次，详细地论证草原生态补偿的民事、行政及刑事责任，将学理分析与实证调研总结出的涉嫌违法犯罪的行为逐一分析论证：这些行为在什么情况下可能涉嫌的三大法律责任中的哪一种，尤其是详实地论证了草原生态补偿涉罪行为，在司法论视角下应当适用哪些罪名，在立法论视角下应当增设哪些罪名。例如，对于侵吞窃取草原生态补偿资金的行为而言，其中窃取行为可以直接适用《刑法》第 264 条盗窃罪，侵吞行为的主体一般应当是国家工作人员，可以适用《刑法》第 382 条的贪污罪；关于非法开垦草原罪，由于其行为比非法使用草原罪的行为严重得多，所以不应当一并适用《刑法》第 342 条非法占用农用地罪，而应当单独设立非法开垦草原罪。在本章，还强调了应当推进《宪法》对生态补偿的直接规定，阐述了针对草原生态补偿违法犯罪的立法方式问题，最后对草原生态补偿立法内容走向市场化、多元化予以未来展望。

第八章　中国草原生态补偿法制建设时代意义

　　习近平总书记指出:"只有实行最严格的制度、最严密的法治,才能为生态文明建设提供可靠保障"。[①] 制度建设是生态文明建设的重中之重。其中,资源有偿使用和生态补偿制度又是生态文明制度体系建设中的重点环节,草原生态补偿作为生态补偿制度在具体生态要素上的体现,其对生态文明建设具有重要意义。而草原生态补偿法律制度作为草原生态补偿的法制保障,必将使草原生态补偿得到更有效地落实,对牧区生态文明建设具有直接的促进作用。同时,草原生态补偿法律制度将草原生态补偿对生态安全的维护作用和法律制度自身对公平正义的价值追求结合起来,是国家治理现代化在生态环境治理领域与生态文明建设领域的具体体现,对推进全面依法治国的战略布局具有重大意义。

第一节　促进牧区生态文明建设

　　牧区生态文明是生态文明的下位概念,是生态文明在牧区的具体体现。草原生态补偿法律制度如何推动牧区生态文明建设,应当遵循以下思维逻辑予以

---

① 《习近平关于社会主义生态文明建设论述摘编》,中央文献出版社 2017 年版,第 99 页。

阐述：一是要梳理生态文明与牧区生态文明的内涵；二是应当阐明草原生态补偿是牧区生态文明建设的必要举措；三是要阐述草原生态补偿法律制度作为草原生态补偿的法制保障，能够为牧民保护草原提供法律指引、为牧区可持续发展提供法制支撑，进而推动牧区生态文明建设。

一、生态文明与牧区生态文明的基本内涵

"生态文明"一词，从字面上看，由"生态"和"文明"两词组成。"生态"一词最早源于古希腊文字，意思是指家或者我们的环境。1866 年德国的生物学家海克尔最早提出"生态学"的概念，他认为生态学实质上是一种关于"生物体与其周围环境相互关系的科学"。因此，"生态"就是指生物在一定的自然环境下生存和发展的状态，以及它们之间和它与环境之间环环相扣的关系。"文明"一词在《辞海》中有两种解释：第一，指人类所创造的财富的总和，特指精神财富。第二，指人类社会发展到较高阶段并具有较高文化的状态。由此可见，文明是人类在认识世界和改造世界的过程中逐步形成的较高级的思想观念和文化状态。据此，"生态文明"可以理解为是谋求人与自然、人与人、人与社会之间和谐共生的文明形态，是人类文明发展的一个更高级阶段。

学界对生态文明的内涵有多种解读，具有代表性的观点有以下几种：其一，生态学家叶谦吉认为，"所谓生态文明就是人类既获利于自然，又还利于自然，在改造自然的同时又保护自然，人与自然之间保持着和谐统一的关系"[1]。他是我国首次使用生态文明概念的学者。其二，王如松院士从广义生态文明的角度解读其内涵，认为生态文明是人类在改造自然、适应自然、保育自然、品味自然的实践中所创造的人与自然和谐共生的物质生产和消费方式、社会组织和管理体制、价值观念和伦理道德以及资源开发和环境影响方式的总

---

[1]　转引自郝清杰、杨瑞、韩秋明：《中国特色社会主义生态文明建设研究》，中国人民大学出版社 2016 年版，第 17 页。

和。① 其三，余谋昌以人与自然的关系作为切入点来阐释生态文明，认为生态文明是人们对自身与自然关系进行更深层次思考的结果。人们在自然物质生产的基础上进行社会物质生产，在社会物质生产的基础上又创造一个新的自然界，两者相互作用、相互渗透和转化。② 其四，俞可平从生态文明建设成果的角度切入，认为生态文明是人类在改造自然以造福自身的过程中，为实现人与自然之间的和谐所做的全部努力和所取得的全部成果。③

综上所述，我们认为：生态文明是人类在经历认识自然、利用自然、改造自然、尊重自然、顺应自然、保护自然这一历史阶段过程中，所探索出的一种继农业文明、工业文明之后更高级的反映人与自然和谐相处的新型文明形态。其内涵不仅包括人类在漫长的历史实践过程中逐渐建立起来的人与自然、人与人、人与社会之间和谐共生的关系、生产生活方式和价值观念，同时还包括人类在这一过程中为保护和建设美好生活环境所取得的物质、精神、社会制度建设成果的总和。

牧区是以畜牧业生产为主的地区，在全国经济社会发展中具有重要的战略地位。我国牧区主要分布在西部及西北部边缘地带，主要包括 13 个省（区）的 268 个牧区半牧区县（旗、市），面积达 400 多万平方公里，共有草原面积 2.34 亿公顷，占全国草原面积的 59.57%。内蒙古、新疆、西藏、青海、甘肃和四川是我国六大牧区，这六大牧区的草原面积占全国草原面积的 73.35%。④ 牧区具有丰富的矿藏、水能、风能、太阳能等资源，是我国战略资源的重要接续地。牧区多分布在边疆地区和少数民族地区，承担着维护民族团结和边疆稳定的重要任务。⑤ 因此，牧区生态文明是全国生态文明的重要组成部分。草原作为生态、生产、生活功能兼备的环境要素，为牧区发展提供物质、环境、文

---

① 王如松、胡聃：《弘扬生态文明深化学科建设》，《生态学报》2009 年第 3 期。

② 余谋昌：《环境哲学：生态文明的理论基础》，中国环境科学出版社 2010 年版，第 108 页。

③ 俞可平：《科学发展观与生态文明》，《马克思主义与现实》2005 年第 4 期。

④ 数据来源：国家林业与草原局 2018 年发布的《中国草原保护情况》。

⑤ 数据来源：国务院 2011 年发布的《关于促进牧区又好又快发展的若干意见》（国发〔2011〕17 号）。

化基础，是牧区生态文明建设的主阵地，承担着生态文明建设的主体责任。①

依据生态文明的内涵，结合牧区与草原密不可分的关系来看，牧区生态文明应是牧区民众在漫长的认识草原、利用草原、依赖草原、尊重草原和保护草原的历史实践中，所形成的一种与草原和谐共生的生产生活方式和价值观念，以及在此基础上取得的物质、精神、社会制度建设成果的总和。牧区生态文明不单单指草原资源的生态状况，更是指依托草原资源存在和发展的牧区群众的与草原生态和谐相处的态度以及物质、精神生活的总体样貌。②2011年《国务院关于促进牧区又好又快发展的若干意见》中确立了我国牧区生态文明实行"生产生态有机结合、生态优先"的发展方针，据此，我们认为实现牧区生态文明建设就要走生产发展、生活富裕、生态良好的文明发展道路，牧区生态文明的标志应当为：牧区生态良好、牧民生活富裕、牧业生产发展可持续。

二、草原生态补偿是牧区生态文明建设的必要举措

目前，我国草原生态补偿主要以政策的形式实施。在政策设计层面，党中央、国务院在一系列建设生态文明的规范性文件中多次提到草原生态补偿，表明草原生态补偿是牧区生态文明建设的必然要求；在政策实施层面，草原生态补偿是环境治理现代化的有效手段，对于贯彻落实生态文明建设目标具有显著效果，不仅保护了草原生态，而且促进了牧民增收与牧区经济的可持续发展，是牧区生态文明建设的关键环节。

（一）是牧区生态文明建设的必然要求

党的十八大以来，党中央、国务院更加重视生态文明建设，将生态文明提升到了关乎民族未来长远大计的战略高度，生态文明在"五位一体"总体布局、

---

① 刘加文：《大力开展草原生态修复　夯实生态文明建设基础》，新华网，http://www.xinhuanet.com/travel/2018-09/14/c_1123429685.htm，2018年9月14日。

② 于雪婷、刘晓莉：《草原生态补偿法制化是牧区生态文明建设的必要保障》，《社会科学家》2017年第5期。

新时代的基本方略、新发展理念和三大攻坚战中均占有重要一席。

从顶层设计来看，在党中央、国务院的一系列关于生态文明建设的重要文件中多次呈现草原以及草原生态补偿，为推进草原生态保护和建立草原生态补偿制度设定了基本遵循。2007 年党的十七大不仅首次将"生态文明"写入政府工作报告，同时还首次提出要重视资源与环境保护的要求，建立健全资源有偿使用制度和生态环境补偿机制。此间虽未直接提及草原生态补偿，但是首次将生态补偿作为推进生态文明建设的手段之一。2010 年 10 月，国务院前总理温家宝主持召开国务院常务会议，作出建立草原生态保护补助奖励机制的决策。2011 年《国务院关于促进牧区又好又快发展的若干意见》中明确指出要建立草原生态保护补助奖励机制，通过草原生态补偿加强草原生态保护建设，促进牧区经济发展。同年，农业部发布《2011 年草原生态保护补助奖励机制政策实施的指导意见》。2015 年中共中央、国务院印发的《关于加快推进生态文明建设的意见》和《生态文明体制改革总体方案》中，明确提出要建立草原保护制度，其中包括稳定和完善草原承包经营制度、健全草原生态保护补助奖励机制等。2016 年 5 月和 6 月，国务院办公厅和农业部分别印发了《关于健全生态保护补偿机制的意见》和《推进草原保护制度建设工作方案》，两项文件中均规定落实草原生态补偿制度是草原保护的重点任务之一。同年 11 月，农业部颁布了《新一轮草原生态保护补助奖励政策实施指导意见（2016—2020年）》。同年 12 月，发改委会同国土资源部、环境保护部等 8 个部门印发了《耕地草原河湖休养生息规划（2016—2030 年）》，其中明确规定：到 2020 年初步建立以基本草原保护、承包经营、禁牧休牧、划区轮牧、草原生态补助奖励机制等为主要内容的草原休养生息保障制度。2017 年 7 月通过的《建立国家公园体制总体方案》中首次将"山水林田湖是一个生命共同体"的提法改为了"山水林田湖草是一个生命共同体"。将草纳入"山水林田湖"中，这是对草原生态地位的重要肯定，对推进牧区生态文明建设具有里程碑式的重要意义。2017年 11 月，国务院在《关于草原生态环境保护工作情况的报告》中指出下一步工作任务之一是落实好草原生态环境保护和建设各项改革任务，紧紧围绕"源头保护、过程控制、损害赔偿、责任追究",建立健全草原资产产权、监测评价、生态保护红线、生态补偿、生态损害赔偿与责任追究等制度。

党中央、国务院上述一系列关于生态补偿和草原生态补偿的重要论述充分表明,我国生态文明建设离不开制度建设,其中生态补偿制度是一项重要的制度安排,草原生态补偿作为生态补偿制度在具体生态要素方面的体现,当然也是生态文明建设的必然要求。又由于草原生态补偿主要应用于广大牧区,牧区生态文明是全国生态文明的重要组成部分,因此草原生态补偿也是牧区生态文明建设的必然要求。

(二) 是牧区生态文明建设的关键环节

生态文明建设的根本目标是节约资源和保护生态环境,从源头上扭转生态环境恶化趋势,建设美丽中国。生态文明建设的当务之急是解决好环境问题的同时改善民生。生态文明建设的目标是在保证生态优先的基础上,谋求经济的可持续发展。与生态文明建设目标相比,牧区生态文明建设的目标更具有指向性,即在保护草原生态的同时促进牧民增收与牧区经济发展。生态补偿作为一种环境政策工具被引入我国之后,通过激励的方式保护生态环境,在应对生态环境恶化上的高度有效性获得公认。① 而草原生态补偿政策不仅有效抑制草原环境恶化,同时在促进牧区经济发展上也发挥了较大功效,更好地推进牧区生态文明建设,是牧区生态文明建设的关键环节。具体表现在以下三个方面:

目前,我国草原生态补偿主要以草原补奖政策的形式实施。其一,从生态补偿制度自身的角度而言,草原生态补奖政策吸收了生态补偿制度中激励性作用的合理内核,有助于激励牧民保护草原,实现牧区生态文明建设中保护草原的目标。草原生态补奖政策蕴含着补助和奖励两方面的含义,对草原被划入禁牧区的牧民进行禁牧补助,对履行草畜平衡义务的牧民进行奖励。这样的政策安排引导牧民的行为,激励其保护草原行为的积极性和持续性,比一般的禁牧和草畜平衡制度更符合牧民保护草原的心理诉求。其二,从政策的辐射范围角

---

① 详见本书第二章第二节中的论述。

度而言，与保护草原的其他工程政策相比，草原生态补奖政策覆盖草原面积更大、所涉草原情况更复杂、保护草原的效果更加明显。目前，除草原生态补奖政策外，还有五项草原保护重大工程，其中退牧还草工程重点治理退化严重草原；京津风沙源草原治理工程重点治理沙化草原；岩溶地区草地治理工程重点治理石漠化草地；新一轮退耕还林还草工程重点治理生态脆弱的陡坡耕地；农牧交错带已垦草原治理工程重点治理已垦撂荒草地。① 而草原生态补奖政策不区分草地类型，补偿包含退化严重不宜放牧的草原和可适当载畜的草原，覆盖草原面积达全国草原面积的 3/4 以上，是草原生态保护的更有力举措。其三，从政策的实施效果而言，草原补奖政策还是一项强牧惠牧政策，对实现牧区生态文明建设中促进牧区经济发展的目标具有重要意义。我国大部分牧区往往是贫困、落后的边远地区，草原生态补偿的制度设计和政策推行非常有必要与促进牧区经济发展目标相结合，通过补奖资金的发放起到改善牧民生计和扶贫的作用。② 草原补奖政策让牧民从参与草原生态环境保护中获益，符合社会主义的本质要求，也符合生态文明建设的目标要求。因此，草原生态补偿是牧区生态文明建设至关重要的一项制度性安排，是实现草原生态改善和牧区脱贫致富的"组合拳"，是牧区生态文明建设的关键环节。

三、草原生态补偿法制是牧区生态文明的法制保障

2015 年《生态文明体制改革总体方案》中明确了完善的法律法规是生态文明体制改革的实施保障。制度建设和法制建设密切联系、相互促进，严格的法律制度为生态文明各项制度建设提供调控、引导和规范的作用。草原生态补偿法律制度通过法律自身的规范性、普适性为牧民保护草原的行为提供法律指引，通过法律的强制力为牧区的可持续发展提供法律支撑，最终保障牧区生态

---

① 于康震：《全力为祖国"守好一片绿"——谈党的十八大以来我国草原保护建设工作》，《农村工作通讯》2017 年第 19 期。

② 杜群：《生态保护法论》，高等教育出版社 2012 年版，第 378 页。

文明建设。

（一）为牧民保护草原提供法律指引

牧区生态文明建设的核心是保护草原生态，而草原生态补偿法律制度作为一种调整生态补偿的行为规范，将法律自身所具有的作用和草原生态补偿的基本特征相结合，最终实现保护草原的目的。其一，从法律的规范性作用来看，草原生态补偿法律制度对牧民保护草原的行为具有指引、评价、预测等规范作用。长期以来，牧民世世代代依靠草原生存，已经形成了尊重草原、敬畏草原的生态伦理观和自然保护观，草原生态补偿法律制度通过对牧民保护草原的行为进行肯定性评价，对超载放牧的行为进行否定性评价，进而引导和强化牧民保护草原的行为。其二，从法律的社会性作用来看，草原生态补偿法律制度具有普适性，是对草原生态保护这一社会公共事务的规范，对牧区乃至社会全体成员在草原保护上具有普遍约束力。草原生态补偿法律制度通过立法将人与草原和谐共生的观念转化为国家治理理念，利用法律保障草原生态补偿的落实，使依法保护草原内化为牧民和全社会的行为准则，将草原保护的生态红利惠及大众。其三，从法律的内容上来看，草原生态补偿法律制度以生态补偿的权利、义务和责任作为主要内容，促进牧民依法保护草原权利义务责任意识的觉醒。课题组在调研中了解到，部分牧区对于草原生态补偿的权利意识还不是很强烈，仅仅知道政府作为补偿主体应当对自己的生产生活进行补偿，而对于其他也应当承担补偿义务的主体缺乏认知和判断。对于在草原生态补偿中违反义务的人以及其他破坏草原的人，也缺乏更有力的措施对其进行惩罚。而草原生态补偿法律制度就是要解决牧民获得经济补偿的权利无保障、生态环境受益者不履行义务、生态破坏者不承担责任的问题。通过规范草原生态补偿的权利、义务、责任，让牧民在了解自己法律权利和义务的基础上用法律手段维护自己的合法权益。其三，从法律的形式上看，草原生态补偿法律制度具有稳定性和延展性，对牧民保护草原的行为具有持续的引导作用。法律自身具有稳定性，法律一经颁布，再要进行改动便需要通过严密的程序来进行。草原生态补偿法律制度将草原生态补偿的内容以立法形式确定下来，草原生态补偿便具有了稳定性，能够避免政策的不确定性，使牧民保护草原的措施和草原生态保护的成效不会因政策变动受到影响。

（二）为牧区的可持续发展提供法制支撑

牧区生态文明建设的目标是草原生态良好、牧民获得增收与牧区经济可持续发展。实现这一目标离不开法律制度的保驾护航，法制的保驾护航作用具体表现为如下几个方面：其一，草原生态补偿法律制度能够使草原生态保护的理念渗透到草原牧区的地方发展规划、政府职能、项目建设的方方面面，指引牧区的经济建设以"生态优先，绿色发展"为导向。这是法律特有的指引作用所决定的。其二，草原生态补偿法律制度有助于巩固牧区经济发展的成果。在草原补奖政策实施过程中，随着现代草原畜牧业建设不断推进，草食畜产品供给得到有效保障，农牧民收入继续保持稳定增加。草原生态补偿法律制度将对牧区经济发展有利的政策上升为法律，适用法律的引导和规范功能，在改变牧区传统的畜牧业生产模式、生产理念、提供转产技术指导和培训等方面发挥作用。其三，草原生态补偿法律制度通过预防惩治草原违法犯罪确保牧区可持续发展。2016年，全国各类草原违法案件发案15705起，其中违反禁牧休牧规定案件发案数11828起，比2015年减少994起，减少了7.8%，违反草畜平衡规定案件发案数量1029起，比2015年减少152起，减少了12.9%，虽然这两类案件发案数量有所减少，但仍属高发类案件。[①] 草原违法犯罪案件的减少，在一定程度上说明草原生态补偿法律制度发挥了防范违法犯罪的作用，维护牧区的可持续发展。

第二节　推进全面依法治国的战略布局

依法治国是坚持和发展中国特色社会主义的本质要求和重要保障，是实现

---

① 数据来源：农业部发布的《2016年全国草原监测报告》。

国家治理体系和治理能力现代化的必然要求。草原生态补偿法制建设是法制理论和法治实践在生态领域中的具体体现，是生态治理领域法制建设的一部分，也是全面依法治国的重要组成部分。同时，草原生态补偿法律制度对于健全法治体系和建设法治国家具有重要作用，是实现全面依法治国目标的制度支撑之一。

一、草原生态补偿法制建设是全面依法治国的组成部分

全面推进依法治国要求法治在社会生活的全过程、多领域发挥引领和规范作用，因此，在生态保护领域进行法制建设也是全面推进依法治国的题中之义。在制度理论层面，草原生态补偿法律制度是生态文明法制建设的重点领域之一；在制度实践层面，对草原这一具体生态要素的生态补偿进行法制建设，是生态领域法治的重要实践。

（一）是生态文明法制建设的重点领域

推进全面依法治国要求保证国家各项工作都依法进行，用法律支配权力，其中一项重要任务是在生态文明建设中推进依法治国，法制建设是实现生态文明的根本保障。

2013 年，党的十八届三中全会审议通过的《中共中央关于全面深化改革若干重大问题的决定》中明确提出："必须建立系统完整的生态文明制度体系，实行最严格的源头保护制度、损害赔偿制度、责任追究制度，用制度保护生态环境。"2014 年，党的十八届四中全会通过的《中共中央关于全面推进依法治国若干重大问题的决定》对全面加强生态文明法律制度建设提出了新要求："用严格法律制度保护生态环境，加快建立有效约束开发行为和促进绿色发展、循环发展、低碳发展的生态文明法律制度。建立健全自然资源产权法律制度，完善国土空间开发保护方面的法律制度，制定完善生态补偿和土壤、水、大气污染防治及海洋生态环境保护等法律法规，促进生态文明建设"。2015 年，中共中央国务院印发的《生态文明体制改革总体方案》中提出："制定完善自然资

源资产产权、国土空间开发保护、国家公园、空间规划、海洋、草原保护、湿地保护、生态环境损害赔偿等方面的法律法规,为生态文明体制改革提供法治保障"。从以上这些文件中可以明确看出,当前我国生态文明法律制度建设的重点领域基本包括:自然资源产权法律制度、国土空间开发保护方面的法律制度、生态补偿法律制度、土壤、水、大气污染防治法律制度、海洋生态环境保护法律制度等。[①] 其中生态补偿法律制度建设作为生态文明法制建设的重点领域之一,意味着期待已久的生态补偿立法工作将取得实质性进展,这对于长期缺少法律依据的生态补偿工作来说意义重大。草原生态补偿法律制度作为生态补偿法律制度的下位概念,是涉及具体生态要素补偿的法律制度,理应是生态补偿法律制度的重要组成部分,也就是生态文明法制建设的重点领域。

(二)是生态文明法治实践的主要阵地

法律的生命在于实施,法律的权威也在于实施。生态补偿政策法制化不仅是理论上的科学论断,也是实践中的客观要求。目前,随着生态文明建设的深入,我国生态补偿的法律制度也在"跨流域水质污染补偿"和"退耕还林还草工程"等生态补偿实践中加速成型,针对森林、流域、海洋等生态补偿法律制度的探索与尝试都在不同程度的推进,为草原生态补偿这一制度以法律的形式加以确定提供了经验借鉴和实践基础。

在流域生态补偿方面,2008 年 6 月 1 日起实施的《中华人民共和国水污染防治法》是流域生态补偿的里程碑,该法首次以法律的形式对水环境生态保护补偿作出明确规定,其中第 7 条规定:"国家通过财政转移支付等方式,建立健全对位于饮用水水源保护区区域和江河、湖泊、水库上游地区的水环境生态保护补偿机制"。在森林生态补偿方面,2000 年,国务院颁布《森林法实施条例》,其中规定防护林、特种用途林的经营者有获得森林生态效益补偿的权利。虽然在目前的生态补偿立法实践中,多是以部门立法的形式对生态补偿进

---

① 孙佑海:《依法治国背景下生态文明法律制度建设研究》,《西南民族大学学报(人文社会科学版)》2015 年第 5 期。

行规定，但这仍是生态补偿在立法实践过程中的进步。2010年4月，国家启动了生态补偿立法工作，由国家发展改革委员会牵头起草的《生态补偿条例》目前正在紧锣密鼓地开展。同年11月《生态补偿条例》的草案框架稿已经成型，并初步提出了生态补偿的定义、范围、原则和机制。

近年来涌现的诸多关于流域、森林等生态补偿的地方性法规和政策，丰富了环境领域的法治实践。草原生态补偿法律制度建设工作将依托于《农业部、财政部关于2011年草原生态保护补助奖励机制政策实施的指导意见》和《新一轮草原生态保护补助奖励政策实施指导意见（2016—2020)》，以《草原法》等相关法律为参考，将政策内容通过法律形式加以固定，也是环境法治和生态文明法治实践的重要尝试。

二、草原生态补偿法制建设是全面依法治国的制度支撑

党的十八届四中全会明确了全面推进依法治国的总目标是"建设中国特色社会主义法治体系，建设社会主义法治国家"。从依法治国的角度来看，草原生态补偿法制建设对这一总目标具有重要意义。在法治体系层面，草原生态补偿法制建设隶属于法治体系中的法律规范体系，是法治体系建设的一个环节；在法治国家层面，草原生态补偿法制建设有利于将依法保护草原的精神贯穿于草原立法、司法、执法的全过程中，是建设法治国家的现实需要。

（一）是法治体系建设的重要内容

建设中国特色社会主义法治体系这一目标内涵丰富。从内容上来看，建设中国特色社会主义法治体系既包括建设静态的法律规范体系，也涉及动态的法治实施体系、法治监督体系和法治保障体系，法治体系是一个立体的、动态的、有机完整的体系。从逻辑起点来看，法治体系的构建源于法律体系的基本形成。如果说"立法先行"是建设我国特色社会主义法治体系的起点，那么建设体现生态文明和提倡人与自然和谐的法律体系就是必须完成的"顶层设

计"。①自1979年颁布环境保护法以来，我国环境法制从无到有、从零散到系统，逐步形成了具有中国特色的环境法制体系。2015年5月1日，新《中华人民共和国环境保护法》开始施行。其中，新增的第31条"国家建立、健全生态保护补偿制度"，以环境保护基本法的形式明确了生态补偿制度的法律地位。《中共中央关于全面推进依法治国若干重大问题的决定》中第二部分为"完善以宪法为核心的中国特色社会主义法律体系"，其中第四点中明确指出建设中国特色社会主义法治体系要加强重点领域立法，其中包括制定生态补偿方向的法律法规。2017年11月，《国务院关于草原生态环境保护工作情况的报告》中指出，下一步工作安排之一即是继续强化草原法制建设，其中包括配合修订《中华人民共和国草原法》以及要在草原生态红线保护、草原资源资产产权和用途管制和草原生态补偿等方面加快法制建设。

把草原生态补偿法律制度置于中国特色社会主义法治体系的建设蓝图中来看，草原生态补偿法律制度建设具有重要意义。一方面，草原生态补偿法律制度在立法内容上隶属于生态补偿法律制度，是生态补偿法律制度在具体生态要素上的体现；在立法体系上属于环境立法，是我国环境法律法规体系的重要组成部分，属于静态的法律规范体系。另一方面，草原生态补偿法律制度将动态地贯穿于草原生态补偿的法治实施、法治监督和法治保障中，全方位、全过程地指导草原生态补偿的落实，推动依法治草。

（二）是法治国家建设的现实需要

党的十五大最先提出"依法治国，建设社会主义法治国家"的基本方略和目标。十六大和十七大则进一步指出要加快建设社会主义法治国家。十八大提出全面推进依法治国，并把法治确立为治国理政的基本方略。党的十八届四中全会则明确提出将建设社会主义法治国家作为全面推进依法治国的总目标。建设社会主义法治国家就是将法治建设覆盖国家和社会发展的方方面面，要求全

---

① 吕忠梅：《中国生态法治建设路线图》，《中国社会科学》2013年第5期。

面推进科学立法、公正司法、严格执法、全民守法。

草原生态补偿法律制度建设切实满足法治国家建设的现实需要。在法律规范层面，草原生态补偿法律制度将严格遵循科学立法的原则，将一般立法原则和草原生态补偿立法原则相结合，将依法保护草原的精神通过严格的法定程序上升为国家意志，使草原生态补偿从"政策引领"变为"立法引领"。在法律实施层面，草原生态补偿法律制度有利于严格执法和公正司法，通过法律的权威性和强制力来调整和规范草原生态补偿的行为，将草原保护和公平公正的价值追求贯穿于草原生态补偿的司法、执法各个环节，促进牧区在依法治草的同时实现生态公平；在法治理念层面，草原生态补偿法律制度的建立强化了草原生态补偿相关主体的法律意识，促进了牧区乃至全社会依法保护草原观念的形成，促进牧民在生产生活中知法、守法、懂法、用法。因此，草原生态补偿法律制度建设满足法治国家建设的现实需要，对于实现全面依法治国目标具有重要意义。

全面推进依法治国是一个系统工程，是国家治理领域一场广泛而深刻的革命。全面推进依法治国必须要努力实现国家各项工作法治化，把法治建设纳入经济、政治、文化、社会、生态文明建设"五位一体"总布局中去谋划和推进。其中草原生态补偿法律制度、草原生态补偿、生态补偿、生态法制、全面依法治国等问题都是一脉相承的，都是在建设法治中国的过程中需要逐步解决的问题，只有努力逐步在各层次、多领域都加快法治建设的脚步，才能实现全面依法治国，才能建成中国特色社会主义法治国家。

本章小结

本章是对书稿内容的整体性理论升华，论证了我国草原生态补偿法制建设具有深远的时代意义。一方面，从生态文明与牧区生态文明的基本内涵切入，阐述了草原生态补偿是牧区生态文明建设的必要举措、草原生态补偿法制是牧区生态文明的法制保障，进而阐明草原生态补偿法制建设对牧区生态文明建设具有重要的促进作用；另一方面，从草原生态补偿法制建设是全面依法治国的重要组成部分切入，阐述了草原生态补偿法制建设是全面依法治国的制度支撑，进而阐明草原生态补偿法制建设对于全面依法治国的战略布局具有重要的推进作用。

附录一 调研问卷样本

草原生态补偿法律制度问卷调查

尊敬的女士/先生：您好！

  我们是东北师范大学"中国草原生态补偿法律制度建设研究——以牧区生态文明为视角"课题组，目前正在做一项关于草原生态补偿法律制度相关问题的调查。本问卷只用于学术研究，不会给您和您的家人及所在单位造成不利影响，请您抽出宝贵时间回答以下问题，为我国草原生态补偿法制建设贡献一份力量，我们将非常感谢您的配合与支持！

东北师范大学课题组

个人基本信息：

1.您的年龄是（   ）

A.18 岁以下   B.18 岁以上至不满 60 岁 C.60 岁以上

2.您的受教育程度是（   ）

A.小学及以下   B.初中至高中   C.大学及以上

3.您的家庭年纯收入是（   ）

A.5000 元以下   B.5001 元至 10000 元   C.10001 元至 30000 元

D.30001 元以上

4.您的家庭草场面积是（　　）

A.100 亩以下　　　　　　　B.101 亩至 300 亩　　　　　C.301 亩至 500 亩

D.501 亩以上

5.您的家庭草场退化程度是（　　）

A.未退化　　　　　　　　　B.轻度退化　　　　　　　　C.中度退化

D.重度退化

第一部分　草原生态补偿相关法律权利

1.目前我国草原生态补偿实践主要是依据政策开展的，缺乏常态和法律约束。

　那么，您认为草原生态补偿是否应当法制化？（　　）

　A.应当　　　　　　　　　B.不应当　　　　　　　　C.无所谓

2.您认为我国现有草原权属是否明确？

　A.明确　　　　　　　　　B.不明确　　　　　　　　C.有的明确

3.您认为我国草原生态补偿信息（时间、地点、条件、数额等）是否公开透明？（　　）

　A.公开透明　　　　　　　B.相对公开透明　　　　　　C.不够公开透明

4.您是否愿意参与制定草原生态补偿政策与立法相关工作？（　　）

　A.愿意　　　　　　　　　B.不愿意

5.您认为谁应当是草原生态补偿的对象（即受偿者或补偿对象）？（　　）

　A.草原生态保护的贡献者

　B.草原生态的破坏者

　C.草原生态保护的受益者

　D.草原生态保护中的受损者

　E.草原生态产业的建设者

　F.以上皆是

6.您认为当前的草原生态补偿标准（即禁牧的每亩每年 6 元，草畜平衡的每亩

每年 1.5 元）是否合理？（ ）

A. 基本合理　　　　　　B. 补偿过低，应当提高　C. 不清楚

7. 您认为设定草原生态补偿标准应当依据哪些要素？（ ）

A. 草原生态系统服务价值

B. 草原生态保护者的投入

C. 草原生态保护者的机会成本

D. 草原生态保护受益者的收益

E. 草原生态破坏的恢复成本

8. 您认为目前的补偿方式（主要是货币、粮食、草种）是否合理？（ ）

A. 基本合理　　　　　　B. 不合理，方式太单一

C. 不合理，应当多元化

9. 您认为以下草原生态补偿方式哪些更有效？（ ）

A. 货币补偿　　　　　　B. 实物补贴　　　　　　C. 政策

D. 项目　　　　　　　　E. 技术支持　　　　　　F. 产业扶持

G. 技术培训

10. 您认为草原生态补偿资金如何发放更为合理？（ ）

A. 一次性定额发放　　　B. 周期性奖惩浮动发放

11. 您认为草原生态补偿资金应当来源于何处？（ ）

A 政府独立承担　　　　B. 政府、社会、市场和相关个人共同承担

12. 目前尚未见到国家层面的草原生态补偿权利救济问题，您认为是否应当设
定一个专门的机构约束监督草原生态补偿救济问题？（ ）

A. 应当　　　　　　　　B. 不应当　　　　　　　C. 无所谓

第二部分　草原生态补偿相关法律义务

1. 您认为谁应当成为草原生态补偿主体（即补偿者）？（ ）

A. 政府部门　　　　　　B. 草原生态保护的受益者

C. 草原生态破坏者　　　　D. 以上都是

2. 您认为目前对草原生态补偿主体（主要是草原生态的破坏者）的义务（限期恢复植被、缴纳罚款等）规定情况如何？（　　）

A. 基本合理　　　　　B. 义务较多　　　　　C. 义务较少

3. 您认为目前草原生态补偿主体（即补偿者）履行相应义务的情况如何？（　　）

A. 基本履行　　　　　B. 选择性履行　　　　C. 不履行

4. 您认为目前对草原生态补偿对象（即受偿者或客体）的义务（退牧还草、禁牧、休牧和落实草畜平衡等）规定情况如何？（　　）

A. 基本合理　　　　　B. 义务较多　　　　　C. 义务较少

5. 您认为目前草原生态补偿对象（受偿者）履行草原保护义务的情况如何？（　　）

A. 基本履行　　　　　B. 选择性履行　　　　C. 不履行

第三部分　草原生态补偿相关法律责任

1. 对于滞留或没有足额发放草原生态补偿资金的行为应否追究法律责任？（　　）

A. 应该追究　　　　　B. 没有必要追究

C. 视其情节分别追究民事、行政或刑事责任或给予行政处分

2. 私自侵吞、窃取草原生态补偿资金的行为应否构成犯罪？（　　）

A. 应当构成犯罪　　　　B. 不应当构成犯罪

C. 数额较大构成犯罪，数额较小的应当追究民事或行政责任或给予行政处分

3. 截留、挪用草原生态补偿资金的行为应否构成犯罪？（　　）

A. 应当构成犯罪　　　　B. 不应当构成犯罪

C. 速额较大的构成犯罪，数额较小的应当追究民事或行政责任或给予行政处分

4. 获得草原生态补偿款项的受偿者不履行或不正确履行禁牧、休牧和草畜平衡等保护草原义务，应否追究法律责任？（　　）

A. 应该追究　　　　　B. 没有必要追究

C. 视其情节分别追究民事、行政、刑事责任或者给予行政处分

5.草原生态环境保护的受益者 / 破坏者没有给付相应补偿金的应否追究法律责任？（ ）

A.应该追究　　　　　　　　　B.没有必要追究

C.视其情节分别追究民事、行政、刑事责任或者给予行政处分

6.以虚报、冒领等手段骗取生态补偿资金的应否追究刑事责任？（ ）

A.应当追究　　　　　　　　　B.没有必要追究

C.视其情节分别追究民事、行政、刑事责任或给予行政处分

7.发放生态补偿资金的工作人员，在生态补偿工作中玩忽职守、滥用职权、徇私舞弊的应否追究刑事责任？（ ）

A.应当追究　　　　　　　　　B.没有必要追究

C.视其情节分别追究民事、行政、刑事责任或给予行政处分

8.应否制定草原生态补偿资金发放程序的相关法律？（ ）

A.应当　　　　　　　　B.不应当　　　　　　　　C.无所谓

附录二　五省区七大草原牧区实证调研照片

（按照调研顺序）

2016 年 6 月 27 日早餐期间，刘晓莉教授访谈赤峰市巴林右旗农牧业局副局长宋凤波（中）和草原监理站站长刘巍（左）

2016 年 6 月 27 日下午，在赤峰市巴林右旗查干木沦苏木召开调研座谈会，刘晓莉教授调研团队与该苏木人大主任乌兰巴特（右中），巴林右旗草监局副局长苏布道（右一）及该苏木禁牧大队队长那顺孟和（右三）进行座谈

2016 年 6 月 27 日晚餐期间，赤峰市巴林右旗索博日嘎镇草原站站长参丹（左一）和业务员阿拉坦都拉嘎（右一）填写调研问卷

2016 年 6 月 27 傍晚，刘晓莉教授与于雪婷博士后考察内蒙古赤峰市巴林右旗草原

2016 年 6 月 27 日傍晚，调研团队与硕士研究生阿利玛（左一）及其父母（左二、左三）合影纪念

2016 年 6 月 28 日下午，在赤峰市翁牛特旗乌丹镇召开调研座谈会，调研团队与翁牛特旗草原监管站站长张志杰（前排中）等草原监理工作人员、以及数十名当地农牧民进行座谈

　　2016 年 6 月 28 日下午，在赤峰市翁牛特旗乌丹镇召开的调研会议上，数十名当地农牧民填写调研问卷

　　2016 年 6 月 28 日下午，在赤峰市翁牛特旗乌丹镇召开的调研会议上，两名当地女性农牧民填写调研问卷

2016 年 6 月 30 日午餐前，刘晓莉教授访谈并赠书与通辽市扎鲁特旗草监局赵宝刚副局长（中）

2016 年 6 月 30 日下午，刘晓莉教授调研团队在内蒙古通辽市扎鲁特旗草监局安排的调研会议后与部分工作人员合影

　　2016 年 6 月 30 日，刘晓莉教授科尔沁草原调研团队（左一何乐，左三于雪婷，右一高广龙）在通辽市扎鲁特旗山地草原考察

　　2016 年 7 月 22 日中午，刘晓莉教授访谈内蒙古呼伦贝尔市草原监理站工作人员孙振权（右一）和陈巴尔虎旗农牧业局工作人员青林（左一）结束后合影

2016 年 7 月 22 日下午，在内蒙古呼伦贝尔市陈巴尔虎旗农牧业局召开调研座谈会上，刘晓莉教授在旗农牧业局草原监测科科长张冬梅（中排右一）的陪同下，与当地农牧民们座谈

2016 年 7 月 22 日傍晚，刘晓莉教授与被调研的内蒙古呼伦贝尔市陈巴尔虎旗农牧局工作人员和当地农牧民们座谈结束后合影

2016 年 10 月 9 日上午,刘晓莉教授调研团队在甘肃省草监局召开的调研座谈会上,与喻文健局长(右中)等甘肃省草监局工作人员座谈

2016 年 10 月 9 日下午,刘晓莉教授调研团队在甘肃省天祝县南泥沟村牧民家中与天祝县草监局曹局长(火炕上右一)等工作人员和当地农牧民座谈

2016 年 10 月 9 日下午，调研队员孙雪（中）给被调研的草原监理工作人员和农牧民们发放纪念品

2016 年 10 月 9 日傍晚，刘晓莉教授与天祝县南泥沟村牧民臧多吉夫（右）妇（左）在该牧民自家宅院合影

2016 年 10 月 9 日傍晚，刘晓莉教授调研团队在甘肃省天祝县调研时，与该县草原监理工作人员和当地农牧民合影

2016 年 10 月 10 日早晨，刘晓莉教授调研团队的博士研究生严海（左）与博士研究生胡旭（右）在甘肃省天祝县抓喜秀龙草原考察

2016 年 10 月 11 日上午，调研团队在青海省祁连县草原监理站召开的调研座谈会上，与草原监理工作人员仁青卓玛（左一）与牧民（右二、三、四）座谈

2016 年 10 月 11 日上午，在青海省祁连县草原监理站安排的调研会议上，当地农牧民填写调研问卷

　　2016 年 10 月 11 日中午，调研团队在青海省祁连县调研时与农牧民和草原监理工作人员合影

　　2016 年 10 月 11 日下午，调研团队在祁连县峨堡镇召开的调研座谈会上，与四十余位当地农牧民和镇政府工作人员及祁连县草原监理工作人员座谈（之一）

2016年10月11日下午，调研团队在祁连县峨堡镇召开的调研座谈会上，与四十余名当地农牧民和镇政府工作人员以及祁连县草原监理工作人员座谈（之二）

2016年10月11日下午，在祁连县峨堡镇召开的调研会议上，四十余名当地农牧民和镇政府工作人员以及祁连县草原监理工作人员填写调研问卷

2016 年 10 月 11 日傍晚，调研团队在祁连县峨堡镇调研会议结束后，受邀于峨堡镇草原驿站品尝特色蒙餐

2016 年 10 月 11 日傍晚，调研团队在青海市祁连县峨堡镇调研会议结束后，与峨堡镇副镇长孔庆莲（中）等工作人员，以及与祁连县草原监理站站长周占海（右一）合影

2016 年 10 月 12 日，刘晓莉教授与抓喜秀龙草原调研团队（左二孙雪，左三胡旭，左四严海）在去往祁连山大草原的途中

2016 年 10 月 12 日，刘晓莉教授与抓喜秀龙草原调研团队在祁连山大草原考察

2016 年 10 月 12 日，刘晓莉教授调研团队偶遇祁连山大草原的牧羊人

　　2016 年 10 月 13 日上午，刘晓莉教授调研团队在甘肃省肃北县调研时与农牧民和草原监理工作人员合影（之一）

2016 年 10 月 13 日下午，调研团队在肃北县调研时与农牧民和草原监管工作人员合影（之二）

2016 年 10 月 13 日下午，刘晓莉教授与孙雪硕士在肃北荒漠草原边缘处歇息

2017 年 8 月 11 日，在吉林省白城市镇赉县召开的调研座谈会上，刘晓莉教授调研团队与鹿钦志经理（讲话者）等相关工作人员座谈

2017 年 8 月 12 日，调研团队考察吉林西部草原大鹅群

2017 年 9 月 12 日上午，刘晓莉教授调研团队访谈四川省阿坝州若尔盖县唐克镇党委书记阿白泽仁（中）

2017 年 9 月 12 日下午，调研团队在与四川省阿坝州若尔盖县唐克镇调研后，与镇党委书记阿白泽仁（左四）、若尔盖县草原监理站长王泽光（左三）以及当地农牧民合影

2017 年 9 月 12 日傍晚，刘晓莉教授若尔盖草原调研团队（左一刘子奇博士，右一殷键硕士）在四川省阿坝州若尔盖县唐克镇

2017 年 9 月 13 日上午，刘晓莉教授与殷键硕士在四川若尔盖大草原考察间隙休息

2017 年 9 月 13 日下午，刘晓莉教授调研团队在四川省阿坝州若尔盖县阿西乡召开的调研座谈会上，与镇政府工作人员座谈

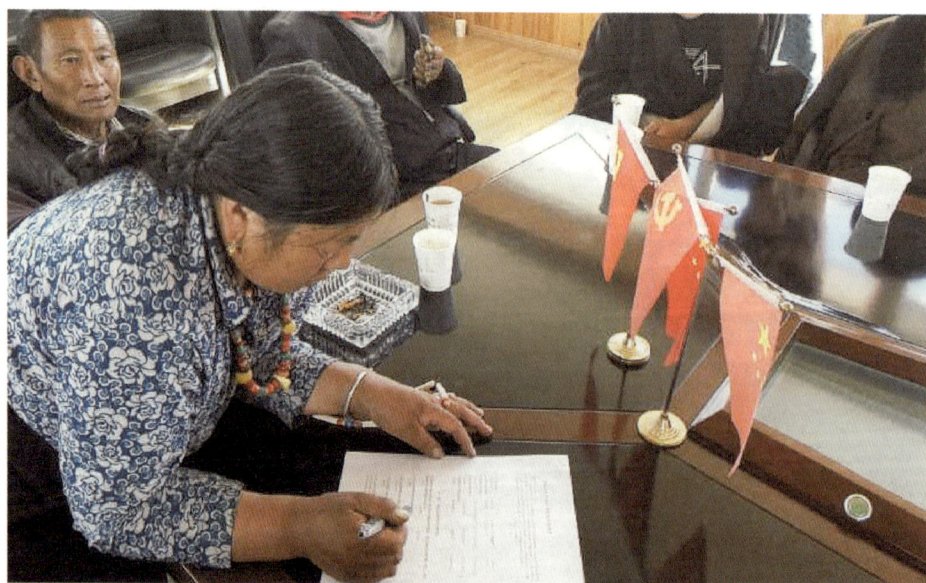

2017 年 9 月 13 日下午，调研团队在若尔盖县阿西乡召开的调研会议上，与该镇藏族农牧民座谈（有翻译），结束后当地藏族农牧民填写调研问卷

2017 年 9 月 13 日傍晚，调研团队访谈四川省阿坝州若尔盖县阿西乡乡长任永福（右二）等结束后合影

2017 年 10 月 11 日，刘晓莉教授应国家林草局草原管理司邀请，在"2017 中国草原论坛"做大会报告，题目为《加快建设草原生态补偿法律制度》

2018年8月16日，刘晓莉教授在新疆那拉提大草原考察并访谈哈萨克族牧民巴豪（右）

2018年8月16日傍晚，刘晓莉教授在新疆那拉提大草原上的哈萨克族毡房里与当地哈萨克族牧民巴豪（左中）等座谈

2018 年 8 月 17 日，刘晓莉教授在新疆赛里木湖西部草原考察

2019 年 10 月 19 日，喜遇给予刘晓莉教授调研团队诸多支持的国家林草局草原管理司副司长李拥军（中）、青海省草原监理站站长蔡佩云（左二）和国家林草局草原管理司资源保护处调研员李晓毓（左一）

主要参考文献

一、图书文献

1.《习近平谈治国理政》第三卷，外文出版社 2020 年版。

2.《习近平谈治国理政》第三卷，外文出版社 2017 年版。

3.《习近平关于社会主义生态文明建设论述摘编》，外文出版社 2017 年版。

4.《刘少奇选集（下卷）》，中共中央党校出版社 1985 年版。

5. 陈兴良：《刑法的启蒙》，法律出版社 2003 年版。

6. 陈兴良：《刑法的知识转型（方法论）》，中国人民大学出版社 2012 年版。

7. 崔建远：《物权法》，中国人民大学出版社 2017 年版。

8. 杜群：《生态保护法论——综合生态管理和生态补偿法律研究》，高等教育出版社 2012 年版。

9. 付子堂主编：《法理学初阶（第三版）》，法律出版社 2009 年版。

10. 葛洪义主编：《法理学（第三版）》，中国政法大学出版社 2017 年版。

11. 公丕祥主编：《法理学（第三版）》，复旦大学出版社 2016 年版。

12. 巩芳、常青：《我国政府主导型草原生态补偿机制的构建与应用研究》，经济科学出版社 2012 年版。

13. 国家环境保护总局行政体制与人事司、国家环境保护总局宣传教育中心：《环境保护基础教程》，中国环境科学出版社 2004 年版。

14. 郝清杰、杨瑞、韩秋明：《中国特色社会主义生态文明建设研究》，中国人民大学出版社 2016 年版。

15. 洪冬星：《草原生态建设补偿机制——基于中国西部地区的研究》，经济管理出版社 2012 年版。

16. 胡平生、张萌译注：《礼记》，中华书局 2017 年版。

17. 环境科学大辞典编委会：《环境科学大辞典》，中国环境科学出版社 1991 年版。

18. 黄恒学主编:《公共经济学》,北京大学出版社 2009 年版。

19. 靳乐山、胡振通:《中国草原生态补偿机制研究》,中国财经出版传媒集团 2017 年版。

20. 靳乐山:《中国草原生态补偿机制研究》,经济科学出版社 2017 年版。

21. 靳乐山主编:《中国生态补偿:全领域探索与进展》,经济科学出版社 2016 年版。

22. 林尚立:《党内民主——中国共产党的理论与实践》,上海社会科学院出版社 2002 年版。

23. 刘青松主编:《生态保护》,中国环境科学出版社 2003 年版。

24. 刘晓莉:《生态犯罪立法研究》,吉林大学出版社 2006 年版。

25. 刘晓莉:《中国草原保护法律制度研究》,人民出版社 2015 年版。

26. 刘尊梅:《中国农业生态补偿机制的路径选择与制度保障研究》,中国农业出版社 2012 年版。

27. 秦玉才、汪劲主编:《中国生态补偿立法:路在前方》,北京大学出版社 2013 年版。

28. 冉冉:《中国地方环境政治——政策与执行之间的距离》,中央编译出版社 2015 年版。

29. 沈宗灵主编:《法理学(第四版)》,北京大学出版社 2009 年版。

30. 石磊译注:《商君书》,中华书局 2016 年版。

31. 舒国滢主编:《法理学导论》,北京大学出版社 2006 年版。

32. 万本太、邹首民主编:《走向实践的生态补偿——案例分析与探索》,中国环境科学出版社 2008 年版。

33. 王浦劬等:《政治学基础(第三版)》,北京大学出版社 2014 年版。

34. 王泽鉴:《民法物权》,北京大学出版社 2009 年版。

35. 徐向华:《立法学教程》,上海交通大学出版社 2011 年版。

36. 杨润高:《环境剥夺与环境补偿论》,经济科学出版社 2011 年版。

37. 余谋昌:《环境哲学:生态文明的理论基础》,中国环境科学出版社 2010 年版。

38. 余永定、张宇燕、郑秉文:《西方经济学》,经济科学出版社 2002 年版。

39. 张锋:《生态补偿法律保障机制研究》,中国环境科学出版社 2010 年版。

40. 张明楷:《刑法格言的展开》,法律出版社 2013 年版。

41. 张文显:《法哲学范畴研究》,中国政法大学出版社 2001 年版。

42. 张文显主编:《法理学(第四版)》,高等教育出版社、北京大学出版社 2011 年版。

43. 赵秉志主编:《环境犯罪及其立法完善研究——从比较法的角度》,北京大学出版社 2011 年版。

44. 中国 21 世纪议程管理中心:《生态补偿的国际比较:模式与机制》,社会科学文献出版社 2012 年版。

45. 朱柏铭:《公共经济学》,浙江大学出版社 2002 年版。

46.[德] 斐迪南·穆勒·罗密尔、[英] 托马斯·波古特克主编：《欧洲执政绿党》，郇庆治译，山东大学出版社 2012 年版。

47.[美] E.博登海默：《法理学：法律哲学与法律方法》，邓正来译，中国政法大学出版社 2004 年版。

48.[美] 罗尼·利普舒茨：《全球环境政治：权力、观点和实践》，郭志俊、蔺雪春译，山东大学出版社 2012 年版。

49.[美] 约翰·罗尔斯：《正义论》，何怀宏等译，中国社会科学出版社 1988 年版。

二、期刊文献

1.蔡中华等：《中国生态系统服务价值的再计算》，《生态经济》2014 年第 2 期。

2.陈佐忠、汪诗平：《关于建立草原生态补偿机制的探讨》，《草地学报》2006 年第 1 期。

3.杜玲、陈阜、张海林等：《基于博弈论模型的北京市农田生态补偿政策研究》，《中国农业大学学报》2010 年第 1 期。

4.冯玉军、王柏荣：《科学立法的科学性标准探析》，《中国人民大学学报》2014 年第 1 期。

5.盖志毅、王芳：《我国草原生态环境的多重价值和政府政策调整》，《生态经济》2010 年第 6 期。

6.侯向阳等：《实施草原生态补偿的意义、趋势和建议》，《中国草地学报》2008 年第 5 期。

7.胡玉鸿：《试论法律位阶制度的前提预设》，《浙江学刊》2006 年第 2 期。

8.胡振通等：《草原生态补偿：草畜平衡奖励标准的差别化和依据》，《中国人口·资源与环境》2015 年第 11 期。

9.胡振通等：《基于机会成本法的草原生态补偿中禁牧补助标准的估算》，《干旱区资源与环境》2017 年第 2 期。

10.李博：《我国草原资源现况、问题及对策》，《中国科学院院刊》1997 年第 1 期。

11.李静云、王世进：《生态补偿法律机制研究》，《河北法学》2007 年第 6 期。

12.李文华、刘某承：《关于中国生态补偿机制建设的几点思考》，《资源科学》2010 年第 5 期。

13.李有根：《论法律中的标准人——部门法角度的思考》，《美中法律评论》2005 年第 1 期。

14.刘加文：《我国草业现状及当前的主要任务》，《草业科学》2008 年第 2 期。

15.刘晓莉：《我国草原生态补偿法律制度反思》，《东北师大学报（哲学社会科学版）》2016 年第 4 期。

16.刘晓莉：《无限额罚金刑的司法适用与未来展望——以生产、销售假药罪为视角》，《当代法学》2013 年第 5 期。

17. 罗猛：《刑法立法论与司法论的关系探讨》，《中国政法大学学报》2012 年第 3 期。

18. 吕忠梅：《中国生态法治建设路线图》，《中国社会科学》2013 年第 5 期。

19. 毛显强、钟瑜、张胜：《生态补偿的理论探讨》，《中国人口、资源与环境》2002 年第 4 期。

20. 穆艳杰、李忠友：《从哲学的视角解析生态文化内涵》，《东北师大学报（哲学社会科学版）》2016 年第 4 期。

21. 史玉成：《生态补偿的理论蕴含与制度安排》，《法学家》2008 年第 4 期。

22. 孙佑海：《依法治国背景下生态文明法律制度建设研究》，《西南民族大学学报（人文社会科学版）》，2015 年第 5 期。

23. 腾延娟：《论环境立法的科学性》，《浙江大学学报（人文社会科学版）》2015 年第 5 期。

24. 王如松、胡聃：《弘扬生态文明深化学科建设》，《生态学报》2009 年第 3 期。

25. 韦惠兰、宗鑫：《草原生态补偿政策下政府与牧民之间的激励不相容问题——以甘肃玛曲县为例》，《农村经济》2014 年第 11 期。

26. 韦惠兰、宗鑫：《禁牧草地补偿标准问题研究——基于最小数据方法在玛曲县的运用》，《自然资源学报》2016 年第 1 期。

27. 谢枫：《庇古和科斯对环境外部性治理研究的比较分析——以环境污染为例》，《经济论坛》2010 年第 4 期。

28. 徐永田：《生态补偿理论研究进展综述及发展趋势》，《中国水利》2011 年第 4 期。

29. 许成安等：《西部地区草原沙化的原因及对策》，《青海社会科学》2001 年第 3 期。

30. 杨春等：《草原生态保护补奖政策对我国牛肉供给影响的实证分析》，《中国农业科技导报》2015 年第 17 期。

31. 杨光梅等：《基于 CVM 方法分析牧民对禁牧政策的受偿意愿——以锡林郭勒草原为例》，《生态环境》2006 年第 4 期。

32. 杨振海：《当前我国草原工作面临的形势与任务》，《草业科学》2011 年第 6 期。

33. 于康震：《全力为祖国"守好一片绿"——谈党的十八大以来我国草原保护建设工作》，《农村工作通讯》2017 年第 19 期。

34. 于雪婷、刘晓莉：《草原生态补偿法制化是牧区生态文明建设的必要保障》，《社会科学家》2017 年第 5 期。

35. 于雪婷、刘晓莉：《草原生态刑法保护下的企业刑事责任论》，《政法论丛》2017 年第 2 期。

36. 余斌：《西方公共产品理论的局限与公共产品的定义》，《河北经贸大学学报》2014 年第 6 期。

37. 余向阳：《论法律的操作性与法治》，《学术界》2007 年第 1 期。

38. 俞可平：《科学发展观与生态文明》，《马克思主义与现实》2005 年第 4 期。

39. 张高丽：《大力推进生态文明，努力建设美丽中国》，《求是》2013 年第 24 期。

40. 张宏军：《西方公共产品理论溯源与前瞻——兼论我国公共产品供给的制度设计》，《贵州社会科学》2010 年第 6 期。

41. 张建伟：《生态补偿制度构建的若干法律问题研究》，《甘肃政法学院学报》2006 年第 5 期。

42. 张守文：《政府与市场关系的法律调整》，《中国法学》2014 年第 5 期。

43. 张志铭：《转型中国的法律体系建构》，《中国法学》2009 年第 2 期。

44. 赵雪雁：《生态补偿效率研究综述》，《生态学报》2012 年第 6 期。

45. 庄国泰等：《中国生态环境补偿费的理论与实践》，《中国环境科学》1995 年第 6 期。

三、其他文献

1. 崔金龙：《牧民草牧场权益被侵占问题的研究——基于内蒙古若干侵权案例分析》，内蒙古农业大学硕士论文，2008 年。

2. 严海：《立法论与司法论双重视角下的无限额罚金刑研究》，东北师范大学硕士论文，2013 年。

3. 李丽辉：《新一轮草原生态补奖政策启动》，《人民日报》2016 年 2 月 24 日。

4. 刘加文：《大力开展草原生态修复　夯实生态文明建设基础》，新华网，http://www.xinhuanet.com/travel/2018-09/14/c_1123429685.htm，2018 年 9 月 14 日。

5. 国家林业与草原局：《中国草原保护情况》，中国草原网，http://grassland.china.com.cn/2018-08/22/content_40472470.html，2018 年 8 月 22 日。

6.《国务院关于促进牧区又好又快发展的若干意见》（国发〔2011〕17 号），中华人民共和国中央人民政府网，http://www.gov.cn/zwgk/2011-08/09/content_1922237.htm，2011 年 8 月 9 日。

四、外文文献

1. George Perkins Marsh: Man and Nature, or, Physical Geography as Modified by Human Action, New York: Charles Scribner, (1864).

2. Gretchen C. Daily: Nature's Services: Societal Dependence on Natural Ecosystems, Island Press, (1997).

3. Ingrid Kissling-Näf、Kurt Bisang: "Rethinking Recent Changes of Forest Regimes in Europe Through Property-rights Theory and Policy Analysis", Forest Policy and Economics, (2004).

4. J. K. Turpie、C. Marais、J. N: "Blignaut. The Working for Water Programmed: Evolution of A Payments for Ecosystem Services Mechanism that Addresses Both Poverty and Ecosystem Service Delivery in South Africa", Ecological Economics, (2008).

5. James Salzman: "What is the Emperor Wearing? The Secret Lives of Ecosystem

Services", Pace Environmental Law Review, Vol.28, (2011).

6. Katharine N. Farrell: "Intellectual Mercantilism and Franchise Equity: A Critical Study of the Ecological Political Economy of International Payments for Ecosystem Services", Ecological Economics, Vol.102, (2014).

7. Michael A. Kilgore、Charles R. Blinn: "Policy Tools to Encourage the Application of Sustainable Timber Harvesting Practices in the United States and Canada", Forest Policy and Economics, (2004).

8. Muradian. R: "Reconciling Theory and Practice: An Alternative Conceptual Framework for Understanding Payments for Environmental Services", Ecol. Econ, Vol.6, (2010).

9. Noordwijk M: "Criteria and Indicators for Environmental Service Reward and Compensation Mechanisms: Realistic, Voluntary, Conditional and Pro-poor", World Agroforestry Center, Nairobi, (2007).

10. Pagiola.S. et al: "Selling Forest Environmental Services: Market-based Mechanisms for Conservation and Development", London: Earthescan, (2002).

11. Porras.I: "All the Glitters: A Review of Payments for Watershed Services in Developing Countries", IIED, London, (2008).

12. Roscoe Pound: Interpretation of Legal History, Cambridge: Harvard University Press, (1946).

13. Shelly. B.G: "What Should We Call Instruments Commonly Known as Payments for Environmental Services? A Review of the Literature and a Proposal", Ann. N. Y. Acad. Sci, Vol.1, (2011).

14. Stefano Pagiola: "Paying for the Environmental Services of Silvopastoral Practices in Nicaragua", Ecological Economics, (2007).

15. Stefano Pagiola: "Payments for Environmental Services in Costa Rica", Ecological Economics, (2008).

16. Thomas L. Dobbs、Jules Pretty: "Case Study of Agri-environmental Payments: the United Kingdom", Ecological Economics, (2008).

17. Wuder.S: "Payments of Environmental Services: Some Nuts and Bolts", CIFOR Occasional Paper, (2005).

后　记

　　本书是笔者于 2015 年 6 月主持的国家社科基金项目的最终成果。由于本课题的研究既要亲临五省区、七大草原牧区、涉足近二十个市、县（旗）、乡镇（苏木）、村（嘎查）等行政区域进行调研、发放近 500 份问卷，耗时耗力耗财；又要有专著和论文集同时作为课题结项成果，所以课题研究的工作量比较大，时常出现力所不逮的感觉；加之在课题研究过程中，有五位参加人分别因为工作调离和学业毕业而离开课题组，进一步加大了课题研究工作的难度，尤其是调研工作的困难，但是在相关老师和同学们的大力支持和协助下，课题组成员得以及时补足；调研工作在各级领导的大力支持与帮助下，在弟子们的积极踊跃参与下，最终获得高效率地完成。因此，困难还是一一被破解了。

　　回顾本书的撰写过程，满满的感激之情油然而生，需要感谢的人实在是太多了。

　　首先，要特别感谢课题组的全体成员！是他们支撑了课题的全部研究工作。他们是：吉林大学马克思主义学院穆艳杰教授；农业部草原监理中心刘加文副主任（现国家林业与草原局草原管理司副司长）；吉林大学法学院张旭教授；东北师范大学政法学院于雪婷博士后（现东北师范大学教师）；东北师范大学政法学院博士研究生逄晓枫（现青岛大学教师）；东北师范大学政法学院博士研究生王扬（现青岛大学教师）；东北师范大学政法学院博士研究生胡旭、严海、刘子奇、孙雪、史由甲；东北师范大学政法学院硕士研究生殷健、何乐；吉林良智律师事务所张嘉良主任。

其次，要特别感谢给予课题组调研工作大力支持与无私帮助的草原行政执法部门与草原行政管理部门的各位领导和相关工作人员！感谢相关地方基层组织领导！没有他们的积极协调、沟通、联络和参与，课题组的调研工作是无法展开的，也是无法完成的。

他们是：农业部草原监理中心刘加文副主任（现国家林业与草原局草原管理司副司长）；农业部草原监理中心徐百志副主任（现国家林业与草原局草原管理司副司长）；农业部草原监理中心执法监督处李拥军处长（现国家林业与草原局草原管理司副司长）。

他们是：内蒙古草原监督管理局陈永泉局长；内蒙古赤峰市草原监督管理站乔玉梅站长；赤峰市巴林右旗农牧业局宋风波副局长、白黎明副局长、苏布道副局长；赤峰市巴林右旗草原监督管理站刘巍站长；赤峰市巴林右旗查干木伦苏木人大乌兰巴特主任、禁牧大队那顺孟和大队长、赛罕乌拉国家级自然保护区李桂林局长；赤峰市翁牛特旗畜牧兽医局鲍金龙局长、翁牛特旗草原监理站张志杰站长；内蒙古通辽市草原监督管理所赵毅博所长；通辽市扎鲁特旗草原监督管理局赵宝刚局长、高权波副局长；内蒙古呼伦贝尔市草原监督管理局孙振全科长；陈巴尔虎旗草原监督管理局李东辉局长；陈巴尔虎旗草原监督管理局草原监测科张冬梅科长。

他们是：甘肃省草原监督管理局喻文健局长（现就职于甘肃省林业与草原局）、赵忠书记、蒋东芳科长、范珍桂主任；甘肃省武威市天祝县草原监督管理局曹永林局长；甘肃省酒泉市肃北蒙古族自治县草原监督管理局敖登局长、马场村索衣拉书记、工作人员敖齐。

他们是：青海省草原监督管理站蔡佩云站长；祁连县草原监督管理站王林站长、周占海副站长、工作人员仁青卓玛与格桑坚赞；祁连县峨堡镇普合毛镇长、如义书记、孔庆莲副镇长。

他们是：吉林西部现代农业产业园股份有限公司蒋志新董事长、吉林西部现代农业产业园股份有限公司鹿钦志副总经理、项目部柳金权部长、工作人员李显明。

他们是：四川省阿坝州若尔盖县草原监理站王泽光站长、卓玛泽仁副站长；若尔盖县唐克镇阿白泽仁书记；若尔盖县阿西乡任永福乡长。

与此同时，还要特别感谢479位填写问卷的广大牧民、相关领导和工作人员！从你们认真填写问卷的神情中，笔者仿佛看到了中国的蓝天和绿草——我们期待的美好愿景……

再次，还要特别感谢笔者的学生——亲爱的弟子们！笔者的博士研究生严海全程参与了课题研究工作、包括查找资料、参与书稿撰写、参与调研等；笔者的博士研究生孙雪参与书稿撰写、调研和调研数据处理工作；笔者的博士后于雪婷、博士研究生胡旭、刘子奇参与调研工作和查找资料；笔者的硕士研究生何乐、阿利玛、高广龙、殷健等参与了调研工作；笔者的硕士研究生郭建光、孙维茜、朴逸、林策、苏颖慧、毕诗琪等参与书稿调研数据处理工作，孙维茜同学还参与了书稿校对；笔者的博士研究生史由甲负责全部书稿的最终整理校对工作。感谢弟子们长时间的耐心参与！感谢弟子们在艰苦条件下的欢乐陪伴！感谢弟子们的辛勤付出！

还要特别感谢国家林业与草原局资源保护处调研员李晓毓女士帮助协调访谈工作！

还要特别感谢甘肃省天祝县南泥沟村藏民臧多吉一家为入户访谈和座谈提供宽敞的场所！

还要特别感谢学生阿利玛的父母在巴林右旗帮助协调联络调研工作！

还要特别感谢东北师范大学生命科学学院邢福教授在陈巴尔虎旗调研时的全程协助！感谢邢福教授在新疆那拉提草原调研时的全程协助！

还要特别感谢东北师范大学政法学院崔佳副教授对于调研数据处理方法上的指导！

还要特别感谢东北师范大学政法学院学科建设经费的资助！感谢尹奎杰院长和杨弘副院长的慷慨相助！

感谢国家社科基金规划办的资助！

感谢人民出版社对本书出版给予的大力支持！感谢洪琼主任与李琳娜编辑对于本书的出版给予的无私帮助！感谢他们付出的辛勤劳动！

综上，这本专著凝聚了太多人的汗水，凝聚了太多人的帮助，凝聚了太多人的智慧！是诸多相关领导、朋友、广大农牧民和弟子们鼎力相助的结晶。没有各位的鼎力相助，这本书就不可能出版。在此，再次表示衷心的感谢！祝福各位万事顺遂！幸福安康！

最后尚需说明三点：一是受时间和经费的限制，课题组只调研了五个草原省区，七大草原牧区，尽管涉足近二十个市、县（旗）、乡镇（苏木）、村（嘎查），而且兼顾了南北方地域，发放了近 500 份问卷，但是，全国实施"草原补奖"的省区共计有 13 个，在这一层面看，调研的空间延展性和时间的延续还不是特别充分。二是由于本研究属于原创性研究，所以直接文献很少，而国外的文献又受限于翻译水平与时间条件，所以使用的大多是间接性文献，加之笔者的理论功底的局限，对于某些问题的探讨和挖掘不够，某些观点还不够成熟，需要实践的检验，恳请学界同仁与专家学者及各位读者指正、赐教。三是 2017 年党的十九大提出了"建立市场化、多元化的生态补偿机制"的要求，那么草原生态补偿走市场化、多元化的道路是必然趋势，而在市场化、多元化的草原生态补偿机制中，参与主体会更多，交易过程会更复杂，因此更需要法律的规制，课题组未来将锁定市场化、多元化草原生态补偿法制建设问题继续研究，继续为我国生态文明法制建设贡献力量。

刘晓莉

2020 年 3 月 20 日

于东师净月书斋

责任编辑：李琳娜　孙兴民

封面设计：徐　晖

责任校对：方雅丽

图书在版编目（CIP）数据

中国草原生态补偿法律制度建设研究／刘晓莉　著．—北京：人民出版社，2021.5

ISBN 978－7－01－023447－2

I.①中… II.①刘… III.①草原法－研究－中国②草原生态系统－补偿机制－
研究－中国　IV.① D922.644 ② S812.29

中国版本图书馆 CIP 数据核字（2021）第 092319 号

中国草原生态补偿法律制度建设研究

ZHONGGUO CAOYUAN SHENGTAI BUCHANG FALÜ ZHIDU JIANSHE YANJIU

刘晓莉　著

人民出版社　出版发行

（100706　北京市东城区隆福寺街 99 号）

保定市北方胶印有限公司印刷　新华书店经销

2021 年 5 月第 1 版　2021 年 5 月北京第 1 次印刷

开本：710 毫米 ×1000 毫米 1/16　印张：20.75

字数：300 千字

ISBN 978－7－01－023447－2　定价：78.00 元

邮购地址 100706　北京市东城区隆福寺街 99 号

人民东方图书销售中心　电话（010）65250042　65289539